Narratives of Monumental Change
Interviews of Shanghai's
Cultural Reform and Development

气象峥嵘

上海文化改革发展访谈录

上海社会科学院中国马克思主义研究所 / 著

序

随着社会主义市场经济制度的确立和深化，上海的文化改革发展成绩斐然，为经济和社会的持续进步提供了强劲动力，为社会主义现代化国际大都市的塑造奠定了重要基础。

在中共上海市委、市政府的正确领导和坚定支持下，上海文化体制改革不断深入，2012年底在全国率先完成文化体制改革的主要任务，除了做好"规定动作"，还完成了很多"自选动作"，亮点纷呈。作为上海文化的标志之一，上海电影具有独特的使命、影响和传播力。上海电影的变革与发展，是上海文化体制改革探索与实践浓墨重彩的一笔。上海话剧作为上海文艺院团改革的代表，走过了自主探索和创新发展的艰难道路。上海话剧艺术中心成立20多年来，按照主旋律作品、市场化作品和实验创新作品的分类进行选择和创作，在剧目建设过程中始终注意妥善处理好三者之间的均衡关系，确保戏剧艺术表演市场的健康发展，体现了国有话剧表演艺术院团的责任担当。

党的十一届三中全会以来，上海的精神文明建设不断探索、创新和发展，可圈可点处甚多，积累了宝贵的实践经验，体现了对精神文明建设规律的探索和认识。上海有温度的志愿服务在重大活动、重大事件中不仅是社会治理的有效方式，更是凝聚社会认同的重要途径。上海城市精神大讨论是进入21世纪以后，从精神文化和城市品格层面，对上海城市发展历史的一次全面总结，体现了上海自然发展、延绵不断、日臻成熟的精神内核。

文化发展战略大讨论确定了上海不同于北京政治经济文化中心的国际大都市定位，厘清了上海城市文化与经济协调发展的紧密关系，不仅提出了上海文化发展的蓝图，而且对建立具体实施文化发展战略任务的机构起到了促成作用。

作为中国最大的经济中心城市和改革开放前沿，上海拥有先进的文化基础设施和生产能力。凭借得天独厚的历史禀赋、丰富的文化资源和独特的区位优势，在相关部门的大力支持下，上海经历了一轮又一轮的公共文化设施建设，无论是重大的功能性文化设施，还是区、街镇和居村的基层文化设施，都取得了显著成果。

改革开放以来，上海为适应市场经济需要、推动文化事业产业发展，在文化经济政策方面进行了很多探索。在上海文化发展的法律法规建设方面，注重循序渐进、逐步完善。上海的文化市场发展较快，创造了很多"第一"，其文化产业发展在全国具有引领地位。

经过"十五"到"十三五"时期的集中努力，上海的公共文化服务体系已经基本成型，率先基本建成现代公共文化服务体系，创造了丰富多彩的都市文化生活。社区文化活动中心的建设、"15分钟社区生活圈"的打造增强了市民参与感，提高了群众满意度。人文的温度与关怀也使这个钢筋水泥林立的都市"森林"显得温情满满，市民的生活多姿多彩，体现了"人民城市为人民、人民城市人民建"的发展理念。

"十四五"时期是开启全面建设社会主义现代化国家新征程、向第二个百年奋斗目标进军的第一个五年。近年来，上海深化文化改革发展，全力打响"上海文化"品牌,加快建设具有世界影响力的社会主义国际文化大都市。2023年,上海市第十六届人大一次会议通过的《政府工作报告》强调,要着力弘扬城市精神品格,提升国际文化大都市软实力。

城市文化创造力、传播力、影响力的提升,是一个久久为功的过程。为了更生动、全面了解改革开放至2010年上海文化改革发展的历程和经验,2022年9月,我们启动了上海文化改革发展专题访谈项目。2022年9月至2023年3月,围绕文化体制改革、文艺院团、精神文明创建、文化战略研究、重大文化设施、文化经济政策、文化法规建设、公共文化服务体系建设和文化产业等主题,我们同王锦萍(中共上海市委宣传部原研究室主任、改革办主任)、任仲伦(中国电影家协会副主席、上海市文学艺术界联合会副主席、上海电影家协会主席)、杨绍林(上海戏剧家协会名誉主席、国家一级演员)、陈振民(上海市文明办原副主任、巡视员,上海市志愿者协会副会长)、孙一兵(中共上海市委宣传部原事业产业处处长、上海市文化创意产业推进领导小组办公室原副主任)、樊人龙(中共上海市委宣传部原事业产业处副处长,上海市文化创意产业推进领导小组办公室资金办、综合办原主任)等上海文化改革发展重要的亲历者、见证者、参与者进行了系列访谈。

上海文化改革发展专题访谈组成员主要来自上海社会科学院中国马克思主义研究所、国民精神与素质研究中心,年龄层次有"70后""80后",也有"90后",有土生土长的上海人,也有在上海求学后留沪的新上海人。"老法师"们敬业尽责,对上海文化改革发展的历程如数家珍,在访谈及统稿过程中,课题组成员收获良多,特此感谢。

对照中央关于推进社会主义文化强国建设的部署要求,对标国际一流文化大都市的发展水平，满足市民群众对更高品质美好生活的文化需求，上海仍需进一步提升整体文化能级，提高文化影响力、引领力和标识度。全力推进上海文化建设，是大力推进中国式现代化的必然要求，是建设新时代人民城市的内在需求，也是打造文化自信自强上海样本的应有追求。上海文化改革发展专题访谈为我们展现了可观可感可触的鲜活历程，也为我们进一步思考文化建设高质量发展提供了宝贵的资料。

本访谈录由上海社会科学院中国马克思主义研究所所长黄凯锋总体策划组织，何一伟、马丽雅、孙越、谢牧夫、陈兰馨参与访谈撰稿，马丽雅配合做了大量协调联络工作并整理汇总初稿，接受访谈的各位"老法师"认真审读。黄凯锋、王锦萍完成统稿工作。

2023 年 7 月

目录

001 序

第一部分

003 上海电影：文化改革中的"生死抉择"

030 上海话剧：不止二十年

066 文化发展战略大讨论与实践：文化发展需要战略引导，具体实践需从管理入手

第二部分

091 群众性精神文明创建：精神文明建设也应该永远在路上

130 上海志愿服务活动的兴起与发展："我为人人，人人为我"

177 上海城市精神是怎样产生的："如影随形"

第三部分

217 上海重大文化设施的建设：不光要"高大上"，还要"接地气"

231 上海文化经济政策：为文化建设注入一湾"活水"

253 文化产业的起步与发展：从不自觉到自觉

268 上海文化发展的法律法规建设：循序渐进、逐步完善

281 公共文化服务体系建设："人人参与文化建设，人人共享文化成果"

第一部分

上海电影：
文化改革中的"生死抉择"

> **访谈对象**：任仲伦（中国电影家协会副主席、上海市文学艺术界联合会副主席、上海电影家协会主席，曾任上海电影集团董事长、总裁、党委书记，上海电影制片厂厂长，上海市作家协会副主席）
> **访谈者**：何一伟
> **时间**：2022年9月19日、10月30日
> **地点**：银星皇冠假日酒店
> **访谈稿整理人**：何一伟

访谈者（以下简称"访"）：任总，您好！上海电影是中国电影的发祥地，至今在上海人民的心目中，上海电影仍是上海文化的标志，是上海城市的骄傲。您从一名研究电影的学者，到担任上海电影集团主要负责人近18年，您对上海电影有着深厚的感情。

任仲伦（以下简称"任"）：近年，因为主编《上海市志·电影卷》，我认真梳理了上海电影的百年历史。中国电影发源于北京，发祥于上海，占据中国电影的半壁江山，这是历史结论。20世纪三四十年代，五六十年代，以及80年代，上海出现过三次电影高潮，它们也是中国电影史上最壮阔的高潮。上海电影的生命力是顽强和茂盛的。比如，20世纪30年代到40年代，尽管上海处在不断的战争混乱中，但上海电影的发展还是绵绵不绝，时而高潮迭起的，这在世界电影史上是罕见的。再比如，

20世纪80年代,中国改革开放刚刚兴起,沉寂十数年的上海电影就迅速崛起,它以谢晋导演的《天云山传奇》《牧马人》《芙蓉镇》为代表,以艺术解放响应思想解放,成为中国电影的中流砥柱。

我从2003年5月先后担任上影集团总裁、董事长,党委书记、上海电影制片厂厂长等,到2019年底离职。从2015年上海电影股份公司在A股上市,我担任董事长,到2020年5月上市公司公告离职,在上影集团工作近18年。我经历了中国文化体制改革的风起云涌,中国电影从低谷走向繁荣,以及上海改革和发展的整个过程,难忘与上影同事的共同奋斗,难忘领导们的关怀与支持。

上海电影制片厂(简称"上影")诞生于1949年,与共和国同龄。70多年来,上影诞生了许多优秀电影和优秀电影艺术家。上海美术电影制片厂成立于1957年,以《大闹天宫》《小蝌蚪找妈妈》等经典作品建立了"中国动画学派",上海科教电影厂和上海译制片厂等分别代表着各自片种的最高水准。"上影出品"是中国电影的重要标志,为观众喜闻乐见。许多人说:"我是看着上海电影长大的。"我认为这是对上海电影最高的评价。新中国成立以来,几代领导人都对上影给予亲切关怀。在我主持工作期间,习近平同志先后三次亲切关心上影,感人至深。2007年他任上海市委书记时,专程来上影调研,会见了谢晋、张瑞芳、秦怡等艺术家,去摄影棚探望电影《对岸的战争》剧组,嘱托我们把上影搞好。2009年上影成立60周年,他任政治局常委、国家副主席时专门写信祝贺。2018年6月6日牛犇同志入党,秦怡和我担任了他的入党介绍人。6月25日习近平总书记写信祝贺,勉励牛犇"把为人民创作作为人生追求"。你说我对上海电影有感情,我想,任何一个热爱电影的人,都应该会热爱上海电影。上影是中国电影界的杰出企业，心向往之，爱之弥深，值得为其奋斗。

访：所以说，上海电影是上海市民的荣耀，它的文化地位是不可动摇的。比如，改革开放初期，以谢晋为代表的上海电影人拍摄了一批抚慰观众心灵、激励人民群众追求美好生活的优秀电影，让观众看到了中国电影的希望，并重新涌向影院。

任：上海电影最珍贵的力量，就是拥有一大批杰出的电影人。举个例子，近年，国家设立了三大至高荣誉：2008年纪念改革开放40周年，谢晋导演获得国家颁发的"改革先锋"荣誉；2019年新中国成立70周年，秦怡老师获得了"共和国勋章——人民艺术家"荣誉；2021年庆祝中国共产党成立100周年，吕其明老师获得了"七一勋章"。前两次我都在北京人民大会堂现场，感受到了国家荣典的隆重和上海电影人的光荣。上海这座城市的电影人连续获得国家最高荣誉，这个"满堂红"是值得载入史册的。

访：您对上影的辉煌历史如数家珍，看得出您对上海电影充满了感情。但是随着改革开放、市场经济发展的不断深入，各类新兴文化产品进入社会，整个中国电影，包括上海电影慢慢落寞了，在20世纪90年代陷入低谷。您是在最低谷的时候进入上影工作的吧？

任：20世纪90年代中期，中国电影出现了低谷，而且长达十几年，上海电影随之起伏。我去上影集团任职之前有四段经历对我去上影工作是有帮助的。第一段是我和汪天云、梅子涵等人在上海师范大学建立了全国艺术院校以外的首个电影教研室，并举办了首届高校暑期电影讲习班，轰动一时。记得当时我有个任务就是天天早上踩着三轮车去冰库运冰，为济济一堂看电影的学员们防暑降温。那是 20 世纪 80 年代，我们很年轻。我在黑板上讲电影，研究电影美学和电影史，写了不少著作和文章。这段学者生涯，帮助我理解了电影艺术规律。第二段是参与创办《中国电影时报》，其创办者是著名导演、评论家钟惦棐和梅朵老师。我被王纪人老师推荐去主持该报的评论版，后来担任该报主编。20 世纪 80 年代是中国电影值得纪念的时代，从思想解放到艺术解放，朝气蓬勃。谢晋、谢铁骊等第三代导演为中流砥柱，吴贻弓、谢飞和黄蜀芹等第四代导演大放光彩，陈凯歌、张艺谋等第五代导演横空出世。办报纸最大的好处是始终追踪着电影界的风云变幻，还建立了广泛的电影人脉。第三段经历是我在市委宣传部担任文艺处处长，最大收获是懂得了三个关键词：政治、政府、政策，即增强了政治意识，了解了政府功能，懂得了政策作用。余秋雨曾经说，这是你与其他学者不同的经验，值得。第四段是 21 世纪初我去主持上海作协工作，与许多优秀作家交朋友，懂得了"文学力量"。文学力量始终是电影创作的核心。这些年，不少电影让我们记住了谁在演，却不知道他演了谁？根源是缺乏文学力量，缺乏人物形象。当然，我的弱势也是明显的：从来没有领导过企业。上任不久，我去上海交通大学管理学院高级工商管理班学习，毕业时还被评选为全国第一届 EMBA 优秀毕业生。

访：上影厂那时是最低谷的时候，或者说是中国电影的最低谷，您任职期间，上影厂遇到的最大困难是什么？

任：我碰到的最大困难来自两个方面：一个是，最直接的经济困难。企业向银行借款超过 8 亿元，负债率达 78% 以上；另一个是，对电影的信心。从 20 世纪 80 年代的高歌猛进，到 90 年代末期的冷落萧条，整个国有电影企业体系处于困境中。当时北京和南方几家有影响的媒体发表文章说：中国电影"四大家族"进入寒夜，难以为继。"四大家族"指的是上影（上海电影制片厂）、北影（北京电影制片厂）、长影（长春电影制片厂）和西影（西安电影制片厂）。

访：不只是上影厂，全国的国有电影厂都面临这些问题。今天我们回头看，当时国有电影企业面临的不是简单的经营问题。一方面是改革开放后，人民群众的文化生活开始多元化；另一方面是体制机制问题，是对电影产业的定位问题。

任：本质问题是：如何在社会主义市场经济体制中，将建立在计划经济基础上的国有电影制片厂，建设成现代企业？许多国有电影厂领导者懂得如何生产一部电影，却很少懂得如何经营一家电影企业。这是历史的局限。当时，国有电影厂属于文化事业单位，每年按照国家计划完成制片数量，通过统购、统销完成发行，循环进入简单或扩大再生产。由于电影的收购价高于投入，制片厂基本衣食无忧。在市场经济条件下就意味着要面临市场选择，电影的企业属性和商品属性难以回避。

我到任后去美国考察了迪士尼、环球、派拉蒙等5家电影公司和美国电影协会，后来又考察了德国、法国、日本、韩国等国的电影公司。我以前看电影艺术史，现在看电影产业史，还有电影企业家的传记。我慢慢意识到：在全球开放和市场经济背景下，电影创作的繁荣，应该有电影企业的支撑。近年来，中国确定了从电影大国迈向电影强国的战略，我曾提出：中国建设电影强国，核心是建设有全球竞争力的电影企业，创作出有世界影响力的电影作品。上影的变革，起步于我和团队这样的共识。在2003年底的上影职工代表大会上，我提出了上影的战略目标：建设一个产业链完整、多片种发展、创作能力领先、市场竞争力领先、国际影响力领先的大型影业集团。

访：在如此困难，快揭不开锅的情况下，您提出"大型影业集团"这个目标，是需要相当大的勇气的。

任：国有电影企业由于困难的长期堆垒，不堪重负。所以，减产减员、收缩规模，成为不约而同的举措。当时，有一种主导性的解困方案：将其缩编成几个独立制片公司以应对，甚至维持困难局面。所以，当我们提出：不仅不缩编，而且要做大做强的战略时，有一种逆向而行的悲壮。有人怀疑说："上影来了个当老师的，给我们讲了理想主义的梦想。"我认为这不是逆向而为，而是顺势而为，为什么？一是，我相信电影不会消亡，尽管当年全国票房仅有9亿元，但电影独具魅力，从诞生起就有强大观众缘。二是，上海不能没有电影，这是上海电影永远的使命。其他城市可以没有电影，上海不能没有电影。谁丢失电影，哪怕暂时丢失，即使不讲历史责任，就是个人良知，也是不堪重负的。上影的历任领导都承受着这样的重任，无法成为鸵鸟。三是，上海电影需要强大的电影企业，上影别无选择。四是，电影企业要强大，关键是要建设产业链。电影是高投资和高风险并存的行业，电影制片历来时晴时雨，生生死死是常态。全球强大的电影公司都有强大的制片体系，包括强大的国际发行，全球领先的技术制作，还有媒体或主题公园等，如迪士尼、环球。美国作为电影强国，其票房近一半来自海外市场，可见其全球影响力和收割能力的强大。所以，我们在中国电影最困难的语境中提出上影的发展战略，不是建立在当时困境上，而是建立在电影应有的前景上的。战略是需要超前和理性的。

访：实际上，您提出的这个战略目标，就是为上海电影做出了关键性的"生死抉择"。因为当时的改革，很多都是在"做减法"，简单易行，将不盈利或者亏损的单位做小，甚至慢慢放弃掉。当时还有几个很时髦的口号，"靓女先嫁""减员增效"等。问题是，上海电影的地位非常特殊，对于上海文化，乃至中国电影的影响力太大了。是选择保守放弃，还是选择负重前行，再续辉煌，意义重大。

任：后来证明上影的抉择是对的。2004年初，一位中央的领导同志到上海视察时，当面问我：上影是事业单位还是企业？我回答：上影是事业单位，按照企业化运行，没有财政拨款。他提出，上影要率先把事业编制改成企业。当时上海的领导都表态支持，争取当年完成。他又说：我不是随口一说，中央决定推动全国文化体制改革，上影带个头。

上海电影（集团）公司组建于2001年，由上海电影制片厂、上海美术电影制片厂、上海译制片厂、上海科教电影制片厂、上海永乐电影电视（集团）公司、上海美术设计公司等核心企业组成。其中，事业单位11个，有事业编制的共2 545人。上影率先改革是必由之路，但如何保障职工利益也无法回避。最初矛盾是尖锐的，但这些矛盾的爆发，帮助我们树立了一个原则：上影改革不能以损害群众利益为代价。

访：这是一个"既要又要"的问题，既要完成转企改革，迎接影视产业市场化，又要尽可能维护广大职工的切身利益。作为当家人既要带着对职工的感情去做，带着对上海电影、上海文化的感情去做，又要顺应时代、改革创新，按时完成中央和市委交给的转制任务，这就特别需要注重工作方法。

任：上影转企改制是由中央决策、市委决定的，我们应坚定不移地执行。但按照现行政策，事业单位退休与企业退休最终收益截然不同，相差一倍甚至更多。所以，对职工的强烈诉求，我们不能掉以轻心。那时经常听到一种逻辑：牺牲职工暂时的利益，是为了他们长远的利益。结果可能是暂时利益牺牲了，长远利益却没有实现。在改革中竭力保护职工利益，是我们基层改革的起点和终点。我出身工人家庭，住在徐家汇树德坊的石库门里，邻居绝大部分是做工的。我从小就体会到家庭与企业效益的密不可分。比如，过年过节，工厂效益好的，楼上爷叔就提着鱼肉回家，让老婆杀鱼烧肉，神气得很；效益不好的，隔壁伯伯就拿着搪瓷茶缸，里面放着几个食堂买的包子，回家分给孩子们。当时，我们还有个认识：基层领导是管脚下的，把脚下的事情做好，就是对天下的贡献。全集团几千个职工，背后就是几千个家庭，我们改革得好一些，发展得好一些，就是让职工们生活得好一些。企业（即使）不能给职工带来自豪，至少也应避免让他们陷入困境。

基于这样的认识，我们提出了上影的改革方案，其核心是11个事业单位转为企业，2 545名职工的事业编制全部保留。这与当时实行的事业转企业"买断工龄"的政策有所不同，引来了争论和批评。批评者认为我们的改革拖泥带水，不敢破釜沉舟。后来，当时的市委副书记主持了市委专题会议，有来自市政府和市委宣传部，以及其他十几个部委的领导参加，最终支持并同意了上影的改革方案。这是上影改革发展关键性的一步，得益于决策正确与领导们的支持。

我至今记得2004年12月31日，那天上海漫天大雪。我们召开上影职工代表大会（简称"职代会"）讨论表决《上影集团转企改革方案》。按照职代会规定，凡是涉及职工重大利益的事项，必须提交职代会通过，赞成票不能低于2/3。出于大局考虑，有些政策虽然争取到了，但不能宣布，比如，全体保留个人事业编制；有些职工意见难以落实，比如，落实事业单位的房贴规定等。虽然大家认识到：上影何以解忧，唯有改革，但分歧是自始至终存在的，职代会是矛盾与利益的聚焦点。按议程先是各分团汇报讨论意见，然后投票表决。过程是戏剧性的：第一个上台汇报的分团团长讲了两分钟晕倒了，演员王志华上台代读。气氛陡然紧张。投票时我看到了令人感动的一幕，我坐在主席台上主持会议，很多人在台下打开他们的赞成票给我看，以示支持。投票结果是赞成票占94.56%。在我还没有看到结果时，当时的市委宣传部部长就发来了短信：

可喜可贺，可歌可泣。那天，市委副书记正在市委办公厅主持宣传系统会议，有人跟他报告了，他中断讲话说：上影的改制方案通过了，票数很高。第二天的《文汇报》头版刊登了上影转企方案获得高票通过的消息。

访：我听说那天市里和市委宣传部的领导没有到场参加职代会，但是他们都在不同的会议、调研场所急切地等着这个消息。

任：上海的领导直接主导着上影改革。后来《中国广播电影电视》杂志以《2004：惊心动魄的一年》为标题，详细介绍了上影集团转企改革的过程。上影改革首战告捷，两次被评为全国文化体制改革先进单位，我也被评为全国文化体制改革先进个人。中央领导还在人民大会堂接见了我们。后来中宣部让我参加全国文化体制改革报告团，我们走了10多个省份，介绍上影推动文化体制改革的经验。那时上影的领导团队还有党委副书记沈佐平，副总裁许朋乐、汪天云、田锋，总裁助理王小军等同志。这是一个团结且坚强的领导班子。

访：有一种说法，上影改革是"三级跳远"，转企是"一级跳"，股份制改造是"二级跳"，上市是"三级跳"。上影现在是上市公司了，你们是在什么样的市场环境下，出于什么想法做出上市的战略考虑的？

任：2009年，中央有关领导再次来上影视察时，来到了贾樟柯《海上传奇》的拍摄现场。当我汇报完上影工作后，他对上影的改革发展给予了六个方面的肯定，并提了四个方面的要求，其中有一条就是："支持上影上市！能整体就整体上，不能整体上，哪些成熟就上哪些！"中央和上海的领导对上影改革发展，乃至上市有急切要求和特别支持，我理解这与全国文化体制改革大背景有关，与中国电影现有格局有关。虽然中国电影开始回暖，但国有电影企业积重难返，还在整体"爬坡"。我当时有个比喻：龟兔赛跑。国有电影企业一时落后，前进龟速，甚至被看轻看低，而民营电影企业则没有历史负担而欢蹦乱跳。站在中国文化发展的战略高度，支持国有电影企业在变革中再次崛起，成为领导们的战略考量，也成为我们的现实使命。

我们开始谋求上市。2012年7月31日，我们与上海精文投资公司共同发起成立了上海电影股份有限公司。我担任董事长，朱中响担任总经理，后来由张丰继任，开始上市申请并推进公司规范发展。这期间，中国证监会两次停止审核IPO，前后加起来大概有18个月。2014年底，市委书记约我谈工作，明确市委将支持上影上市列入2015年市委常委会工作要点，他指出：国有企业要建立现代企业制度，建设市场主体，最好的途径就是争取上市。2015年初，中宣部部长来上影参观上海电影博物馆。我们抓住机遇，做了汇报视频，结尾处我们设计了这样的镜头：一位足球运动员带球突破，临门一脚，守门员鱼跃而起，随即是瞬间定格，然后逐字弹出字幕："上影股份上市面临临门一脚，请中央首长支持！"在场的领导们会意大笑。市委书记说："部长，上影的同志希望您支持，把上影上市的球踢进球门。"同年12月30日，我们接到中国证监会过会审核的通知。

2016年8月17日，上海电影股份有限公司以"上海电影"（601595）

在上海证券交易所鸣锣上市。那天秦怡、牛犇、达式常、梁波罗等前辈艺术家与上影演员剧团年轻的演员们一起，又是唱歌又是朗诵，热情爆棚。我邀请朋友们见证与分享这一时刻，到场的有导演王家卫、贾樟柯，演员章子怡，作家王安忆、刘恒，还有中国电影制片协会理事长明振江，中金公司董事长朱云来，以及美国派拉蒙公司总裁罗伯茂等。国家电影局局长，市委市政府有关领导到场祝贺。在现场，上海证交所主席感慨地说："这是上交所最热闹的上市仪式。""上海电影"发行价 10.19 元，开盘就顶格涨近 44%，收价 14.67 元，后来连续涨停五天，市值最高时近 200 亿元。

访：这段经历也是非常精彩，起承转合，我觉得可以拍一部电影了，记录下中国第一家上市的国有电影公司，这将非常有意义。体制改革取得突破，作为一家具有深厚历史积淀的电影企业，应如何实现打造全产业链、多片种发展的大型影业集团这个目标？对此，您有什么经营理念呢？

任：上影转企改制和上市后，核心目标就是建设现代影业集团。我们把原先的"大型电影集团"改为"现代影业集团"，一是，建立成熟且先进的现代企业制度；二是，使其具有强大而持续的营利能力。2004 年上影确定的发展战略，第一个核心词就是"产业链完整"，为什么？从美国、欧洲的经验来看，单一的制片公司很难上市，因为制片风险最大。一部影片成功了，赚上几亿元；如果失败了，就可能颗粒无收。所以，我们把坚忍不拔地建设产业链，视为头等大事。后来，上影在中国电影整体发展的背景下进入新的发展期，尤其是企业盈利持续上升，连续被评为"全国文化企业30强"。有许多记者采访时问到,上影赢在何处?我说:上影五年做了三个字——"产业链",十年做了三个字——"产业链",十五年做了三个字——"产业链",久久为功是战略定力。

访:要实现这个目标,肯定先要摸清家底。上海电影积累的作品、老一辈艺术家的影响力、积极向上的创作精神当然是非常丰厚的,但是在面对重新出发这个命题时,我说的家底是指我们在艺术创造力方面有多少存量?

任:进入21世纪,上影出品的《生死抉择》《走出西柏坡》等影片,依然在全国产生高位影响力,但整体实力和市场反响出现低落。随着以陈凯歌、张艺谋为代表的第五代导演的崛起,以及后来冯小刚等导演的商业电影潮涌,上海电影就缺乏代表性导演和影片了,影响力也不如我们的前辈。我在主编的《上海市志·电影卷》"序言"中也分析了这个现象。上海电影的危机和危机感是存在的。当时上海电影局局长、著名导演张骏祥就主持过"上海电影如何走出困境"的系列讨论会。

访:您提出的"开放逼改革,合作促发展"这个口号,是不是在这个背景下产生的?

任:这是我们上影治理的"十字方针"。"开放逼改革"的前提是开放,一是,中国电影的开放,既面临全球竞争,也面临全球合作;二是,行业的开放,电影不再是国有电影企业的专营行业,许多民营和外来力量蜂拥而至；三是，人才的开放，所有电影人才在市场自由流动。"不求所有，但求所用"的道理是对的，对我们来说是痛苦的。"北漂"现象出现，反映的是体制内的人才迅速流失。所以，我们是被"逼着"开放的。在开放中改革，改革才能适应开放。"合作促发展"的目的是发展。这既是无奈之举，也是有意为之。当国有"制片厂制度"被瓦解后，主创资源变成社会共用资源，合作成为必然。用优秀的项目吸引优秀的艺术家，用优秀的艺术家确保优秀项目，成为我们的制片方针。我们追求"水涨船高"，不搞"水落石出"。所谓"水涨船高"，指无论是浦江水、长江水、东海水，还是太平洋水，只要能把"上影出品"的这艘船举高，我们就开放合作。"水落石出"是没有价值的，水流光了，一块礁石能有多高？这个道理今天听起来很正常，电影人才变成全国或全球的通用人才，但在当时很有争议，最极端的说法：不是上影导演的影片，就不能算是上影的影片。时过境迁，连批评者也觉得贻笑大方了。其实在实践中我们辩证地坚持"两条腿走路"。

一是，坚定不移地用本土艺术家，这是我们的核心竞争力。我上任后第一部拍摄的就是上影导演李欣的《自娱自乐》，由尊龙和李玟主演。然后，我源源不断地组织上影的艺术家搞创作。比如，李歇浦的《邓小平1928》、张建亚的《东方大港》、江海洋的《高考1977》、彭小莲的《美丽上海》和《上海伦巴》、胡雪桦的《神奇》和《上海王》、胡雪杨的《上海1976》和《可爱的中国》、郑大圣的《廉吏于成龙》和《村戏》、梁山的《父亲》、吴天戈的《毛泽东1927》、傅东育的《西藏天空》、娄烨的《紫蝴蝶》、李虹的《诅咒》、谢鸣晓的《我是医生》、史凤和的《邹碧华》等。上海本土艺术家成为上海电影的中流砥柱，并连续获得了中央"五个一工程"奖，电影华表奖、金鸡奖、百花奖等多个重要奖项。我们对上海电影始终保持着敬意。2013年建成了上海电影博物馆，在最困难的时候保留了上影演员剧团，使其成为现在全国唯一的电影演员剧团。

二是，打开胸怀与优秀的艺术家合作。最初是与香港电影的合作，上海与香港的电影合作源远流长，它们在城市生态、经济形态和文化姿态等方面具有许多共同点。改革开放后，香港电影北上的第一桥头堡是上影。我们与王家卫合作了《地下铁》《2046》《蓝莓之夜》《一代宗师》等，还有吴宇森的《赤壁》、陈嘉上的《画皮》、刘伟强的《精武风云》、关锦鹏的《长恨歌》、陈可辛的《如果爱》、叶伟信的《龙虎门》，与李仁港合作了《锦衣卫》《盗墓笔记》《攀登者》等。香港最大的娱乐公司寰亚和英皇都跟上影成立了合资公司。我们与台湾导演朱延平合作的《大灌篮》，由周杰伦主演，正逢北京奥运会，轰动一时。我们合作最多的还是国内的艺术家，比如，陈凯歌的《赵氏孤儿》、冯小刚的《集结号》、丁荫楠的《鲁迅》、高群书的《东京审判》、陈国富的《风声》，还有贾樟柯的影片等。优质的创作资源始终是稀缺资源。王家卫曾经告诉我："我们合作不在乎对方的名声和实力，而在乎合作的人。"我明白他的意思，要赢得与优秀艺术家的合作不容易，赢得他们的信任更不容易。好的合作是彼此成就。

王家卫是典型的上海人。我与他是很好的朋友。他是罕见的懂得电影语言的导演，对影像的精致，对艺术的极致，让"王家卫电影"成为一种电影风格。我两次去西藏，一次是拍摄《西藏天空》，一次是拍摄《攀登者》，沿途看到虔诚朝拜的人们，他们承受和忍受着长途艰难，因为信仰。李安对电影是有信仰的，他一路艰难但虔诚。2007年我们合作的《色·戒》获得了威尼斯电影节最佳影片"金狮奖"。2015年李安拍摄4K/3D/120帧的电影《比利·林恩的中场战事》。我在他纽约的公司看了这部电影。当时他有些苦恼，因为全球影院没有特定设备支持放映。在纽约的广东餐馆用餐时，我问他：为什么要坚持拍摄4K/3D/120帧的电影？他答：随着胶片时代的结束，由此形成的电影美学和表现力也随之消逝。进入数字化时代后，我们觉得数字技术让电影拍摄更加便捷，其实它更加复杂了，它将给电影带来什么样的表现力？需要我们去探索。我的钦佩之情油然而生，决定在中国率先放映这部影片。后来，该片在上海影城放映时，连续一个月，场场爆满、座无虚席。

访：我曾经听说电影界有三大"黄金搭档"的说法。第一是张艺谋跟张伟平，代表作是《英雄》；第二是王中军、王中磊跟冯小刚，代表作是"冯式贺岁片"；第三就是您跟贾樟柯，代表作是《三峡好人》和《天注定》等。特别是您和贾樟柯导演的合作，一直都是电影界的话题。

任：我跟贾樟柯合作了10多部电影，算是合作最多的导演。2003年底我见了他，2004年完成了影片《世界》，该片以深圳"世界之窗"为背景，反映了南下打工仔的命运。我们约定：不需要他拍摄上影风格的电影，因为上影有许多导演延续着其传统；上影需要贾樟柯风格的电影，因为他具有现实精神和"作者电影"的品质。后来贾樟柯会不时提起我们这段对话。

贾樟柯出现在电影商业化背景下，其本心不是追求商业价值，他更多关注的是大变革时代下的小人物命运。我们共同合作了《世界》《三峡好人》《二十四城记》《海上传奇》《江湖儿女》《天注定》等影片，其中，《三峡好人》获得2006年威尼斯电影节最佳影片奖"金狮奖"。上影连续两年获得金狮奖。贾樟柯编剧的《天注定》获得了戛纳电影节最佳编剧奖。不断有记者问我：贾樟柯的电影不受市场追捧，您为什么坚持出品他的电影。我开玩笑说：我们是"黄金搭档"，但搭档不是为了黄金。我教过电影史，意大利新现实主义是电影史上的重要流派，其代表作就是表现第二次世界大战后意大利平民的底层生活，如《罗马十一点》《偷自行车的人》等；20世纪三四十年代的上海电影也有现实精神，如《一江春水向东流》《乌鸦与麻雀》等。现实主义始终是电影的重要流脉，贾樟柯坚持表现底层生活，并且有个人表达，这是中国电影需要的。另外，贾樟柯电影投资低、品质高，有特定市场，经济风险并不大。比如《三峡好人》，总投资只有400万元。我们与贾樟柯属于相互成就。

访：当时您提出的战略核心，除了产业链完整、多片种发展，还有三个"领先"：创作能力领先、市场竞争力领先、国际影响力领先。从产业链角度说，你们做了哪些投入？尤其是上影在院线打造上走得比较早，也是"第一桶金"的主要来源，构成产业链的亮点。

任：从产业链完整的角度，我们在努力构造五个环环相扣的产业环节。一是，建设多片种的制片体系。2001年上影集团建立，以上海电影制片厂为根基，上海美术电影制片厂、上海科教电影制片厂、上海电影译制厂等的先后加入，使上影集团在全国电影企业中拥有最多片种的优势。除了前面讲到的上海艺术家创作的故事片外，还有上海美术电影制片厂原创的《马兰花》《风云决》《黑猫警长》《西岳奇童》《葫芦兄弟》《勇士》《大闹天宫 3D》《大耳朵图图》等动画片，上海电影译制片厂出品的《功夫熊猫》《盗梦空间》《哈利·波特》等优秀译制片。上影出品的电视剧《亮剑》《焦裕禄》《爱情公寓》《心术》《彭德怀元帅》分别在央视等媒体播出，赢得声誉。在全国的电影企业中，上影是拍摄电视剧最多、获奖最多的企业。我个人除了获得中国电影华表奖优秀出品人奖外，还获得过中国电视剧优秀出品人奖，这也从侧面说明了上影的"多片种发展"是成功的。

二是，打造跨区域的市场体系。我们最早认识到拥有市场控制力，对于"制片出身"的上影集团的重要性。我们做得最快、最有成效的是院线发展。上影联合院线起步早，在此基础上，我们扩大影院投资，强化院线竞争。那时电影院属于文化厅系统，制片与发行属于电影主业。在阅读美国电影产业案例后，我认识到影院对于制片的支撑作用。电影制片业等于石油界的勘探，所有的勘探都可能前功尽弃，但一旦发现富矿，那就赚得盆满钵满；而影院等于加油站，具有市场网络、现金流、利润微小却稳定等优势。所以，我们趁别人未醒，起早赶路，大规模投资电影院。那时上影还在困境中，没有足够的资金。我们采取三个"一点"：第一，上影自有资金挤一点，确保投资影院资金优先。第二，母公司资金要一点，当时上影集团母公司是上海文广集团。我与文广集团总裁薛沛建深谈过多次，基调是"痛说革命家史"，谈电影和上影的困境，谈我们的穷则思变，最终他同意支持上影，给了 1.2 亿元的资金，这是雪中送炭。第三，让外资公司出一点。由于电影开放，外资可以在中国建立合资影院。我们抓住机遇,2004年与美国华纳建立全国最早的合资影院"上影永华",它连续几年成为全国票房最高的影院;2005年又与韩国三星公司建造合资影院,并在全国首次引进IMAX商业影院,后因放映《阿凡达》市场反响爆棚,引发全国建造IMAX影院的热潮。由于这三个"一点",上影有信心布局全国,以上海为根据地,华东一片,长江一线,占据北京、深圳、成都等制高点,拥有更多自有影院,强化联合院线竞争力。2005年至2007年上影联合院线连续三年票房最高,成为全国第一院线。

访:但是近年来,电影票房年飙至百亿级别,院线竞争更加激烈,上影如何保持更大的优势?

任:先发优势还在。2020年5月我离任"上海电影"的董事长职时,联合院线还排名全国第三,排在前面的是万达和大地院线。2010年中国电影进入百亿票房阶段,资本嗅觉敏感而大规模进入。2004年我出席沈阳上影新玛特影院开业仪式时,与王健林约见。他对上影是尊敬的,他讲了万达商城的开发计划,并提出万达负责建造商场,上影配置影院。但由于上影依然处于经济困境中,资金难以跟上,失去了合作机遇。这可能是我职业生涯中的遗憾。同样,当我们跟华纳建造全国首家合资影院后,又在南京建造了第二家。华纳尝到市场红利后,拿出了近20家影院的发展计划,当时每家多厅影院的投资在3 000万元左右,20家影院就要6亿多元,我们感受到了"家无余粮"的痛苦。后来由于战略调整,华纳退出了中国影院市场。

访：这是两个环节，后面的三个环节呢？

任：第三个环节是建立电影制作技术体系。我们的前辈已经建成了车墩影视基地，主要体现民国时期的上海特色，有南京路、石库门等经典场景。车墩影视基地是上影的宝库，那里有 30 万件道具、20 万套服装，各类枪支可以配备一个师，是拍摄《南征北战》等战争影片时留下的。后来，我们又买 200 多亩（1 亩约等于 667 平方米）地以筹建二期改造工程，聘请了德国著名的片场公司巴德斯堡参与合作和规划。技术方面，有上海电影技术厂，以及 2011 年上影与美国特艺集团成立的上影特艺公司。美国特艺集团是全球最大的电影制作公司之一，是媒体和娱乐行业的技术领导者。2010 年起，我曾多次拜访其美国洛杉矶总部，与总裁罗睿斯进行谈判。罗睿斯是法国人，他有着敏锐的市场嗅觉，他超前看到了数字技术的前途和中国电影制作的市场。2011 年我们在上海国际会议中心酒店签署了建立合资公司的协议。罗睿斯希望股权占比 51%，我们坚持各自为 50%，最后他同意了。生意场外，罗睿斯有着法国人的随性和高傲。在洛杉矶用餐时，他撤掉了公司预定的加州红酒，坚持品尝法国红酒，并戏称，除了法国，世界上再没有好喝的红酒了。我们运用特艺公司技术修复且制作了 3D 版的《大闹天宫》，让经典再次进入市场，成为年度票房最好的动画片之一，并获得联合国知识产权金奖。

第四个环节是建立媒体传播体系。上影拥有一批有全国影响力的电影刊物，如《电影故事》《上影画报》《电影新作》等。2005 年在国家政策的支持下，我们建立了东方电影频道，这是难得的优质资源，它既扩大了上影的影响力，又带来了经济效益。在上海电视频道中，其收视率长期排在前三位。

第五个环节是上影的相关产业。上海美术设计公司是全国著名的设计公司，在上海世博会期间承担了十几家国家馆的设计工作，中共一大会址纪念馆（新馆）、上海电影博物馆、中国公安博物馆、井冈山革命纪念馆等都是他们的作品。我们扩建了上海银星酒店，我与管理团队对它的定位是——一家电影主题酒店，半个电影博物馆。当时，我们正在筹建上海电影博物馆，有意识地延伸了展示空间。银星宾馆原来是为上海国际电影节建设的四星级酒店，我们建造了二期的新楼，并注入了新的电影元素，将其打造为全国唯一的五星级电影主题酒店。

上海电影博物馆是上影的重要标志之一。2005年在北京人民大会堂举行了纪念中国电影诞生100周年大会。会后大家一起用餐时，谢晋导演说：小任，我们应该造个上海电影博物馆。当时我们没有条件，2007年上影开始酝酿总部改造，我想应该完成前辈艺术家的愿望了。所以，我们在总部10.8万平方米的建筑面积中，拿出近1.5万平方米来建设上海电影博物馆，以示对上海电影历史和上海电影人的致敬。这个过程是艰难的，我至今还记得周围挂满反对上影重建标语的场景，它是我在上影生涯中的重要一幕。

就这样，我们逐步建立起上影产业链，成为产业链中最为完整的中国电影企业。在深圳文博会上举行的全国文化企业30强表彰大会上，我作了题为"以改革带动发展，用发展证明改革"的交流发言，当时的中宣部部长在会上说："上影的经验是对的。发展一定要改革，不改革发展不了；改革要用发展成果来证明，不然我们为什么去改革呢？"现在回忆上影改革发展走过的路，我感慨万分。从我叙说的许多细节中，你可以看到当时全国文化体制改革的大背景，看到各级领导对上影的关怀和支持，看到上影人艰苦卓绝的努力，当然我们还有许多预期目标没有实现。有一次，我在回上海的航班上遇到上海市委书记，我向他汇报上影情况时说道：我们还没有实现上影的整体变革，只完成了局部变革，有的甚至只是改良。他说：改变一个企业与改变一个城市一样，既要坚持改革，又要有耐心。那位市委书记先后四次到上影调研和参加活动。2009 年上海电影制片厂成立 60 周年庆祝大会时，虽然他脚有伤，却依然坐着轮椅出席会议，并起立向上海电影人鞠躬致意。这一幕深深地刻在了上海电影人的心上。

访：你们的战略定位中，"多片种发展"是一个重要的环节。在这个阶段，上影生产了许多优秀的影视作品。

任：我在前面提到上影拥有多片种的优势，所以"多片种发展"是我们所坚持的创作理念。具体方式是形成多类型创作、多团队合作、多资金投入、多资源整合的创作和制片格局。

多类型创作是我们的根本，首先，是主流影片创作。我曾经说：在重大历史时刻，上影从来没有缺席。我们传承好的传统。比如，在纪念邓小平 100 周年诞辰时，我们拍了《邓小平 1928》；改革开放 30 周年时，我们拍了《高考 1977》；辛亥革命 100 周年时，我们拍了《辛亥革命》；西藏自治区成立 50 周年时，我们拍了《西藏天空》；新中国成立 70 周年时，我们拍摄了《攀登者》，汇聚了吴京、章子怡、张译、成龙、王景春、胡歌、井柏然、何琳等优秀演员，导演是李仁港，监制是徐克导演。该片最近获得了中宣部"五个一工程"奖等奖项。2019年国庆档结束后,一位中央领导同志在中宣部的座谈会上提到《攀登者》:"这是三部重点影片中难度最大、完成度最好的影片"。其他两部是《我和我的祖国》《中国机长》。《攀登者》从接受创作任务到2019年9月上映,仅仅用了13个月,电影中有多达3 000个特技特效镜头。

其次,是商业影片。商业影片是电影企业的基础,电影需要投入,更需要产出。我们拍了《大灌篮》《风声》《锦衣卫》《盗墓笔记》等,与美国环球公司合拍的《木乃伊3》,与美国NBA和美国篮球协会主席大卫·斯特恩合作拍摄了《神奇》,这是著名球星皮蓬、安东尼等首次在全球作为主角出演电影。

最后,是支持艺术探索。百花齐放是艺术繁荣的标志,也是企业充满活力的标志。上影与李安合作《色·戒》,与王家卫合作《2046》,以及与贾樟柯的系列合作等,都体现了这种追求。其实,电影没有绝对的艺术与商业之分,它们有时是相互交融的。美国电影《教父》经常被全球各种电影排行榜评为优秀影片,它的艺术性和商业性是融合的。当然,支持艺术探索,不仅需要艺术情怀,更需要企业实力。只有敢于承担风险,才能支持艺术探索。现在全球电影进入以商业为重的年代,好莱坞每年票房最高的都是商业性的系列影片,保守主义成为决策主流。

访:您自己也担任过好几部影片的编剧,如《走出西柏坡》《可爱的中国》《攀登者》等。《走出西柏坡》这部电影我印象比较深,是讲共产党人"赶考"的,视角很独特。请说说您对主流价值影片的创作体会。

任：我最初是搞电影理论研究的，后来主要搞电影企业经营，编剧不是我擅长的。但我是中文系毕业的，喜欢文学创作，曾经幻想成为美国阿瑟·黑利这样的作家。他写过《大饭店》《航空港》《钱商》《最后诊断》等畅销的行业小说。我最羡慕的是他的写作生活，平均两年创作一部作品，半年收集行业资料，拜访行业人士，然后用一年时间写作，完成后再花半年时间旅游和阅读，寻找下一个写作题材。

我担任过几部电影的编剧，比如《走出西柏坡》。这是 2000 年创作的，当时我还在市委宣传部和上海作家协会工作。原剧本是围绕毛主席等五大书记准备进京"赶考"的主题展开的，几位编剧写了好几稿，始终没有突破。当时的市委常委、宣传部部长找到我说：这是上海迎接新世纪的重点作品，务必抓紧完成拍摄，希望你去完成剧本。他做过大学校长，水平和人品皆为楷模，大家都很敬重他。后来他担任中国作家协会的党组书记、副主席，得到了著名作家们的由衷赞扬。当时他亲自主抓了两部重点电影：《生死抉择》和《走出西柏坡》，《生死抉择》成为新世纪上海电影的新标志。我承担了《走出西柏坡》的编剧任务，大量阅读资料时，发现许多故事在不同的电影中表现过，如何创新变成我起笔的起点。有一天，我在电视里看到中央召开刘少奇 100 周年诞辰纪念大会的报道时，突然想到：能不能换个主题角度和故事叙说？从革命党到执政党，从农村到城市，中国革命从武装解放到城市建设，这里面有多少新的人物和新的故事？想到此我豁然开朗。后来故事以天津解放为背景，以毛泽东、刘少奇、陈云等为核心人物，虚构了耿涛这个人物，他曾经是毛主席的卫士，天津解放后担任军管会副主任，由此展开故事的叙说。耿涛的人设是依据毛主席的工作习惯，他经常派身边的工作人员外出调研。影片开场是打下沈阳，接着进入天津解放的场景。陈云曾经说过，我们管理城市最初是从解放沈阳开始的，但沈阳还是"小店铺"，天津和上海解放后，我们才真正开始管理城市。影片的主要情节是如何与民族资本家打交道。城市解放后，官僚资本家逃走了，民族资本家在观望。影片中的资本家问耿涛，共产党在农村打土豪、分田地，你们打算怎么对我们？这构成矛盾的冲突点。影片的最后是一组长焦镜头：毛泽东和周恩来等党的早期领导人坐着吉普车去北京，周围是欢笑的孩子们，背后是一轮太阳，毛泽东说：我们赶考去。该片的导演是李歇浦和梁山。影片获得了中宣部"五个一工程"奖和电影华表奖。

《可爱的中国》是写方志敏的，主要表现他的信仰与人格。他的名篇《可爱的中国》《清贫》中的片段成为影片中的独白，也成为故事的结构。方志敏的思想力量是编剧们难以企及的。该片的导演是胡雪杨。《攀登者》的编剧是著名作家阿来，他的小说《尘埃落定》震撼人心。我曾经邀请他担任《西藏天空》的编剧，那是他第一次创作电影剧本，他写出了新的视角和人物。他极其出色地完成了《攀登者》的剧本，他善于塑造人物，熟悉藏区生活。后来在拍摄阶段，导演全身心投入现场筹拍，他希望我把所有主创人员的修改建议整合成新的拍摄本。我完成了拍摄台本的写作，署名"尚影"，即上影团队。在筹拍《攀登者》的过程中，我除了大量阅读历史资料和人物故事，还看了17部国内外同类题材的影片。市委宣传部部长一直很关心影片创作，他看了多部登山题材影片后对我说："这种题材很难，要下功夫。"的确很难。登山题材的受众男性较多，而当下的观影主体是女性观众；在登山过程中难以表现人物冲突，人与自然的冲突是常见的雪崩、坠落和高山反应等。另外，远景拍摄可以给人视觉震撼，一旦中近景就是白雪皑皑的背景，同时需要大量高水平特技、特效支撑，比如，人和雪如何融合得有层次？通过主创们的努力与智慧，最终上影创作了这部优秀影片。任何主流电影的思想表达，都需要艺术性的叙说，正如恩格斯所说："倾向应当从场面和情节中自然而然地流露出来。"

访：2022年党的二十大胜利召开，习近平总书记在报告中提出，"坚持以人民为中心的创作导向，推出更多增强人民精神力量的优秀作品，培育造就大批德艺双馨的文学艺术家和规模宏大的文化文艺人才队伍。坚持把社会效益放在首位、社会效益和经济效益相统一，深化文化体制改革，完善文化经济政策"。这对我们每一位文艺工作者、每一家文化企业都提出了明确的发展要求。您作为资深电影人，对于中国电影的未来怎么看？

任：我先后参加过五次全国文代会和作代会，聆听过几代党的领导人的重要讲话。习近平总书记在党的二十大报告中关于文化建设的重要讲话，包括2022年在全国文代会和作代会上的重要讲话，高瞻远瞩、精粹精彩。习近平总书记对文艺的要求，尤其是坚持以人民为中心的创作导向一脉相承。他在2018年给牛犇的信中，同样充分肯定了坚持为人民而创作的精神。

党的二十大报告中提出建设社会主义文化强国，这是建设社会主义现代化强国的重要任务。电影具有独特的影响力和传播力，所以具有独特使命。上海电影由于它的历史和现实，应该担当起更大的责任，取得更好的成就。记得当时的上海市委书记来上影调研，看望了电影剧组

《贞观盛世》。当我在汇报时说到，上海要打响文化品牌，电影是主战场，上影是主力军。他笑着说：任仲伦是主推手。其实，他是教育我们在一线的上海电影人要勇敢承担起历史责任，把上海电影搞好。在拍摄《攀登者》的过程中，他多次批示，鼓励我们把《攀登者》拍成精品力作。2022年我担任第35届中国电影金鸡奖评委会主任，在观摩和评选中看到了上海电影创作出现的繁荣，更多优秀的电影企业和优秀的电影人在上海再次集聚，争相拍摄更多优秀的电影，这使大家感到欢欣鼓舞。

中国从大国迈向强国，这是国家电影战略。虽然经过三年疫情，中国电影历经风雨，困难重重，但前景依然光明辽阔。2022年我写的《观众在，中国电影就在》，传达了对中国电影的信心。2023年春节档电影票房达到67.42亿元，观众达到1.28亿人次，预示着中国电影春暖花开。特别是三、四线城市观众的崛起，成为电影观众的主要力量，《满江红》近45亿元的票房，四线城市观众占了50.8%；《流浪地球2》超39亿元的票房，四线城市观众占了46.5%。"得小城者得天下"，说明中国电影已经拥有了更广泛的观众群。困难还会有，风雨还会有，但毕竟是"风雨送春归"了。

访：您前面提到，习近平总书记对上影和艺术家一直十分关怀，2009年在上影成立60周年之际，他发来贺信鼓励上影，"创作生产更多融思想性、艺术性、观赏性于一体的精品力作，为促进社会主义文化大发展大繁荣作出更大贡献。"总书记的鼓励是中国电影、上海电影发展的方向。"把上影搞好！"这是总书记的嘱托，也是全国广大观众的期待！期待上海电影在一代又一代电影人的努力下，更加丰富多彩、灿烂美好！

上海话剧：
不止二十年

> **访谈对象**：杨绍林（上海市戏剧家协会名誉主席，上海话剧艺术中心原总经理，国家一级演员）
>
> **访谈者**：何一伟
>
> **时间**：2022年9月16日、9月21日
>
> **地点**：上海话剧艺术中心会议室
>
> **访谈稿整理人**：何一伟

访谈者（以下简称"访"）：我今天来到上海话剧艺术中心大厦（简称"上话"），周边热闹非凡，时尚店铺林立。回想20多年前，每次我从家走到上话看戏，这条安福路总是静悄悄的。安福路这20多年发生了巨大的变化，话剧大厦也成为上海的一个时尚地标。这20多年，上海话剧走过了改革发展的艰难道路。发展总是艰难的，而成就也是美好的。您作为上海话剧改革的重要亲历者，我们一起来回顾这一段难忘的岁月。

杨绍林（以下简称"杨"）：我有一个强烈的感觉，上海的话剧艺术，与上海这座城市，与我们的国家，始终是同步伐、共命运的。

我总结，上海的文艺改革可以分为三个阶段：第一阶段，从党的十一届三中全会到1992年的邓小平南方谈话，是我们国家命运的一个转折点。这个阶段是文化体制改革试点"找路的阶段"。首先是思想解放，这毫无疑问会反映在艺术创作上。过去的艺术创作，包括"文化大革命"

前，基本上都是强调现实主义。改革开放以后大家看到世界了，发现文艺舞台远不是仅有现实主义，我们的舞台也不应该仅有现实主义。黄佐临在 20 世纪 60 年代的广州文艺座谈会上提出了"我的戏剧观"，在戏剧的历史长河中，作为写实风格的戏剧，其实只存在了 70 多年，人们完全没理由受其束缚。还有当时北京人民艺术剧院（简称"北京人艺"）提出来的：老舍的现实主义民族化，话剧是舶来品，舶来品到了中国还有民族化的消化问题。改革开放以后，大家在艺术上有了对变革的追求，从内容到形式的变革过程中，出现了很多戏剧。

访：在这一段时间，艺术是五彩缤纷的，受外来文化的影响，我们发现舞台的表现力可以非常丰富，这是艺术观念的一种变革。这种变革丰富了我们的创作，开阔了我们的视野。

杨：是的，这个阶段是起步阶段。如果说，第一阶段是"找路的阶段"，第二阶段我称为"探索阶段"，我认为第二阶段是从 1992 年到 2012 年党的十八大召开前。邓小平在"南方谈话"中说道：搞中国特色的社会主义，搞市场经济，最开始的改革是从农村做起来的，如承包制、小岗村。那时候我们院团也搞过探索，比如，承包制，在事业体制下，为了提高积极性，我记得当时晚上一场演出有两毛钱的演出费补贴，我们把除这两毛钱外多余的部分作为补贴，作为承包的分配，这是一个承包制的办法。还有搞职称评定，搞定编定岗带来的问题是：不在编制的是不是不被聘任？当时上海人民艺术剧院（简称"上海人艺"）和上海青年话剧团（简称"上海青话"）都做了尝试，但是全国其他的剧团还没有做，我们做了以后发现了很多问题，所以说是探索。当时，我们别说"摸着石头过河"了，连"石头"在哪儿都不知道。

市场经济是什么？是讲市场规律的经济。市场经济讲要素配置，演艺行业的生产要素主要包括人、钱、生产资料和剧目，这些要素毫无疑问要放到市场机制下进行配置。这些要素要进入市场流通，只有在流通过程中才会产生效益。

从党的十八大至今，是第三阶段，是深化文化体制改革的阶段，也是文化企事业单位获得丰硕成果的阶段。

访： 您从当演员开始，经历了不同阶段的改革，特别是担任上海人艺和话剧艺术中心主要领导的这几十年，是上海文艺改革的重要亲历者，感受应该很强烈，您自身是怎么面对这个转型的？

杨： 上海最早有两个话剧团，一个是上海人民艺术剧院，一个是上海青年话剧团，1993年我任上海人艺院长。到1994年底，上海市文化局局长来问我，能不能把上海人艺和上海青话两家院团合并，找我谈话是希望我来做这件事情。其实从1981年开始，我不断地在外面拍电影、电视，那时候我是影视上的红人，有一份自己喜欢的事业，也能挣钱。在这种情况下，突然把我推到管理者的位置，我做了各方面的思考，要做好角色换位，我必须做好为旁人"抬轿子"的准备，如果在剧院里，我还有站在舞台中央的思想，就永远跳不出这个坑，做不好事。

我是搞表演的，演戏就是研究人。人都有两面性。有一句话，"人性本自我"，每个人都有自己小小的天地。我作为演员的时候，看这个世界，看这个剧院，尽管每个人表面上都很和气，但实际上舞台就是一个名利场，大家都想成名，有了名就有了利。在计划经济时代，有了名就可以评到更高的职称，可以分到房，还有大家对你的崇拜，这是一种精神上的满足。

访：但是舞台上的位置总是有限的，不可能人人都是"角儿"。

杨：这是很现实的问题，在那种体制下客观来讲，站在个体的角度，当你不被舞台接纳时，就会有一种失落感，感觉不公平，这造成体制内人与人之间的勾心斗角，相互之间不信任。竞争产生的不信任必须得从制度上解决。

作为一个演员，你很成功，人人都为你抬轿子；而转型做管理者，你要为大家抬轿子。就是牢固树立为人民服务、以人为本的意识。我们这代人受党的教育多年，是从学雷锋时代走过来的，这种意识比较强。我想清楚后，向领导表态：这是组织相信我，我是党员，服从组织安排。我也做好了思想准备，如果遇到了自己和领导解决不了的问题，就自己扛着。

访：20世纪90年代前期，是改革的初期，整个城市的文化形态，都发生了巨大的变化，这种变化是机遇，但是给长期在事业体制管理下的国有文艺院团带来的是前所未有的挑战。

杨：其实到了1993年，已经是话剧极度困难的时候了。邓小平在

"南方谈话"中提到要搞市场经济,但是我们又没有钱,那是一种什么样的状态?当时作为事业单位,按理说应该发全额工资,但是财政没有足额发放,如果演出不挣钱、不盈利,基本收入也不能保障。当时财政是按70%拨款的,比如一个人有100元工资,70元由国家发放,但70元又是一个什么情况呢?上海从1992年开始交"四金",把"四金"部分算进去实际上能够发的工资只占40%,所有的院团都是这样。那时候演戏又没有票房,大家都不知道该怎么办。由于发不出工资,我去当时的市文化局计财处找到计财处负责人,他的一句话很刺激我,"工资发不出救急,我应该帮你解决,但是我们不能救穷,你每个月都来,这是穷,穷我就没办法了。"这个是很现实的问题。

访: 除了经济上的困难,原本两家院团都是有悠久历史的文化单位,一旦决定合并,演职员工在思想上的统一,也应该是一件不容易的事。

杨: 当时两个团都很难,1995年上海人艺和上海青话合并,在那种状态下大家是接受我来做院长的。领导指定了两个副院长俞洛生和张先衡。我们坐在一起的时候,两位老前辈提了两个问题,第一个问题,合并没有意见,但是市文化局的意思是组建"上海话剧院",这个名字两位老同志都不接受。为什么不接受?两个团都有着深厚的历史背景,上海人艺是1950年建立的,比北京人艺组建还要早两年。上海青话是1956年5月以上海戏剧学院实验剧团名义建立,一直到1963年并入市文化局的时候,才正式成立上海青年话剧团,上海青年话剧团里都是当时上海戏剧学院的尖子。上海人艺第一任院长是夏衍,副院长是黄佐临。夏衍是上海市委宣传部第一任部长、第一任市文化局局长,所以他只能是兼管,黄佐临一直主持上海人艺的工作。

第二个问题,两家合并后怎么搞?大家觉得两家院团的好处是有竞争,大家希望保持这种竞争态势。这两块牌子能不能把它保留下来,实行制作人制。所以最后商定,上海话剧艺术中心下设两个制作体,张先衡名下的叫上海青话制作室,俞洛生名下的叫上海人艺制作室。在话剧中心层面,两个人是副总经理兼制作室主任。两位老艺术家又认为,叫副总经理不妥,艺术家叫什么总经理,于是又冒出来一个名字:艺术总监。所以当时两人是艺术总监的岗位名称。在这样的背景下,上海话剧艺术中心(简称"话剧中心")开始起步了。

访: 机构整合了,但是从计划经济到市场经济如何转型,如何处理长年积累的问题和矛盾,将是您面临的一道道关口。

杨: 确实是困难重重,两个制作体开始运作,最重要的是需要钱。优化人才配置、艺术创作生产等方方面面都需要钱。我查了一下两家建立的时候合起来的财政拨款加七七八八的估算也就200万元,每家100万元,他们两位叫制作人、叫艺术总监,也叫副总经理,一人管一家。话剧中心是管理平台,上面是一分钱没有的,而我还要解决"中心"行政管理人员等的基本工资,基本运行保障。所以即使起步了,我还是没钱。当时跟我搭班子的一个同志干了一两年后很感慨,"这叫什么副总,一分钱没有"。

还有个棘手的问题是1988年的职称评定和聘任,也很伤人,评完后定编定岗，所有的院团要裁员 1/4 到 1/3，当时叫减员增效。我记得那时候人艺有 300 多人，一下子要砍掉六七十人，还不能再聘。那么问题就来了，这些人要么提前退休，要么在家待业，钱却照发，所有的社会矛盾全都集中在这里。我们行业的特殊性是，不被聘用的人并不等于不用他，这个戏不用，那个戏说不定还是他合适，还有些人不被聘用了要跟你拼命。

访：那个时候，要改革，要走市场经济道路已经达成社会共识，但是每个行业都有自己的特点，尤其是演艺行业更为特殊，这些问题需要用符合行业实际的眼光重新审视，重新思考出路。

杨：我是 1992 年到市委党校培训班的，学习、梳理了市场经济的规律和知识，有了冷静思考的时间。你和这些人打交道，如何把这些人拢在一块？这是问题。我认为用明确岗位、定编定岗的方式对演艺人员不合适。我发现这个行业有几个特点。

第一，岗位设置、就业形态具有流动性。那时候我就知道了，搞话剧的不仅仅可以演舞台剧，还可以拍电影、电视。那时候拍影视一个月的收入可能是演舞台剧一年的收入。以前我做副院长的工资是一个月 120 多元，一年也就是 1 000 多元，但拍电视剧，一个月就能挣到两三年的收入，我自己是有体会的。

第二，岗位设置不确定。定编好了，突然发现在编的人用不着，不在编的人倒合适。今天你排这部戏觉得 30 个人够用，也许过几天你新排的戏只要 10 个人，那剩余的 20 个人不就失业了？

第三，评价机制模糊。我一直认为搞职称评定在这个行业不合适，大家的审美趣味不一样，不要人为复杂化。还有职业年龄的差异，有些人吃青春饭，很多年轻女演员过了年龄就没戏了；有些人可以从青年演到老年，只要他身体允许可以演到寿终正寝。你必须得了解这群人的特点，在制度设计上要把这些问题想透。所以最后我们决定走自由职业的方向，演艺职业更适合自由职业的柔性管理。当时在上海，话剧院团条件已经成熟了，要建立一个适合自由职业、柔性管理的平台，社会没给配套，必须在剧院中心平台融合建立。

访：演艺行业的特殊性，决定了改革需要一步步自己去探索，其他行业的经验不具备借鉴性。里面存在很多具体的操作性问题。

杨：在改革的起步阶段，我们是靠自己约束的，后来我发现还得靠制度约束。举个例子，血缘关系的规避制度。同样的搞制作人制，外地院团就失败过，院长给抓进去了，很重要的原因就是他开了夫妻老婆店，都在一个剧院，自己和老婆孩子一起联手。所以对现在的总经理张惠庆，她来做部门主任的时候我就提出，你不能跟演员谈恋爱，谈恋爱我马上请你走人，还有你做制作人不能和我们任何人有血缘关系，这些都是需要回避的。"血缘规避"制度我们起步得早。

还有一个问题，在往前推进的时候有些人喜欢提意见。我知道他没有坏心，但他只要发现哪儿做得不对、不透明，马上炮就开过来了。我们这个行业有人喜欢写信。我们不是不让写信，而是要做到让他没内容可写，做到透明，让他参与到管理中来，让他随时有发言权。记得当时造话剧中心大厦时，我自己家也在装修。我和我老婆达成默契，所有东西的发票都存着，只要一有举报就要经得起查。大厦建设过程中，我做事、不管钱，凡是和商人打交道的，都是让下面的同志去。跟我一起工作的人都知道这一条，你做事我全力支持你，但是只要有举报信我绝对不袒护。因为这些制度，减少了举报，也慢慢使大家建立了信任。

访：上海话剧艺术中心从改革开放到现在，经历了承包责任制、院团合并、企业化改制、"一团一策"等一系列的变革，其底层逻辑无外乎生产要素的配置和发展目标的实现。

杨：实际上就是这个。我在党校学习时就在想，剧团的生产要素是什么？当时的问题是流通环境还没建立，社会上的其他企业也面临这个问题。那就要有一个和社会接轨的平台，在这种背景下，上海人艺和上海青话合并建立了一个平台，实行制作人制。制作人建立一个生产要素配置的集合体，而话剧中心实际上是帮助运作的平台。所以当别人还在探索是否转企的时候，我们早就都做完了。

但是为什么我不太愿意转企？因为当时的外部环境不配套。当时有一个论点"不能既享受事业单位的好处，又享受企业市场的好处"，这个观点我也不太能接受。那时我到美国、欧洲做了大量的调研，看了很多资料，发现西方国家在文化，尤其是戏剧领域，大部分是以非营利组织和非政府组织的模式存在的，不是完全靠票房来支撑的。大剧院都是由出资人建立董事会、理事会，必须遵守合同，还有配套法律，如果造成了社会麻烦，法律还会追究责任，运营者要考虑这些问题。而我们当时主要想靠票房解决生存问题，按照市场化来做。前两天武汉让我去讲文艺院团管理的改革，给了个标题——"市场化下的剧院经营"。我说：剧院的管理经营毫无疑问要考虑市场，但是我建议你把"化"拿掉，任何事情加上"化"都可能会走向极端，甚至就走向反面，所以我建议需要市场，但是不能"化"。我们可以讲市场、讲要素配置，但是不能够完全"化"。在国内，演艺行业不可能完全靠票房来支撑。我们可以按照企业管理运营的这套做，但是定位是非营利的，不能以营利为目的。我们这个行业可能有某一个项目是营利的，但完全以营利为目的，追求经济利益最大化是行不通的。

访：我们毕竟还要承担坚持正确舆论导向的社会责任。

杨：对对对。那时候有专家讲，加入WTO以后，外国团体都进来了，竞争会激烈。我当时马上回话：我没有那么悲观，这些团体进来了我愿意跟他们竞争。中国有一句俗话，"强龙斗不过地头蛇"，国外团体会帮助我们开阔眼界，但在对中国文化、中国老百姓的认识上，他们和我们相比是有差距的。在中国这个竞争市场中，只要政策对，我绝对不会输。有一次我们的剧目《1977》到国家大剧院演出，一位中央的领导同志问，你们转企后赚钱了吗？我说，看报表是盈利的，但如果把所有的钱都算上去，包括国家的投入，那是亏损的。他说，为什么？我说，全世界都如此。我们的资金收益率已经达到了70%多，在全世界同类院团里已经是一流的。

访：后来你们还是实现了转企。

杨：在这样的背景下，转企就转吧，确实我们营利能力、资本运作能力在上海的院团中是最强的。我跟同事讲，你们不要担心，上海还有18家院团，转企的不是我们一家，有6家单位，全国还有更多单位，别人能活我们就能活，别人不能活我们也能活。

访：通过不断地改革，现在上海文艺院团也实现了"一团一策"，比"一刀切"要好，你们可以有更好的发挥。现在是话剧春天的阶段，既有基础，又有政策不断向好调整。

杨：我们现在是"老大"。在2021年18家院团的考核中，我们的政府扶持金额占18家院团总额的4%，但是我们的票房占总额的20%，我们用4%的国家投入占了上海1/5国有院团的票房。

现在国家给予了大量的扶持，2012年到2014年，我们进入制度完善阶段，有了配套的政策。但该政策没有从根本上解决困难，所以我叫它"完善阶段"。现在的文化体制改革方向很明确，要管人、管事、管资产、管导向，即四个"管"。

访：上海话剧大厦的建设，应该是你们转型创新的一个标志。

杨：我们也是找准了一个契机。那时候还有很多职工住房困难。市文化局批复同意拆掉上海人艺的排练厅和演出厅，用来盖职工宿舍。按我们的情况，市规划局批的容积率为6，就是说可以造3.2万平方米的房子。

当时我正好在市委党校学习，就跟班上的同学去做北京东路一个地块批租开发的调研，那里有幢商住楼。我印象很深，开发单位向我们介绍说他们只有土地没有钱，就拿出一半的土地，比如这块土地是1万平方米，容积率是10就可以造10万平方米的房子。10万平方米规划下来是两幢楼，一幢楼有5万平方米，5万平方米给出资方，把它卖了就有了钱，而我不就净拿一幢楼。他们称为资本经营，而我们的资本就是土地。后来我了解到，当时南京路上的广电大厦也是搞资本经营，拿土地做抵押直接借钱，自己盖的楼。

土地不流转一钱不值，流转才有价值，流转就叫资本经营。我们也可以学，我拿出一半的土地找合作商。原本我们开始造房了是为了解决职工住房问题，但是党校学习以后我明白，搞职工福利房，造住宅只有一次分配权，分配完了就没了，失去了这块资产的可持续发展性，目光要放长远。我当时算了一笔账，如果把1.6万平方米卖掉，再造楼房，还能多出来房。这样既解决了剧场问题，还能多出来钱。如果把这些房子租出去，算两元一平方米，每年可以有300万元的收入，话剧中心不就有钱了。

访：想法确实很美好，但是毕竟影响职工的福利分房，大家能支持吗？

杨：为什么能够得到大家支持和同意，很重要的是在整个过程中，我们做了大量细致的工作，职代会一层一层反复地讲，因为需要得到每一位职工的理解。我们反复跟大家说，如果造住宅就是一次性分配，钱分完就完了。黄佐临在世的时候，市领导就答应他拿波特曼那块地造剧场，一直没实现。现在如果作为福利房分了，那么再过几十年，拿到房的这批人退了，那这个大厦还跟话剧有什么关系吗？这是情感问题，也是发展问题。现在按照我们的思路，可以解决自己的剧场问题。20世纪90年代大量剧场都拆掉了，但我们有自己的阵地，房子租出去还有300万元，可以解决话剧的发展问题，这是解决长远问题。从长远看，1995—1996年时已经开始明朗，住宅是要走商品房这条路的，只要我们有了发展的"发动机"，能挣到钱，到那时大家的住房都会通过商品房来解决的。最后大家很和平地投票通过了。

话剧中心的同志们都是通情达理的，包括体制改革也是这样。开始的时候不是涨工资，是降工资，发不出全额工资，即使把国家给我们的钱全部发掉也只能发到6折、7折、5折，基础数必须得减。我跟大家反复地说，我们面临3条路，第一条路，起步的时候大家在一个平台上，在得到发展的前提下，用积累的钱来解决更多的诉求，使大家老有所获。第二条路，以不变应万变，好死不如赖活着，如果大家愿意我们就不动。第三条路，大家多拿钱少干事，如果真有这条路，我跟大家一块去奔。我把这些东西在职代会上都讲透了。和我共同做这些工作的是一群人，大家建立了一个团队，都相互理解，一群人在帮你，所以才有了改革发展稳定的过程。你在研究别人，别人也在研究你，面对这样一个群体你怎么解决？就是用最质朴的东西，老老实实做人。必须得透明，必须得有自律机制，必须得规范。

访：剧院大厦造好了，新时代上话人有了一块坚实的阵地。我记得开幕大戏是《正红旗下》，我当时排队买票来看这部戏，还排队请编剧李龙云签名。那个场景，我记忆深刻，在当时一直安静的安福路，算是盛况空前了，你们是怎么选了这部老北京风格的戏作为开幕大戏？

杨：讲到《正红旗下》，这是一个很有意思的案例。严格地说这个戏不适合在上海做，这是北京人艺的戏，这里边是有故事的。话剧大厦2000年底将要开张，开张拿什么戏？必须拿一个有分量的戏。2000年是世纪之交，拿一个什么样的戏能代表我们的艺术精神、艺术追求？开场大戏要有国家的气质、国家的情怀。

在这样的背景下，首先给我推荐《正红旗下》的是陈薪伊，《商鞅》的导演。她说碰到一个本子很好，跟编剧很熟悉，但是这个本子现在在国家话剧院，当时的院长是赵有亮。我一看本子就很喜欢。老舍8万字的一部小说写了一个开篇，李龙云把它续完了。他写的正好又是100年前的事，发生在八国联军进北京时，是国家的悲剧。剧本描写了那个时代一群八旗子弟的精神状态，我觉得非常生动，人各有貌、语言幽默、人物鲜活。再加上有老舍的穿插，很有历史的厚重感。百年之交，这部戏作为历史的回忆，与民族情怀也找到了结合点。

我就给编剧李龙云打电话，说我是上海话剧中心的总经理，很喜欢这个剧本。他说这个本子在国家话剧院，但他和我讲了一个情况，本子在排练、创作构思上，他跟国家话剧院有分歧，最重要的一个分歧是剧中老舍的角色要不要存在。李龙云说，我不同意删掉，老舍这个人必须得存在，我是续老舍小说的，如果老舍这个人物不存在还续这个戏干什么?那么这戏就在国家话剧院推进不下去了。他说,最开始这个本子是在北京人艺,也是因为这个原因进行不下去,如果你能够保证不改动剧本,维持原结构,我可以考虑。我说这倒可以,我跟赵有亮院长非常熟。李龙云又问了个问题:话剧中心是什么单位?我只知道上海人艺。我说,话剧中心就是上海人艺和上海青话两家合并的,我就是想拿这个戏做新剧场的落成开幕戏,这个戏是合适的。如果我们谈成了,你可以到上海来看看话剧中心。李龙云听了也很高兴。

谈完以后,我就给赵有亮打了个电话。我们非常熟,也都是演员出身。他说,既然你来说,这个本子给你没关系,来日方长。

这一步突破了以后,我马上跟李龙云打电话,你可以来上海了!接着李龙云又提了一个要求,扮演老舍的演员得由他选,必须得是焦晃。我说,这没问题。我把本子给了焦晃。他觉得这本子有厚度,老舍是他非常崇敬的前辈,又是话剧中心开张戏,他非常愿意出演这个角色。焦晃很认真,当时他还特地到老舍故居待了一段时间,看了大量的资料。

我们搞这个戏,因为题材和故事背景的关系,原本考虑不能光是上海的演员,也希望有北京人艺的一些代表性演员参与。但后来碰巧两位应邀的北京人艺的演员陆续因病来不了,我们就做了反向思考,这是北京人艺的戏,上海来做就是一个话题,不如我们做一个海派话剧与京派话剧的交融尝试,索性全部采用上海的演员。当时观众和媒体的反响也很好,第二年就获得了上海文联第五届"上海文学艺术优秀剧目奖"。开场大戏获得成功。

访: 当时"窝"已经做好了,有了自己的创作空间。开场大戏又是阵容强大、用心制作，接下来就要真正面对市场、面对艺术、面对观众了，这是很现实的问题。特别是如何处理好高雅艺术与不同层次市民文化需求之间的关系。

杨：你看话剧艺术中心的 LOGO，是由 18 个舞台灯光的圆围成的一个大圆。为什么用这个做 LOGO？我从 1993 年做人民艺术剧院的院长，到 1995 年主持上海话剧艺术中心工作，一路走下来有一点看得很清楚，戏剧最好的存在方式就是既保证艺术形式的多样化，又不能脱离我们的国情。换一种说法，文艺的根本是什么？是为人民服务，为社会主义服务。18 个圆围成 1 个大圆表达的就是为人民服务，为社会主义服务的宗旨。这两个"服务"是作为上话人共识的。管理者必须保持清醒的认识，表演艺术是需要观众参与的艺术，失去观众参与的表演将失去生命力。同时，努力为表演艺术工作者营造一个温馨且具有人文情怀、有利于创作内容孵化的工作环境，也是剧院经营者不可忽略的责任和使命。

访：价值观确定后，如何培育一个已经在低谷的话剧市场？在激活市场的时候，肯定也会有各种不同的声音。

杨：我在多年的工作中深刻体会到，艺术的批评没有绝对的对与错，只是大家的审美立场有区别，审美学派不一样而已，包括对某个演员，对某种表演的方式都会有不同的看法。剧场的经营也是如此。

我曾经遇到过一件事，2000 年，话剧大厦落成开张。因为三个剧场都要有演出，戏要有一个储备的过程，尤其是要搞轮换演出，戏的质量肯定是参差不齐、鱼龙混杂的。当时吕凉是艺术总监，他急着跑过来讲："绍林，有一些戏太烂了，这些烂戏是要毁掉话剧中心的声誉的。"我说，你的担心我非常理解，但是你不要急，这是一个渐进的过程，就像改革开放一样，市场打开以后总会有苍蝇飞进来。用邓小平同志的话，有苍蝇飞进来把它拍死就行了。

怎么拍死？这需要一个过程。我发现，拍死很容易，但出一个好戏不容易。今天拍死一个，明天拍死一个，最后发现舞台上没人演戏了。能不能换一种角度考虑，现在烂戏多不要着急，在好戏没有出现之前先让它存在，市场会作出选择的。如果有更好的戏自然就把它挤出去了，不就是好戏占领阵地了吗？现在好的戏没准备好，烂戏又都挤出去了，舞台是空着好，还是天天让观众走进来看演出好？解决这个问题是一个渐进的过程。

就这样，一直到2022年话剧艺术中心的3个剧场有32个戏在演出，32个戏里有20个是老戏（老戏新演），12个新戏里国外的成熟剧本新制作有3个，9个是我们的原创。这就是从2000年积累的成果。渐进的过程必须得到允许，没有积累的过程想一步登天是不可能的。我们的经济发展、市场建设也是这样一个渐进的过程。邓小平在改革初期讲过，不要怕人跑掉，跑掉的大部分人还是要回来的，只要你做好了，有发展、有钱挣，还怕他不回来吗？

访：我非常赞同您刚才的说法，剧场开了，首先要让它热闹起来，然后再不断地完善它。我觉得要有好戏，就要有机制。艺术管理机制的完善，也要有个过程。

杨：两团合并后，开始指定了两位副总经理，然后变成两位艺术总监兼制作人。搞完《商鞅》第三年，1998年张先衡到了退休年龄，俞洛生是到1999年退休，我保留了他们制作人的职位，同时重新在内部招聘两个制作人。大家当时都已经知道，根据我们的机制，做制作人除了有100万元的配置权外，还等于送了10%的干股，100万元中你只要有10万元的票房，就有1万元归制作人，不管盈亏，这个制度是很优惠的。那时候估算他们的年收入已经有七八万元了，我的收入连1万元都不到。很多人跃跃欲试，这时候我觉得可以考虑竞争，不要再指定了。因为想干的人很多，当时有四五个人来竞聘。

访：从开始的指定制作人，向人员管理制度化转变了。

杨：是的，还有保底机制。在起步的时候，上海人艺和上海青话有15年工龄以上的职工都不动，就这个待遇；新进来或者工龄不到15年的职工，签工作合同；能够连续签15年合同的职工，签长期合同。这使职工即使在没戏的情况下也有基本保障，这是我们从德国学过来的经验。其实这180个月能够做下来的职工也是非常优秀的业务人员了。在话剧中心建立的时候尽管是事业编制，我们也是不保底的，所以转企的时候我们也不提供硬性保障。当然，前提是前期要做大量的思想政治工作，上海话剧人是很有觉悟的，坚持党的领导。这也是我们党的优势，把共产党的思想政治工作优势发挥到极致。

访：艺术管理和剧院管理是一项特殊的市场管理，艺术产品有其不同于一般消费品的特征。

杨：尽管艺术管理的单位很小，面对的都是个人，但它是具体的，而且人的要求是复杂的，所以我就把它视为"矛盾管理"。搞艺术剧院管理的人总是希望能够发现规律，有了规律就能分析制定标准，标准制定完就能建立秩序。通常企业都是这样的，这是管理的一般逻辑。但是你要清楚被管理的是一批什么样的人。他们是不断变化的，没有固定模式。一旦进入这项工作，他们总想再造一个自我，不希望重复，哪怕同一个角色，他今天这样演，明天就那样演，这是他的追求。如果你说这个演员只能演一种角色，他肯定说你太小看我了，这不是我的理想，我要创造各种各样的人物，因为他们是艺术家，不是工匠。那时候我记得领导提出来要驻场演出，让焦晃这样的艺术家，一个戏一年演100～200场，他会疯掉。我印象很深，奚美娟连续演了将近200场的《留守女士》，她整个精神都崩溃了。有些人讲你不要那么动情，每天演出都鼻涕眼泪一大把。她说那时候是控制不住的，只要进入这个情景当中，就如同再生活一遍。作为演员是可以控制，但这个控制是美学意义上的，他的内心世界必须到这个位置。

我们要给艺术家、创作者提供最好的艺术环境，给表演艺术最大可能的空间，所以现在我们在舞台设计、剧场设计的时候，会尽量留出艺术家创造的空间，而且这个空间不是封闭的。现在的剧场不仅仅是镜框式舞台，也有中心舞台，或者干脆没有舞台。

访：这不仅是物理上、场次上的空间，更在于艺术创作上的无限空间，同时还要在无限空间里建立起好的机制。

杨：我跟奚美娟是同学，她有一段时间参加《北京法源寺》的演出，是由田沁鑫牵头的戏。我问她为什么参演这个戏？她说主要是几点，一是，她想丰富自身形象。电视剧《走向共和》中的慈禧是吕中演的，有人讲奚美娟比吕中更合适，更像慈禧。她也意识到自己的气质、形象跟这个角色非常吻合，所以就有欲望在适当的时候，参与这个角色的创作。第二，《北京法源寺》是根据李敖的文学作品改编的。李敖是一个有话题性的作家，有话题就有创作的空间。她希望通过这个作品和大家在舞台上进行一次对话。第三，田沁鑫找的她，田沁鑫第一次见她就说，我能够走入这个行业，是因为《留守女士》。《留守女士》是 20 世纪 90 年代初上演的，大概 1990、1991 年，田沁鑫参加了北京的第一届小剧场节展演。北京正好下雪，演出却是观众爆满，只能容纳 200 人的剧场，一下子进来了四五百人，把剧场给挤爆了。怎么办？为了满足这些观众，也出于安全考虑，剧场方和观众说，"我们演完这一场，一定马上安排第二遍，为了有更好的演出环境，请多出来的人在外面等一下。"这场戏演到晚上 10 点，10 点以后再演的第二场，演完都是下半夜了，田沁鑫看的就是第二场。她说看了以后很崇拜奚美娟。奚美娟听了很感动。第四，她也知道田沁鑫，在《北京法源寺》之前已经是北京很有名的导演了，有很多成熟的作品，有些作品奚美娟也很喜欢。正是这四个原因促成了这次合作，角色演得非常成功，很有光彩。

我去中央戏剧学院讲课，以及参加全国院团管理研讨会时，都会讲起这个案例。这个案例引起我们的一个思考，如何和艺术家建立合作？

这绝对不是行政命令所能解决的。以我的经验来讲，艺术管理最适合的形态是什么？除了人与人之间的情感交流，最重要的就是要有一个合适的机制，而最合适的机制就是股份合作制。项目管理前提下是可以梳理法人治理结构的，比如著作权可以谈，人力也可以算清楚，项目的投入是可要素化的。所以最合适的机制就是以项目管理为先决条件的股份合作制，因制作人操盘项目管理，当然前提是要有一个大的平台。因为，奚美娟最有代表性，所以我经常拿她来举例。

访：在市场环境下，演员的管理是一个难点，既要尊重老艺术家的历史成就，又要鼓励老中青三代演员的演出激情，你们在演员管理上是怎么做的？

杨："淡化身份"是话剧中心在改革演员管理方面的一大原则。转企之后，话剧中心客观上还是分为"事业""企业"编制，而当时一大批活跃在舞台上的骨干演员恰好被划在了"事业"编制之外，这个是很核心的问题。最终，演员队伍确立了"淡化身份、一视同仁"的原则，即无论你是何种身份、级别，只要肯工作、多工作就有相应的回报。话剧中心的"演员俱乐部"会员管理制度，参考了德国的演员工会制，即演员成为俱乐部会员，每年交会费，享受俱乐部提供的服务，演员可通过自己的劳动抵扣会费。我们确立了最根本的"不工作，无报酬""多工作，多报酬"的内部分配规则。俱乐部并不以收纳管理费为收益渠道，而是为了让双方有畅通、合理的选择机会。

除此之外，演员俱乐部也打造了话剧中心演员多元化的结构，即将没有劳动关系,却长期以项目形式合作的演员称为"外围演员",这样不仅吸引了大批体制外的人才,还可以加强话剧中心原本的演员队伍的竞争意识,产生"鲇鱼效应"。

话剧中心以外的影视剧明星也会通过与话剧中心的项目合作,成为签约演员,他们通过舞台提高了演艺水平,获得了新的机会。而一些剧组也会来看戏,挖掘人才,这为更多的演艺人才提供了机会。

徐峥在拍完《春光灿烂猪八戒》后,我们想要找他参演余华《兄弟》中的"李光头"一角。制作人是现在上话的总经理张惠庆(时任演员俱乐部主任)。但徐峥拒绝道,余华的《兄弟》我看过,但不能因为我是光头就来找我,我觉得不适合。制作人没办法,找我跟他沟通。徐峥还是中学生的时候就跟我们合作演过《原罪》,我还跟他一起演过戏。我就跟他说,你合适不合适我都知道,否则我不会给你打这通电话。我接受你的观点,但也想到一个问题,李光头这个人物语言很粗俗,但是又有很精明的内在。如果观众一上来就感觉人物很粗糙,是建立不起人物信念的。而你的上海人的这种精细能弥补余华小说表面上看起来的粗糙,你能把他变成一个新的形象,帮助观众建立起信任。他说,你这样讲我倒要考虑一下,再看下小说和剧本。他很认真,绝对不是草率的人。两个星期以后他给我打电话,同意接这个戏。后来他凭借这个角色获得了白玉兰最佳男主角奖,得奖后他还特地感谢了我。

访:徐峥的案例是话剧中心作为平台,为演员创造机会,相互成就的很好体现。请您对话剧艺术中心艺术管理的成功经验做一个归纳。

杨：就是一句话，要为合作者着想，设身处地地换位思考，不能简单地站在领导者的角度，实行军令如山。你要问话剧中心有什么功绩，最大的成功可能就是帮助人家成功。我们会帮助合作者成功，包括那些弱势群体，你也要换位思考。以前改革力度很大，有些弱势群体确实被边缘化了，这并不是他们的错，是时代把他们抛到了这个处境，怎么办？如果真揭不开锅，无论如何也得帮他们解决，每个月背 100 斤大米过去。很多情况是动态的，党和政府，还有我们这些管理者，要跟老百姓坐在一条板凳上，换位思考，把他的事变成自己的事。

访：我们在艺术管理或者剧团管理上，既要以心换心，也要遵循规律。

杨：是的。吕凉曾是我们的艺术总监，他很善良，在别人碰到利益问题时，总会想要帮一把。我经常借用《商鞅》的内容和他讨论。《商鞅》里边有很多很精彩的对话都跟我们的现实工作有关系。其中有一句话"仁义者乱法"。而你就是太仁义，按照你的思维就乱了套了。商鞅对待他的恩人皇太子的老师公子虔就是仁义者乱法的问题。商鞅曾受过公子虔的帮助，他能够到秦国变法，很重要的一个原因就是有公子虔代秦孝公拍板了。在第一次执法祭天的过程中，因为太子突然的情绪变化扰乱了祭天的过程，太子违法没法处理，按照商鞅的逻辑就处罚了太子的老师公子虔，砍去了公子虔的左足。作为商鞅来讲，他肯定是有愧于恩人的。所以当他有了三驾马车、五驾马车的时候，必然来拜见公子虔。公子虔将他拒之门外。还有一个情节，同样是公子虔的死党祝欢前来拜见，公子虔也没见，还把他们都轰出去了。太子不明白就问公子虔，你不见商鞅我理解，他砍了你的左足，而祝欢这些人，是跟商鞅对立的，你为什么也不见？公子虔说，"恃才者傲君，无能者逢赢，奸淫者殃民，仁义者乱法。"说完这句话后，太子更不解了，让你这么一说，这天下岂不是没有好人了吗？公子虔答，对君王来说，顺我者用之，逆我者除之。把这些道理放到管理中，你也要面对各种各样的人，这是管理的现实世界，而且你还要和这些人共处，这是必须得考虑周全的。

访：《商鞅》是一部艺术性、思想性兼备的好戏，你们是怎么选中的？

杨：这些年，领导一再跟我讲，能不能再搞一个像《商鞅》这样的戏，我常常回答可遇不可求。这个剧本1988年作者一写完就到了我们这儿，我们准备做，后来因为一些原因搁置了，一直到1996年话剧中心建立。市委宣传部的主管领导来参加佐临铜像的落成时，突然开口问，《商鞅》这个戏你们有兴趣吗？你们考虑吗？我说，你是管这口的，有你这句话，我们就可以做。这一句话的助推作用非常强，在做的过程当中，制作人张先衡心里也是打鼓的，找了很多人把关。

访：这个戏在全国都引起了很大的反响，当时国家正处于改革攻坚的阶段，对这部戏的议论也很多。

杨：我们去北京演出。头一场戏前，主管部门的一位领导，见到我第一句话就是，你们怎么想起来现在搞这个戏，这戏你应该清楚，商鞅的改革是个悲剧，改革者没好下场？现在我们正是改革艰难的时候，怎么能演这个？我没法回答，我说你先看了再说。

最后一场，一位中央的领导同志带着全家人来看了。实事求是说我很紧张，我介绍说，商鞅是一个悲剧，但是我们搞这个戏不是为了写商鞅的五马分尸，我们更重要的是为了表达商鞅的这种改革精神，一往无前的改革精神在今天是非常需要的，这是这个戏的契合点。我刚讲到这，那位领导同志说你别讲了，我知道你的意思。戏落幕以后，他主动上台和演员见面，说，你们演了一个好戏，你看我现在眼眶里还有眼泪，激情回荡，就是演得太少了，能不能在北京再多演几场。

1996年至今，《商鞅》足迹遍及全国与海外，先后获文华奖、曹禺戏剧文学奖，入选国家舞台艺术精品工程"十大精品剧目"。

访：当时话剧中心是花精力做了一出可能会有争议，但艺术上有十分把握、有厚度的戏。

杨：还有一件有意思的事情，当时那位领导意识到文艺评奖每年评完以后，这些戏就刀枪入库流传不下来，他希望能够流传下来一些作品。事实证明，20年过去了，这个戏还有生命力，是我们的保留剧目。我又想到一个人，刚离世的北京人艺的任鸣院长。我们面对面讨论时，他说，话剧为什么出不了大作？话剧的创作特色和它的艺术精神，就是批判性思维，所以很多好的作品都是悲剧定位的。《商鞅》也是一个悲剧，通过悲剧的形式揭示了人性，而悲剧往往是带有批判性的。美国的一个大作家——跟我们也有交流——叫阿斯米勒，有一句很经典的名言：戏剧应该成为促进社会进步的清洁剂。

访：在这样的环境下，我们如何力争创作出既有思想性又有艺术性的作品？

杨：我觉得作为国有院团的主要负责人，首先要坚持党的领导，按照习近平总书记在文艺工作座谈会和中国文联十大、中国作协九大开幕式上讲话中的要求，我们应坚持"以人民为中心"的创作导向，弘扬和践行社会主义核心价值观，牢记上海话剧艺术中心作为国家剧院的历史责任和担当，这一点是不能动摇的。我们的管理很明确，管人、管事、管资产、管导向，即"四管"。明确文化体制改革无论怎么改，阵地不能丢，导向不能改。《演出项目管理制度》中明确规定："中心严格落实意识形态工作责任制，意识形态工作与演出业务工作同部署、同落实，演出项目的意识形态工作由党委书记和总经理双重把关，领导班子负责思想政治领导，制作人作为剧组意识形态负责人进行相关工作的细化与落实，形成分级负责、层层落实的责任制工作格局。"

我们按照主旋律作品、市场化作品和实验创新作品的分类进行选择和创作，在剧目建设过程中始终注意妥善处理好三者之间的关系，确保戏剧艺术表演市场的健康发展。上海话剧艺术中心成立20多年来，打造了《商鞅》《秀才与刽子手》《大哥》《老大》《1977》《长恨歌》《上海屋檐下》《万尼亚舅舅》《起飞在即》《大清相国》等经典剧目，体现了国有话剧表演艺术院团的责任和使命。

获奖可以肯定剧目的价值，但我们不能抱有侥幸心理，用"唯奖论"

的态度去创作。在创作时要清醒地把握好灵魂的根基，这是我们作为一家国有院团不可推卸的责任和义务。在剧目创作上要多元共存，就是我刚刚讲的，我们的 LOGO，18 个圆，这是上话人的坚持。用多元去满足时代的需要、市场的需要，然后由时代和市场检验并筛选出真正有保留价值的剧目，这样的作品才是真正的精品。

另外，也还要保持艺术管理上的独立思考。任何思想和力量都有反作用力，推到极端可能改变你的初衷，这是黑格尔的原话，我们不能为了自保，为了个人的那一点点名利，在这方面失衡。

访：无论从艺术创新角度，还是市场角度，人才都是第一生产要素，我看到你们从 21 世纪初就有意识地培养了一大批青年人才，其中不乏非艺术院校的外来人才。

杨：1998 年长江发大水，我们拿最好的戏赈灾义演，我卖了一次票以后收获非常大。我发现像我现在年纪这么大的人看都不看，他们只关心健康问题。而四十岁以下，尤其二三十岁、刚开始工作的一批人从我手上买走了一些票。国际市场研究机构对中国市场的城市消费做过分析，二三十岁至四十岁这一批人有可能消费。中国城市第一代移民是在计划经济体制、供给机制下成长起来的，他们的生活非常节俭，价格如果不在他们的消费范围之内，是很难被接受的。最有可能接受的是第二、三代移民。第一代移民大部分都是看白戏成长起来的。而第二、三代移民相比第一代移民在经济上更宽裕，从小又受到外来文化的影响，是中国未来文化消费市场的突破口。这个结论跟我在实际营销中的体会是一致的。

那么，什么人了解这些目标群体？毫无疑问是他们的同龄人。所以我们一直非常注重培养年轻人，当年徐峥就是同龄人，他又那么喜欢演戏，有着对角色、对文学创作、对戏剧创作的执着。我相信他们是有共同语言的。我曾推荐他竞聘制作人，同时也让他导过戏，这样的机会对年轻演员来说是很难得的。

还有一个人，是话剧中心刚刚建立时，俞洛生发现的，就是喻荣军——现代话剧中心的艺术总监。他不是学这行的，是体育学院康复系毕业的。他是在华山医院康复病房实习时遇到的俞洛生，当时他正处在毕业阶段要分到广州。喻荣军说，我非常喜欢戏剧，愿意放弃广东的机会到你这来工作搞戏剧。俞洛生觉得让他来搞宣传营销比较合适。我看了一下档案，他是班长也是党员，素质不错，还在杂志上刊登过一些小说，是可以培养的。当时他进来上报市文化局时，就遭到了质疑。问题有二：第一，有人举报这个人是俞洛生的亲戚。第二，为什么不进戏剧学院的人。对此，我回复到，第一，我可以证明他跟俞洛生没有关系。第二，我想从学术上做一个人才引进的尝试，戏剧学院学生的价值观、艺术审美都像一个门里出来的，趣味太趋同，面对市场的时候也有不好的地方，剧院文化氛围比较封闭。有一个人愿意搞营销、搞宣传是有好处的。

喻荣军的成功有他的道理，他很刻苦，什么事都做，人际也很好。在工作的过程中，他对舞台有了一个全面的了解，再加上他有一定的文学基础，就开始编写剧目《去年冬天》，写好后就请我提意见。提一点意见就做一点修改，一两年时间里他不断在搞，反反复复修改了二三十次，直到我觉得基本达到我的审美要求了。年轻人最了解年轻人的语言文字习惯和生活状态，大家都在一个环境里。我提议，能不能搞个年轻创作集体，成了算你们的，亏了就当尝试。当时出个一二十万元的小剧场预算是没有问题的。结果一做，成了。

2002年我在北京人艺建院50周年庆上，讲了喻荣军的例子。当时北京人艺的刘锦云院长，说要拿出一笔钱征集剧本。我觉得与其拿全部家当去做一件事，不如给年轻人打开一片天地。借用毛泽东的一句话，青年人是早晨八九点钟的太阳，一个剧院如果没有年轻人参与是没有希望的，应规划出一点空间来给年轻人做实验，这个实验不但让年轻人激动，也会给你一些意外的惊喜。现在喻荣军已经两次拿到曹禺戏剧奖了，这在戏剧界也是屈指可数的。

访：喻荣军是人才培养的一个很好的案例，也是你们人才梯队建设的开端。

杨：因为有了喻荣军的成功，我们又搞了小投入的导演会演，何念也是这样出来的。这个职业是要有天赋的，有些戏剧学院的毕业生尽管拿到了硕士学位，甚至是博士学位，但并不等于他就是一个好的编剧。以维纳斯的形象作比喻，好艺术都是有残缺的，如果从文学评论的角度讲，都可以找出不足，面面俱到不一定是好剧本。搞艺术的人容易走极端，但这种极端某种意义上也是它的闪光点。借用李克强谈改革的一句话，先易后难。我理解的这句话，"先易"是什么，扶持年轻人，从小投入做起。年轻人很热情，我记得第一次让喻荣军来做的时候他很激动。大编剧给几万元才做，小编剧不给钱他都愿意。所以成本很低，风险很小。老人在没有新人起来之前，不要动他们的饭碗。话剧中心的这种机制叫老人老办法，中人中办法，新人新办法。后来，当老同志看到喻荣军做得非常好时，也接受了他。10年后，我开始试验项目制作人制，门槛提高了，不是简单地送干股了。到现在固定制作人制取消了，都是项目制作人制。现在人才也多了，通过竞争谁都可以做制作人，但制作人有风险，没有保底薪酬。人才培养机制、人才竞争机制也就建立起来了。

访：有个现象，演艺人才都在向影视流动，但其实话剧舞台对影视演员、编剧等主创人员来说，却是一个重要的历练舞台。优秀的演员都应该有这个理念。

杨：现在上海的影视明星大部分都是我这里的，因为影视行业演艺人才是高度流动的，我这儿还有一个舞台留着一部分人，舞台对真正的艺术家是有吸引力的。好的话剧演员大概率会成为好的影视演员，但是好的影视明星还需要舞台的历练才能成为优秀的话剧演员。搞我们这行的都很明白，有时候演员是需要回归舞台补课的，他们需要这种时间。因为，我们在舞台上的交流是非常真实的。当他有了这种表演的感觉，在镜头面前会很适应，能够很快进入规定的情境中，这需要很多实践，没有这样的积累会生疏的。

访：基本上你们已经形成了机制，怎么进人、怎么选拔、怎么去培养，有这样一套机制。

杨： 也可以说这是实践的过程。像郭京飞进来后就担任了几部剧的主角，雷佳音刚来的时候也不是演第一线角色的。哪个人有潜力，哪个人潜力不是很大，你跟他一交流，就可以感觉到。好的演员眼睛里、气质上有那种像火柴一样一点就着的激情。演员是要有情感的，演员是形象思维，而管理是逻辑思维。

访： 您给了演员一个比较宽容的舞台，但是在整体演艺市场环境下，还是需要有明确的机制来激励和约束的。

杨： 是的，宽容的成本很高。现在新的管理班子基本上都是按照法律允许的最低标准核定基础工资的，而且都还是项目化，并且需要完成一定的工作额度，完不成就请你走人，都要考核的。这个跟我之前想的有些不同，他们比我有魄力。有些我觉得是人才就会包容一点，先不动他，只要不让我贴钱就先留着他。也许他有爆发的一天，有回归的时候。现在这样也有好处，有了一个明确的底线。有些有点名气的年轻演员，既要岗位，又从自己的角度想得太多，沟通太差，别说本人，就连经纪人有时候都不接也不回电话。这不行，必要的时候还是要讲规矩的。

再举个例子，有位现在在影视界小有名气的演员，当时为了让他来，就把他的女朋友也一起招进来了。后来他红了，制作人等了他3年，为了让他来演某个戏。他一直在外面拍戏，后来他跟制作人说，3年也回不来，还问能不能10年不演话剧，制作人非常生气。尽管如此，我们还是客观地从职业角度对他做了评估，我们发现尽管在影视上他很红，但这个演员太顺了，不是那种内心有爆发力的演员，通过跟他的交流就可以感觉出来。这种没有爆发力的演员，如果不在舞台上打拼，建立起那种交流刺激性是不会成为好的演员的，充其量也就是个流星。我对他说，你是一个很幸运的演员，现在也很红，但我很直白，你不是那种很有爆发力的演员，希望你能在舞台上得到锻炼。但你提出10年不演话剧，如果是这样你不如干脆辞职。他又问道，能不能保证10年后想回来时仍然接受他。我说，10年太久了，我自己干不干还不知道，我不能现在就答应你。就这样他主动辞职了。

访：这个决定我不知道对他是好事还是坏事，但是至少规范了话剧舞台。很多现在很红的演员，媒体不会提他是个话剧演员，但他自己会在简介上写明工作单位：上海话剧艺术中心、北京人民艺术剧院等，只要有这方面的合作，他就会写上。因为，他知道"上话演员"这个名称是对他艺术价值的呈现。

杨：所以说，我的成功就是塑造话剧中心其他人的成功，大家的成功就是话剧中心的成功。郭京飞当时进来的时候，戏剧学院没有推荐，我就跟戏剧学院拍桌子说，如果不放郭京飞，我一个都不要。我跟他非亲非故，就是特别看好他。毕业公演里他不是主角，就是跑龙套的过场戏，在台上跑来跑去，但我就发现他身上有戏。

没有不透风的墙，戏剧学院肯定有人告诉了他，是我力保他进来的，所以他有感恩的思想在里面。他来了以后，几个戏都不是我推荐的，但演员俱乐部也觉得他戏好，一个又一个的戏找他。话剧中心的舞台是绝对不靠推荐的。我经常面对一些推荐来的人，但机制设计就已经留有余地了。当时有朋友推荐了一个演员,我一看形象确实很好,结果一排戏,从一号人物开始不断跌落,二号不行三号,到只有一两句话的角色,最后就边缘化被淘汰了。现在的机制进来不难,要想待下去很难。

访:像郭京飞、马伊琍这一类演员每年还要完成话剧中心的任务吗?作为话剧艺术中心的合同员工,每年有必须完成多少的工作量吗?

杨:有,但我们有换算机制,比如要求完成4个月的话剧,但可以用社会活动、钱换算。相对的,单位有活动他们也愿意来。包括徐峥,戏剧教育活动他都来的,所以一直留聘。其实真正的好演员知道舞台能给他带来什么。但每个人的情况不同,大家也都理解。所以就是管理上要细化,要有动态的管理模式。

访:作为一家上海的文艺院团,你们在打造上海文化品牌和弘扬海派文化方面做了哪些工作?

杨:既然立足上海就不能丢掉上海人文这一块,它跟上海的关系就反映在作品上。在组织创作的时候,一定要有计划、有意识地排演和上海人文相关的剧目,并且作为当家人要力推。正是这个原因,我那时候力推王安忆的《长恨歌》。王安忆的《长恨歌》获得茅盾文学奖后我就关注到了,它的故事和上海有关,通过对"上海小姐"出神入化的形象描述,把上海那个时代的人文形象入木三分地揭示出来了。做这部戏也有一定的难度,谁来改编?文学和戏有区别,王安忆认为最合适的改编者是赵耀明，他们的沟通倒是蛮好，大家都很重视这部戏，认为一定要完成。《长恨歌》讲了"上海小姐"王琦瑶跟三个男人的经历，表现出上海的变化和命运在时代面前的无奈。这部带有批判性的作品，带有强烈的上海文化色彩，并且老少皆宜，到现在还在演出。《大哥》这部戏我们曾经想要改编成电影；《马路天使》《上海屋檐下》《谢谢一家门》，还有滑稽戏《乌鸦与麻雀》，也是我们开始做的，后来转让给滑稽戏团了。其中《谢谢一家门》，我让徐峥去做导演。

访：上海话剧艺术中心、北京人艺和国家话剧院三足鼎立，都是国家级的话剧剧团，被大家分为海派和京派。你们既保持海派话剧的个性优势，又要和京派话剧做交流融合，在这方面你们做过哪些工作，并取得了哪些成果呢？

杨：我到北京演出，北京的媒体也曾问过我这个问题。我说我是搞操作的，搞懂具体京派和海派文化有什么区别，要先看北京人和上海人有什么区别。我拍《陈赓蒙难》在北京生活时，仔细观察过上海人和北京人的差异，北京人更热情，上海人更注重契约精神。上海是海派文化，很早就吸纳了欧美文化，海纳百川，也包含了红色文化、江南文化，上海是党的诞生地。这种差异你要捕捉、表现到创作上。

但是这种差异在变，未来就是在趋同，这种变是客观存在的。那么要不要去表现这种变？也要去表现。有时候这种变是潜移默化、不自觉的。上海有个玩笑话，住内环的说洋文，住中环的说普通话，说上海话的都到外环去了，阶层在发生变化。这种变化在文学作品里反映得还不是很多，但把它变成一个戏肯定带有一定的批判性。这是一种阵痛，上海老百姓听到这种说法会觉得挺悲哀的，把这种悲哀变成戏，就是如何去引导的问题了。北京也是这样，北京话也不像以前那么纯了。语言是由经济决定的，随着经济的开放流动，很多方言消失了，这是经济流动的结果，强势经济带来了强势文化，这个变化不可逆转。做人文工作的，对这种变要很敏感，这种敏感要是体验式的，深入骨髓。戏剧创作就是要这些细微的东西。

2004年，应文化部艺术司邀请，我们携带四个剧目赴京演出，这些剧目包括根据老舍遗作改编的《正红旗下》，根据王安忆同名小说改编的《长恨歌》，法国当代喜剧《艺术》，以及百老汇经典名剧《蝴蝶是自由的》。时任北京人艺副院长任鸣说："看完戏的第一感觉，就是上海戏剧的开放和多元，是大戏剧大气魄，展示全面的实力。"四部话剧形成的戏剧热潮和巨大反响，使"上话进京"成为当时引人关注的文化事件。特别要说的是，我们这次进京，在经济上实现了收支平衡，这说明我们的戏被北京人民接受了。

访：您从事了几十年的院团管理工作，从上海整体的文艺院团视角，对促进国有文艺院团发展的要点和规律，有怎么样的思考？

杨：其他院团我也说不好，比如，戏曲不像影视，电影、电视剧和话剧是相通的。关于院团的绩效评估，我曾经有过一点思考，可以跟大家分享一下。

第一，剧院管理水平的优劣，应体现在其是否拥有稳固的观众群体。

一个国家剧院，只有得到观众的认同才能更好地发挥其真正的作用。第二，一个优秀的剧院，应该能够源源不断地向观众输送高品质的戏剧表演艺术作品。第三，剧院的存在是否能成为所在地区、城市乃至一个国家的文化标志。第四，对优秀艺术家具有吸引力和感召力的剧院团，才有可能成为这一领域的示范和引领者。第五，剧院旗下是否拥有一支专业化、国际化、多领域、高素质的人才队伍。第六，剧院团是否拥有一套科学的、符合自己实际的运营模式和经营理念。第七，在经营管理财务收支预算方面，剧院团的运营与控制应达到经费自营、自给率40%至60%。第八，实现剧院团管理良性发展环境，人力成本应该控制在整个经费支出预算的55%以下。

绩效评价的核心，应该围绕品牌影响力、艺术创新能力、资源整合能力、风险自我修正能力展开。通过综合考量、全面分析，与主管部门达成较为成熟的考核评价体系，这对于未来剧院的发展和规范化管理是尤为重要的。

访：现在，上海的演艺市场又逐步丰富起来。正如您说的，上海的话剧跟这座城市的发展是息息相关的。改革开放几十年来，我们面对过种种困难，但从没有停止过探索和发展的脚步，我们追求和创造文化生活的愿望永远不会停歇。期盼上海更美好，话剧舞台更精彩！

文化发展战略大讨论与实践：
文化发展需要战略引导，具体实践需从管理入手

> **访谈对象**：樊人龙（中共上海市委宣传部原事业产业处副处长，上海市文化创意产业推进领导小组办公室资金办、综合办原主任）
> **访谈者**：谢牧夫
> **时间**：2022年11月30日
> **地点**：上海社会科学院中国马克思主义研究所会议室
> **访谈稿整理人**：谢牧夫

访谈者（以下简称"访"）：樊处长您好！今天想请您谈一谈20世纪80年代影响很大的上海城市文化发展战略大讨论。这个讨论不仅当时声势浩大，对后来中国文化的发展也起到了不可磨灭的影响，但是现在不大提起了，了解的人也不多了。您是上海对这场大讨论最了解的人之一，是重要的亲历者。我们想请您谈谈对这场大讨论的了解和切身感受。

樊人龙（以下简称"樊"）：我是后期参与到文化发展战略研讨工作中的，1986年9月进到市委宣传部工作，当时文化发展战略大讨论已经接近尾声。确切地讲，我是文化发展战略研讨成果落实部门的一员。讲文化发展战略的一些成果怎么落实推进，我是亲历者。可以较多从这个角度介绍。

访：我们还是从头讲起，文化发展战略大讨论是怎么发起的？

樊：文化发展战略大讨论是 1985 年开始的，1986 年上海形成的文化发展战略研讨汇报，被报到了国务院，国务院后来专门批复。我是批复前进的市委宣传部。实际上我是在后期参与了部分工作，主要是战略实施方面。

访：1986 年的那次研讨会影响非常大，但是整个研讨活动的前因后果我们还不大了解。您能否给我们介绍一下？

樊：就我所了解的简单谈一下。上海城市文化发展战略大讨论是一项系统工程，整个过程历时一年多。上海市委、市政府非常重视，市委宣传部是实际推动者。1985 年初，市委宣传部在探讨改革开放时期宣传工作的转轨时提出，要研究怎样使上海的文化事业与经济社会的发展实现协调同步的问题。于是，同年 3 月，市委宣传部在市委、市政府的领导下开始组织上海城市文化发展战略大讨论，具体操作的部门是市委宣传部的思想研究室。

整个研讨过程可以分为四个阶段。第一阶段是必要性论证和确定研究课题。从 1985 年 3 月确定开展这一研讨之后，市委宣传部花了几个月时间分别在文化管理部门、上海社会科学院、上海的高校、一些文化单位先后召开 14 次征询意见座谈会，当时上海社会科学院的张仲礼副院长在座谈会后意犹未尽，又通过书信进一步说明他的建议。市委宣传部思想研究室还专门北上听取北京思想文化界的意见，既包括资深的著名学者，也有 20 世纪 80 年代有影响力的中青年学者。京沪两地的学者、文化界名人如夏衍、柯灵、冯友兰、于光远、李泽厚等纷纷给予支持和回应。根据专家学者和各部门具体工作者的意见，市委宣传部于同年6月归纳、总结并拟定了研究课题，6月19日举行了研讨课题发布会。课题分为五大部分，分别是：上海文化现状调查与对策研究、上海文化发展预测与远景规划、上海文化发展的历史回顾、文化交流与文化比较、文化基础理论研究，每个部分下有若干课题，一共确定了119项课题。

第二阶段主要是大规模的调研活动。119项课题的拟定和发布，为这一阶段的调研指明了初步的方向。在此基础上，市委宣传部领导及各单位组建了多支专业化的研究队伍，比如"上海市民素质文化"课题组、"上海投资文化研究"课题组、"上海城市社区文化调查"课题组、"上海新闻事业调查"课题组等。有的诸如关于市民素质、社区文化的课题需要全市抽样获取全面而具有代表性的数据，整体反映上海文化的基本情况。在这次调研中，各项调查研究课题的科研人员、机关干部、文化工作者有400余人。参与调研的工作人员中，高校学生有数千人，接受各项课题调查的上海市民有数万人，形成了关于文化设施、市民素质、社区文化、家庭文化消费、文化投资政策等百余份调查研究报告。不同学科的合作、不同课题组的合作、不同单位之间的合作无论是对于上海的文化管理部门还是学术界来说都是空前的，是一次多学科、多单位联合的大练兵。这次城市文化发展战略研讨后，上海学术界、思想界的能力和活跃性都得到了锻炼和提高。这一阶段从1985年6月一直持续到1986年3月。大规模社会调研的同时，还举办了"海派文化""社区文化""城市文化设施规划""传统文化与现代化"等专题研讨会。

第三阶段主要做了两件事。一是在上一阶段各课题研究成果的基础上，于1986年3月形成了《关于制定上海文化发展战略的建议》（简称

《建议》），之后又经各课题组和1986年5月研讨大会不断修订完善，成为后来向中央报告的《关于上海文化发展战略的汇报提纲》(简称《汇报提纲》)的基础和雏形。这份《建议》共1万多字，包括"制定文化发展战略的必要性""指导思想和主要奋斗目标""文化发展战略的方针和任务""文化对策和措施"等部分。《建议》提出20世纪90年代将上海建成国内文化总汇和中外文化交流中心，远期战略目标则是使上海成为亚太地区最大的文化中心，这个战略目标在《汇报提纲》里有所调整。二是1986年5月10日至14日在上海举办了"上海文化发展战略研讨会"，参会的中央和上海党政部门的领导干部，以及京沪两地的专家、学者共三百多人。会议对于文化热、社会主义精神文明建设与文化发展、传统文化与现代化、如何对待外来文化、上海文化的地位等问题展开了多方面、深层次的热烈讨论。这场会议是持续一年多的上海城市文化发展战略大讨论的高潮，是上海文化发展和建设历史上的一次盛会，影响不限于一时一地，应该说产生了广泛而深远的社会效应。

　　研讨会结束不久，当时广州市社会科学院的一位学者就来上海取经，之后广州立刻借鉴上海的经验，召开了广州文化发展战略研讨会，这种两地联动对后来全国各地的文化战略研究和城市文化建设起了很大的推动作用。广州也邀请了上海市委宣传部的同志参会。我们的研讨会结束后形成了一份《关于上海文化发展战略的汇报提纲》，他们开完会也写了一份《广州文化发展战略构想》。这一阶段大致是1986年3月至5月。至此研讨活动已进行一年多，参加研讨会的专家、学者近千人次，论文、调查报告、统计表约200篇共130多万字，其中部分内容已出版。

　　最后一个阶段是1986年5月开完大会后，市委宣传部思想研究室执笔，经历一个多月反复讨论和修改完成了《汇报提纲》。《汇报提纲》提出，上海文化发展近期的战略目标之一是将上海建成"国内外文化交流的中心城市之一"，远期战略目标是使上海成为"具有国际影响的文化中心"。1986年6月25日，上海市委、市政府联名报党中央、国务院审批《汇报提纲》。6月30日，中央书记处讨论了《汇报提纲》。之后集中的研讨活动暂告一段落，在中共上海市委、市政府的领导下，上海文化战略进入实施阶段。

访：按您的理解，上海当时开展文化发展战略大讨论的初衷是什么？

樊：我的体会有这么几点原因。第一，党的十一届三中全会是1978年12月召开的，1985年，国民经济有了较快、较好的发展。当时上海制定了一系列经济发展规划，但没有文化发展规划。上海提出要建国际大都市，国际大都市光发展经济不行，需要经济和文化协调发展。从全世界看，所有的国际大都市基本上都是国际文化大都市，无论是纽约、巴黎、东京，还是莫斯科。经济和文化协调发展是一个国际大都市应该有的模式。在这种情况下，提出来要搞文化发展战略，就是研究协调发展，这是主要原因。

第二，党的十一届三中全会以后，我们国家的文化艺术也快速发展，文化繁荣有目共睹。人们的文化观念发生了从封闭到开放，从狭义到广义的变化，社会文化生活发生了从单一到多元、单调到丰富的变化，听众、观众、读者的欣赏水平和审美情趣也得到了很大程度的提高。顺应文化发展的大变化和大趋势，大家都感觉文化发展的体制、机制必须实行重大的改革，要发展就必须突破，否则就没出路，这是我思考的第二个原因。

第三个原因，研究文化发展战略实际上是文化管理的一次启蒙，从管理上来讲，文化管理是特定的一种管理形态。从 20 世纪 30 年代泰罗制诞生，管理变成一门学科以后，现代管理的理论已经从对科学的操作方法、作业水平的研究，进入对人的行为和模式的研究，又扩展到对科学组织的研究。还引进了信息论、系统论、控制论等，包括信息学、运筹学等科学技术，吸收了文化学、心理学、社会学、人才学、经济学等文化科学的新成果。当时组织这个大讨论，就是要运用科学管理研究的最新成果，赋能文化管理，使它在推动文化发展中发挥重要作用。

访：您讲的管理是当时对国企，或者企业的管理吗？

樊：我认为文化发展战略研究，实际上也是对管理的研究。管理不仅是经济管理，也有社会管理、文化管理。当时我们要研究如何打破封闭僵化的体制，这就需要管理的变化。在整个讨论过程中，专家们提出了很多问题，相当一部分是研究管理，就是运用现有的学术成果，包括国内外最先进的研究成果，思考我们文化的走向、今后的发展，到底怎么科学规划。文化的发展需要对管理加以研究，当时到了这么一个时间了。文化发展战略大讨论，除了意识形态的研究，很大程度上是对怎样提高文化管理的研究。

这一次讨论调动了社会方方面面的专家参加。其原由是研究文化发展战略不仅是要研究文化本身的发展、与经济的协调发展，还要研究文化体制机制，以及对文化的管理。

访：调动这么多专家调研、开会、制定战略方案，是不是一种开创性的形式？

樊：肯定是开创性的。当时从上到下的各级领导都非常支持，全社会发动，范围非常广，开了非常多的座谈会，这是史无前例的。其研究广度和深度也是前所未有的。这个研究当时得到了市委、市政府的大力支持，中央也支持这个研讨。中央有关领导同志专门来上海了解、考察研讨活动。上海是全国第一个研究这个问题的，影响很大。紧接着其他城市也纷纷到上海学习，也要搞文化发展战略研讨。

因为是第一次，文化发展战略研讨不可能解决全部的问题，但它是一种探索、一种启蒙、一种思想发动。留下了丰富的成果，我们可以查阅文化发展战略研讨会与会专家留下来的那些文章汇编和论文集。正是这次大讨论，特别是对文化管理的研究成果，助推了文化发展的一系列变化，才有了后来对文化规划的重视。无论如何，这次研讨对上海的文化发展起了非常大的作用。文化发展战略的研究成果，特别是在政府管理上的一些研究成果，指导、推动了后续十多年的工作，从影响来说更长远。

访：您说文化发展战略研讨的成果，惠及后面十多年甚至更久，这个我很惊讶，20世纪80年代我们就这么有远见了吗？

樊：这不是夸张。比如，1985—1986年大规模调研的时候，针对上海的博物馆、图书馆、艺术文化馆、体育馆、园林绿化、文化娱乐设施等，都有专门的调查课题组，都形成了调研报告，对当时的现状做了调查，对未来发展做了建议和规划，很多设想在当时都是超前的。"世界一流城市，必须有世界一流的文化，必须有世界一流的文化设施"的认识推动上海重大文化设施的建设走在了全国前列。

访：文化发展战略大讨论期间北京的一位学者庞朴说，社会上有一句话很生动，"一工二农三财贸，有空再来抓文教"。当时的一位学者王战，后来成为上海社会科学院院长，提出了"文化经济学"的概念，他认为文化发展战略要和经济发展战略相结合，文化本身也能产生经济效益，对文化要先投营利项目，以带动非营利项目的发展。

樊：资金的问题我们当时就设想到了。像庞朴说的全国都面临缺少资金的难题，上海的做法是有突破的。《汇报提纲》里就初步设想了一些政策措施，既要调整上海固定资产的投资结构，增加文化事业的经费，又要依靠社会各方面力量办文化，还可以设立各种文化基金会。再比如管理，当时文化市场还没有正式形成，但是《汇报提纲》里面已经有文化管理的概念了，提出要对文化事业进行宏观管理，要建立地方性法规，促进文化事业发展。不过当时主要还是针对文化事业，对于文化产业、文化市场的管理和立法都是在实践中产生的，不过思路是相通的。

正是文化发展战略研讨成果的落实，才有了后来上海的十大文化设施建设，才会有上海的对外文化交流，为后来国际文化大都市的定位奠定了基础。我们原来很少从国际大都市的角度去看经济和文化如何协调发展。上海在20世纪30年代是"远东的巴黎",解放前的上海发展比较畸形。但是不管怎么样,这个城市中心城区特别是原来租界的文化设施,在全国来说还是相对比较先进的。1949年以后,一直到文化发展战略大讨论之前,上海所有的文化设施基本上都是新中国成立前留下来的,很少新建文化设施。

访:就是说,新中国成立后的前30年在文化设施建设方面比较少。

樊:基本上没有,当然并不是说一点都没有。新中国成立后的前30年,上海的发展还是不平衡,大家都认识到这个问题。我们要建的国际大都市,应该是什么样子的?经济和社会是不是应该协调发展,经济和文化怎么协调发展?而党的十一届三中全会以后,文化繁荣已经有了起步,人们的观念和文化需求较改革开放前发生了很大的变化,但整个体制机制、城市文化管理,包括文化设施建设还是没有适应这种变化。

改革开放以后,上海的经济有了很大的发展,全国的经济发展也是。但是在文化上还没有科学的规划和管理,政府在这方面的作为包括管理还是比较薄弱的。大家感觉已经到了要用科学的管理方法推动文化发展的阶段了,这是很重要的一个原因,所以才会有这么多不同领域的专家,包括经济的、城市规划的、财政的专家一起参与大讨论。

要研究上海文化发展战略就必须对上海的文化发展地位、功能、作用进行定位。这个问题困扰了很多专家。上海文化发展到底怎么定位?20世纪80年代以来,根据国家文化发展总体战略和上海城市建设整体的方位,上海城市文化发展的定位在不断调整,大致经历了这么几个阶段。

80年代文化发展战略大讨论的《汇报提纲》里提出要将上海建成"国内外文化交流的中心城市之一",这是最早从文化发展角度对上海进行定位,之前对上海的定位都是从经济角度出发的;90年代提出上海要建设"一流城市、一流文化";2001年上海的"十五"规划中正式提出要将上海建设成"国际文化交流中心之一";2007年,上海市委书记习近平在上海市第九次党代会上首次提出要将上海建设成"文化大都市";2011年上海的"十二五"规划中首次正式提出要将上海建设成"国际文化大都市"。

访: 对于文化发展战略大讨论的报告,中央的态度如何?上海是怎么落实的?

樊: 报告给到中央以后获得了批复,这是1986年下半年的事情。市委宣传部原来有事业管理处,但它只是一个内部的处室,职能比较单一,就是管一些宣传部内部的财务,以及个别文化发展设施的建设,并且机构也很小,没几个人。当时感觉这么多文化发展战略的研讨成果,必须有部门来进一步研究、落实,推动成果落地。于是1986年9月就重组了市委宣传部事业管理处。

访: 您当时就在事业管理处吗?这个处具体是做什么的?

樊: 事业管理处组建时我就进去了。当时招兵买马、各路调人,重新组建市委宣传部事业管理处,同时组建了上海文化发展基金会。事业管理处主要负责全市的文化设施建设,研究文化经济政策,协调文化发展基金会，组织开展对外文化交流。它的行政管理职能比较强，挂在市委宣传部。作为市委宣传部的内设处，怎么样让它兼有部分行政协调管理功能呢？当时想了一个办法，就是给市委宣传部事业管理处加一块上海市文化事业管理处的牌子。既是市委宣传部事业管理处，是内设处，又是上海市人民政府的文化事业管理处，承担部分文化行政或协调工作。因为这个机制比较特别，编办把上海市文化事业管理处的牌子批下来滞后了几年。但是这个设想，在我们处一成立时就已经有了，我们处做的很多是政府协调的工作，这是对机构体制机制做的一些探索。事业管理处不仅归市委宣传部管，市政府也可以管，比如，文化设施的建设、审批、经费等，以及对外文化交流都需要市政府协调。

1986 年事业管理处成立后，文化管理的工作逐渐展开了，如文化发展规划，文化政策研究，文化固定资产投资包括文化设施建设投资和技术改造投资计划编制落实，文化发展专项资金经费的筹措、调度和分配，文化依法行政的推动等。文化发展战略研究讨论之后，上海文化发展每五年做一次规划。第一次做规划是"八五"计划，是我负责起草的，一直做到"十一五"规划。"十二五"是其他人负责，我参与了部分工作。这是一个很重要的任务，也是事业管理处的一个基本功能。

访：那能讲讲您主持的上海文化发展"八五"到"十一五"规划，以及参与的"十二五"规划吗？比如，每个阶段的文化规划有什么特点？规划是怎样设计的？

樊：上海文化发展"八五"计划是 1990—1995 年，"九五"计划是 1995—2000 年，"十五"计划是 2000—2005 年，"十一五"规划是 2005—2010 年。这 20 年是上海文化发展相对较快的阶段。从上海文化发展"九五"计划开始，市委宣传部就非常重视了，规划都是由市政府副秘书长兼市委宣传部副部长签发。到了"十五"计划以后就不一样了，市委宣传部给市委、市政府打报告，都是市委办公厅和市政府办公厅转发文化发展规划的，并且该规划成为全市社会经济发展总体规划的一个子规划。对文化发展规划的重要性认识逐步加深。

每年的文化发展规划都有一些重点。1995 年上海文化发展"九五"计划就提出了信息化发展的要求，这是很早的，当时美国叫信息高速公路，现在回过头看，提得还是比较及时的。

从文化设施角度来看，上海自"八五"计划，也就是 1990 年以后，建了十大文化设施。最早建设的是上海影城、上海图书馆（新馆）、上海博物馆（新馆）。从 20 世纪 50 年代中期就开始研究上海博物馆建设工作，一直没有选定地方，也没有开建。最初的选址是在淮海中路，就是上海社会科学院斜对面的国际购物中心，也就是渔阳里隔壁，但一直没建，后来建在人民广场。解放日报报业大楼、新民晚报报业大楼、文汇报报业大楼、广播电视大厦，包括东方明珠都是这一时期先后建起来的。这些重大文化设施的建设，既是文化设施的基本建设，又涉及文化政策研究，由于有我们事业管理处在协调，这两个方面就串联起来了，才有了后面的成果。我们通过不断协调推动上海文化的发展，落实文化发展战略大讨论的成果。

访：这些都是没有先例的，比如筹资建造东方明珠，是开创性的，您参与推动的都是历史上的第一次。当时的文化设施建设涉及社区吗？

樊：对，我经历过好多第一次。"八五"计划开建的十大文化设施，大概到了"九五"计划的上半期就全部建成了。但是这时候上海区县以及社区文化设施的建设和改造还基本上没有涉及。1996年，我们负责对全上海的基层街道、乡镇的文化设施进行了一次比较深入的调研，每个区都走访了一遍，感觉问题很多，基本状况就是落后。

所以，1998年我们召开上海社区文化工作会议。市委书记亲自到会，我们建议十大文化设施建成以后，要关注社区的文化设施建设，并提出一些初步的想法，在"九五"计划、"十五"计划里实施，后来社区文化设施建设的全面启动是2004年。

访：原先是不是没有"社区文化"这个概念，是那时才产生的？

樊：没有，之前没有"社区文化"的概念。

访：您提到的社区文化设施比较落后是什么样的状态？能展开介绍一下吗？

樊：当时上海各区都有区属文化馆和图书馆，但很多文化馆的功能已经异化，真正对社会开放的，能够给老百姓使用的已经非常有限，并且设施老旧、功能落后，不能适应社会、文化繁荣发展的趋势。社区街道里基本没有文化设施。

我们提出的"15分钟文化圈"就是基于那次调研,当然我们的认识也不是一下子就到位的。1996年我就意识到这个问题,主动调研,提出在重视重大文化设施的同时,也要重视基层文化设施的建设。提出之后,这个建议也不可能马上落实,还要反复论证,到2004年这个事情落定了。正好上海当时开始执行网格化管理,社区街道职责很明确,就提出了"15分钟文化圈"的概念,即要在每个社区建一个社区文化活动中心,建筑面积4500平方米,使用面积3500平方米。"15分钟文化圈"是一个全新的社区文化设施建设的概念和公共文化服务的概念,这个公共文化服务既是"小文化",又是"大文化",里面不仅要有图书馆、多功能厅,还要解决老百姓的数字鸿沟问题。

21世纪初,电脑还不是很普及,家里的电脑,年轻人都不许父母动的,万一弄坏了怎么办?当时年龄较大的人对数字化是没概念的,我就提出要解决数字鸿沟问题,数字鸿沟实际上也是一个经济鸿沟。当时我们提出要在社区文化中心建信息苑,信息苑和网吧不一样,是给老百姓免费使用的,要有人教老百姓怎么使用电脑、怎么上网,并提供健康、丰富的网上信息。随着手机的普及和网络媒介的发展,信息苑一部分功能已完成历史使命,正面临转型。公共文化服务的"大文化"不仅是指文化服务内容、样式的丰富,也包括文化服务的外延拓展和公共空间的有效、有益共享。社区文化服务中心不仅是文化服务空间,也是团市委、总工会、科委等都可以参与共建、共享的一个公共空间。要打破社区条块分割,不要你建一个活动中心,他又建一个科普中心。要让公共空间充分发挥作用,我们的观点是一定要有共享的概念,毕竟是政府的钱,要让它发挥最大的作用。截至2010年,全市220多个社区街道、乡镇全部建完，基本在全市范围内形成"15分钟文化圈"。区域面积超过一定范围的大的社区可以建两个，便于老百姓就近到社区文化活动中心去。

再说一个和文化设施布局和文化消费有关的文化市场管理，特别是外资投资的文化设施管理。外资进入上海，毕竟涉及意识形态问题，怎么把握好外资的管理，也是我们事业管理处的一项重要工作，既要抓好意识形态管理，又要考虑到上海的发展繁荣和老百姓的文化需求。

举个例子，当时上海的电影院都只有一个大厅，大光明电影院有2 000多个座位，国泰电影院有1 000多个座位，其他的电影院都是七八百个的座位，没有多厅影院。在电影作为主要娱乐方式的情况下，这个设施状态是匹配的。一旦老百姓的娱乐选择多了，电影选择也多了，基本上很多电影院每一场电影就只有几个、十几个人看，造成了极大的浪费。多厅电影院是市场的需求、老百姓的需求。让老百姓有更多的选择，不是只有一部电影没得选。改造多厅影院的钱从哪里来？政府财政的钱主要用在重大文化设施建设，以及社区公共文化服务设施的建设和改造上，电影放映设施改造资金应该靠市场筹措解决。在市场还没有可能全部解决的情况下，引进外资就成了一种选择。

在引进外资改造、建设多厅影院方面，上海是走在全国前列的，跨出了最早的一步。当时我们处就提出可以审批一些中外合资的多厅电影院。当时法律法规没有明确的规定，领导也很谨慎，市委宣传部办公会专门讨论了这个事情。当时领导就问我，在意识形态管理上有没有问题，我说没有问题。我们引进外资建设电影院在管理上有一条红线，就是电影院必须放国家批准发行放映的国产电影，或者是国家配额引进发行放映的外国电影。合资的电影院也不能自说自话放映没有获得"龙标"的电影。引进外资就是共同改造电影院的物理设施，建造了影厅放我们批准的东西，电影的放映管理权我们能够绝对控制，可以先行先试。当时我们批了几家比较有影响力的电影院，外资的占比95%，中方占比5%，分布在港汇广场、梅龙镇广场、徐家汇等区域。后来中央也把这个门打开了，但是限定外资投资比例不得超过25%，中方必须控股75%，于是中方和外资协商再买回来一部分股权。正是先行先试探索外资建设多厅电影院，带动了上海多厅影院建设在全国的先发优势，电影放映市场保持了稳定和繁荣，并为以后的影院数字化改造打下了坚实的基础。

访：您刚才讲的"15分钟文化圈"，是一个非常有影响力的做法。我在其他城市都见过类似的。

樊：上海是较早提出来。

访：社区公共文化服务包括"15分钟文化圈"的想法提出以后，后面又是怎么实施的呢？

樊：一是文化立法，保障市民公共文化服务权益。上海文化发展"八五"、"九五"计划期间我们建了很多重大的文化设施，但是对基层老百姓来说，他们的享受度是不够的。我们有图书馆、博物馆这种功能性的文化设施，但全市重大文化设施也就只有几个。市场化的文化设施，要让老百姓自己花钱进去消费，也蛮难的。两个小青年谈恋爱，看一部电影，没有一两百块下不来，到舞厅去跳舞，到卡拉OK去唱歌，更贵。

满足基层老百姓的文化需求，这是文化公平，必须保障他们应有的权益，因为他们也参与了社会的进步和发展，给社会创造了财富，他们有权利享受公共文化服务。这是一个基本权利，政府要保障老百姓享受公共文化的权利。当时我也负责上海的文化立法和执法的相关工作。上海最早制定的文化法规就是关于市场的。当时就提出来，我们要在公共文化服务领域立法，推动由政府提供大众享受公共文化服务的公平。后来我们设立了公共文化领域的法规，比如上海图书馆管理条例、上海公共文化场馆管理的条例等，都是为了满足老百姓的公共文化需求。2004年，我们起草了社区文化管理的发展规划，提出了要建"15分钟文化圈"。当时政府已经有财力、有能力去做这个事情。

二是大力推动公共文化服务内容配送。社区文化活动中心的运作要靠文化服务内容支撑，图书馆要提供书；老百姓要唱歌，也不是扯着嗓子吼就可以了，还要有一些专业的辅导老师；设施中的剧场、多功能厅，也要提供一些东西让老百姓观看。这些东西基层社区的干部去哪里弄？于是，市委宣传部就提出，在建社区文化活动中心的同时，要建一个公共文化服务内容配送中心。上海要集全市之力，借全国之力为每一个社区公共文化服务中心提供内容支持，这样基层就能够享受更多的公共文化内容服务了。并且这个事情不能全靠政府，也要让市场的主体参与进来，参与公共文化内容的提供。政府可以做公共文化内容采购。后来，上海设立了公共文化内容配送采购大会，现在做得很大了，很多参与公共文化服务的企业提供菜单，说明能够提供的服务内容、服务水平以及服务价格，由社区文化活动中心来选。

当时文化内容配送我们设计了五个方面的服务。一是社区信息苑。

负责配送互联网信息。二是图书配送。所有的图书纳入上海的全流通，每一个社区文化活动中心都能远程借书，只要有公共图书馆或社区文化活动中心就能还掉。三是讲座配送。比如市社联搞的东方讲坛。四是农村数字电影配送。调查研究表明，全国每年生产七八百部电影，能进入院线放映的就两三百部，其他的只能躺在国家的电影库里睡大觉，这些没进入市场的影片里也有很多好片子。现在数字化放映的成本很低。在国家电影政策的支持下，只要有二三十个观众，我们就可以放，很便宜、很便利。五是文艺指导员。文艺工作者，特别是剧团的专业演员都可以报名担任社区的文艺指导员，经过培训，到社区当老师。这么一来，社区文化活动的内容就丰富了，水平也提高了。原来社区大合唱，没有声部变化。老师指导以后唱得就完全不一样了，有重唱、合唱、领唱，还有声部，高音、低音、中音，很专业。这就是社区文化内容配送服务后的效果。在市场更多主体参与公共文化服务内容配送后，公共文化内容配送采购大会应运而生。社区文化活动中心的活动内容更加丰富多彩、更契合社区居民的文化需求。

三是多快好省推动社区公共文化设施建设、制订时间表、标准化、责任图，规定 2010 年前基本完成全市各社区的公共文化设施建设。标准化包括空间布局面积规范、基本功能设置，前面已经介绍过一些，在此不再复述。责任图就是把建设责任图解，如市区如何配合，相关部门怎么融入，政策怎么分解到位。另外，基层公共文化服务设施建设方面，也要防止各自为政、重复建设。举个简单的例子，当时我们规划基层文化设施，是社区居民步行 15 分钟就要有一个社区文化活动中心，在农村行政村要建公共文化活动室，基本配置要有一个小型的图书馆。这时国家新闻出版总署提出了"农家书屋"的概念。上海新闻出版局要落实总署的要求，在每个村建一个"农家书屋"。"农家书屋"里要有多少书架、有多少图书，总署都是有规定的。上海新闻出版局就给市委宣传部打报告，要建"农家书屋"，报告包括全上海分期、分批在几年里建完，每年要财政拨多少钱等。收到报告后，我就犯嘀咕了，"农家书屋"不是和村里的公共文化活动室功能重复了吗。建了"农家书屋"以后，更要考虑书屋的管理。书怎么新增？怎么流动？怎么防止农村公共文化服务重复设置造成浪费？怎么利用现有资源最大限度节约开支完成建设任务？诸多问题都要考虑周到。规定要求一个"农家书屋"要有一百本书，我把一百本书放进去，无法流动，两三年不换，书屋的服务功能就弱化了，形同虚设。考虑再三后，我们提出建议，将"农家书屋"和农村行政村公共文化活动室结合起来建设，一个设施多块牌子，既挂"农家书屋"的牌子，又挂村公共文化活动室的牌子，并纳入行政村文化活动室整体建设规划里。

多渠道解决书的来源。第一，上海各出版社库存多的书，包括工具书，捐赠一部分，尚有阅读价值的，我们低价收购。第二，全市各级公共图书馆，包括市图书馆、区图书馆，以及社区文化活动中心和农村综合活动室的书全部统一编码，纳入大流通。图书馆有很多复本可以流通一部分下去。第三，财政拨钱新购一部分书。但是采购权不在"农村书屋"或村公共文化活动室，我们把统一采购权交给了上海图书馆，根据农村人口的欣赏习惯，以及当时的形势任务和文化需求，统一采购配送。这样我们既完成了国家"农家书屋"的建设任务，又节约了财政支出。因为统一采购、统一编码，推动了全市联网的图书馆数字信息系统建设，从村里借的书，在全市任何地方都能还掉。

访：异地借还书在当时就实现了吗？

樊：后来全实现了。实际上这个事情发达国家在100多年前就实现了。马克思坐在咖啡馆里写作，要借本书作参考，国外的图书馆就能直接寄给他。上海借助信息技术将图书统一编码后，实现了大流通，基层图书馆建设的费用省了很多。创建新东西的时候要考虑到之后的管理，管理不是简单的事，比如这个图书就涉及信息化，统一编码、统一采购，以及大物流系统。所以说，文化发展战略的实践中，管理是很重要的，要落实非得有管理参与。文化发展战略大讨论本身也是管理，从研究战略，到研究发展规划，到落实发展规划，到怎么去管理具体的项目，实际上都属于管理学的范畴。我基本上是以管理者的身份参与上海文化发展洪流中的。

再举个例子，办公益性的网吧，也叫作信息苑。当时江南造船厂迁到崇明长兴岛，好多农民工在那里，晚上没事情干。在那里建一些网吧，让农民工有个能安全健康上网的地方，这是我极力推动去做的。但是有几个问题要解决。第一，不能光让政府拿钱。农民工为造船公司工作，造船公司也要关心他们8小时上班以外的业余生活，造船公司也要拿点钱出来，不能全部让政府买单。第二，花两三百万元就可以建一个网吧，但是网吧的内容信息怎么管理？要有规范。第三，网吧之后的更新怎么办？后期设备更新投入怎么办？不是说建完就结束了。我们的思路是崇明长兴岛公益性网吧的建设要纳入全市连锁网吧的统一建设管理中。东方网建了一个连锁公共网吧系统，叫作东方信息苑，他们的专长就在于连锁管理，包括内容管理。市宣传文化专项资金每年还给予一定的补贴。我们认为这些问题没想清楚以前，不能仓促投资，财政资金，每一分钱都要考虑投入效果，以及后期怎么管理。这是一个科学管理、系统运筹的问题，这种例子很多。

我刚刚讲的社区文化活动中心就是各种机构组织共建的一个基层公共文化设施。它既是工会的文化活动中心、团委系统的青年文化活动中心，又是科委下属的社区科普中心，包括民政局也可以参与贡献。这是一个共建的设施，不搞重复投资，各建各的地方。后来市政府采纳了这个方案，并在社区层面推动了"三个中心"的建设。

"三个中心"：一是社区管理中心、二是社区卫生服务中心、三是社区文化活动中心，它不只是文化局下面的机构，更是一个综合性的，满足老百姓基本公共文化需求的文化服务中心。当时政府提出网格化管理，网格肯定有地理区域，大约是一个街道乡镇的大小。考虑到市民步行方便到达，规划每个街道乡镇设一个社区文化活动中心，15分钟步行基本能抵达。所以，我们提出"15分钟文化圈"的概念。

访：您主导规划的"15分钟文化圈"和社区文化活动中心很有普遍的价值。我们讲的"大共同体""小共同体"，"大共同体"就是国家，"小共同体"最典型的就是社区。上层大共同体的秩序其实是以基层小共同体的秩序为基础的，而中国历来就是小共同体不太成熟，内聚力不强。社区文化活动中心对于社区小共同体的培育可以起到很好的作用。

樊：社区文化活动中心在发展的过程中会不断面临新问题。例如，服务对象老年人多、年龄不均衡问题，在各种新媒体层出不穷的情况下文化服务方式如何主动适应的问题，社区文化活动中心晚上场地利用问题,这些都需要我们积极面对。社区文化活动中心要充分利用其场地,晚上也要对社会开放,政府建造社区文化活动中心不只是为老年人、孩子,青年人也有享受社区公共文化服务的权利。关键看这个空间是不是向青年人开放,活动内容适不适合年轻人。社区文化活动中心不能像机关,青年人下班你也关门。晚上可以开放一部分空间给年轻人,或给企业搞团建。现在很多人要找个排练话剧的地方,找个演出的地方,找个大家一起跳舞的地方都很难找到,社区文化活动中心应该科学调整开放时间,让它真正发挥应有的作用。

访:听了您讲的,我感觉上海要让市民成为文化的消费者、享有者,而政府是文化活动、文化场所的管理者和提供者。既然上海是一个文化大都市,有没有关于上海是怎样作为一个文化的创新者、生产者的思考和实践呢?

樊:这里要提到文化产业。因为文化产业、文化产品是文化服务的基础。文化产业的创新是文化服务提高能级的基础。文化产品的丰富是满足老百姓不断增长的文化需求的基础。2007年以后,随着信息化的发展,文化产业和相关产业融合成为趋势。文化产业在融合中创新发展需要外贸的通融、金融的支撑、高新技术的加持,所以当时市委宣传部就提出"三个结合",即文化产业发展要和金融相结合、要和国际文化服务贸易相结合、要和科技发展相结合。还专门为此做了三个三年专项行动计划。具体建立了上海文化产权交易所、国家对外文化服务贸易基地,以及上海第一个公募文化投资公司。在市委、市政府的领导下筹建了文创办——文化创意产业推进领导小组办公室。办公室设在静安区八佰秀创意园区，2010 年开始筹备，2011 年正式开张，2012 年建立了创意产业专项资金扶持，每年 3 亿元，鼓励社会企业申报。2012 年到现在正好 10 年。

当下文化产业的观念、形式、内容日新月异，元宇宙、ChatGPT 掀起了文化产业的一场想象力革命，我们在快速步入这个数字时空的同时，要深思随之而来的机遇和挑战。未来怎样规划、引导文化，以及文化产业发展需要开启一场全新的文化发展战略研讨。我对上海文化的发展充满信心和期待。

访：您讲了这么多，我大概理解了您说的文化发展在一定程度上也是管理这个视角。

樊：我认为，文化需要管理，但文化不仅仅是管理。文化发展战略大讨论只是起步，确定了上海相对于北京政治经济文化中心不同的国际大都市的定位，厘清了上海城市文化与经济协调发展的紧密关系。战略目标一旦确定，怎么实施本质上就是一个管理问题。从战略研究，到规划、协调、制定政策、产业布局、相关产业融合、公共文化服务、文化市场管理、文化法规政策的规范，都是管理。这么多专家参与文化发展战略研究，这么多部门参加文化发展战略的实施，包括管理、科技、财经、法律等，这是一个系统统筹的工程。科学的管理介入文化发展的领域，开创了新的天地，搭建了一个场景，使后人能在这个基础上一步一步往前走。文化发展战略大讨论对上海而言不仅是思想的启蒙，也是文化管理进入科学管理阶段的一个标志。

第二部分

群众性精神文明创建：
精神文明建设也应该永远在路上

> **访谈对象**：陈振民（上海市文明办原副主任、巡视员）
> **访谈者**：马丽雅、陈兰馨
> **时间**：2022年9月26日
> **地点**：龙柏饭店一楼咖啡厅
> **访谈稿整理人**：马丽雅

访谈者（以下简称"访"）：陈主任，您好！改革开放以来，上海的精神文明建设实现了许多成功探索，取得了许多宝贵经验，您作为上海精神文明创建工作重要的亲历者、见证者、参与者，一定有很多感悟。

陈振民（以下简称"陈"）：我们这代人有个共同的特点，就是都有下乡的经历，比较草根。1968年我在崇明下乡，在新海农场一干就是7年多。返城后的8年中，我在综合贸易公司当过装卸工、保管员和物价员，又去了工会，去职工学校当了常务副校长。因为参与"振兴中华"读书活动，受到全国总工会和市总工会的重视，调到了市总工会，一干就是13年。1996年，我调到市文明办，干了17年。可以说，40多年的工作经历，我的命运是和时代命运、党和国家的命运、民族的命运紧紧连在一起的。

访：1978年《实践是检验真理的唯一标准》发表后，在全国范围内引发了一场关于真理标准问题的大讨论，这场讨论也拉开了思想解放和改革开放的序幕。1979年召开的庆祝中华人民共和国成立30周年大会第一次提出"社会主义精神文明"的科学概念，强调要在建设高度物质文明的同时，建设高度的社会主义精神文明。您能结合自己的经历给我们介绍一下这段历史吗？

陈："实践是检验真理的唯一标准"提出后，我当时就感觉，这场大讨论会把我们的思想从原来的禁锢中解放出来，开辟一个新时代。认真学习《实践是检验真理的唯一标准》这篇文章后，我还在单位做了一个讲座，谈了学习体会和感想。

改革开放初期对外开放的窗口打开后，对我们这一代人的震撼很大，觉得外面的世界变化太大了，一部分青年对社会主义的优越性、信念产生了一些动摇和模糊认识。党的十一届三中全会后，极大地解放了全党、全民族和全社会的思想。全党都在思考什么是社会主义、怎样建设社会主义。应该说从这个时候就开始了对中国特色社会主义的探索、创新历程。

当时我印象比较深刻的是党中央提出了对内搞活、对外开放，开始了改革的进程。从农村改革、企业改革，到城市的改革。经济体制改革从计划经济到商品经济，再到社会主义市场经济。一路探索，一路解放思想，转变观念。对外开放，打开国门，引进外资。与此同时，党中央还提出了建设社会主义精神文明。可以说，以邓小平同志为核心的党的第二代中央领导集体共同开创了社会主义精神文明建设的理论和实践。

访：从马克思主义中国化的角度来说，这是一个非常重要的创新，在中国共产党的历史上、在社会主义的历史上，从来没有提出过"社会主义精神文明建设"这个概念。

陈：对，《联共（布）党史简明教程》《简明哲学辞典》中都是没有这个词的。可能之前提出过相似的、局部的概念。比如，思想政治建设、道德建设、思想道德建设等，但这些概念无论从内涵、范畴、特征，还是定义上都没有"社会主义精神文明建设"那么恰当。

访：改革开放以来，在整个中国特色社会主义的创新实践中，始终包含着对精神文明建设的探索与创新，可以说，是同步进行的。

陈：1980年召开的中央工作会议，把精神文明建设作为重要议题进行了讨论。20世纪80年代，邓小平在多次重要讲话中反复强调"两个文明"的作用，要"两手抓"。[1] 现在回过头来看，我们党在这一阶段，在推进改革开放的进程中，始终是将"两个文明"建设一起部署和落实的。

---

[1] 1980年12月召开的中央工作会议，把精神文明建设作为重要议题进行了讨论。邓小平在讲话中对"社会主义精神文明"的内涵作了科学界定，"所谓精神文明，不但是指教育、科学、文化（这是完全必要的），而且是指共产主义的思想、理想、信念、道德、纪律，革命的立场和原则，人与人之间的同志式关系，等等"。1985年9月，邓小平在党的全国代表大会上强调，物质文明和精神文明都搞好，才是有中国特色的社会主义。不加强精神文明建设，物质文明建设也要受破坏、走弯路。当前的精神文明建设，首先要着眼于党风和社会风气的根本好转。

从"两个文明""三个文明""四个文明"到"五个文明",[①]或者说从"两位一体""三位一体""四位一体"到"五位一体",精神文明建设始终是中国特色社会主义实践中的重要一环。

访： 从实践的角度来看,您觉得改革开放初期我们党和国家对精神文明建设的定位是什么?

陈： 我们在整个中国特色社会主义理论和实践的形成过程中,逐步形成了精神文明建设的重要思想、原则和方法。精神文明建设始终是中国特色社会主义的重要组成部分,这一点不能动摇,却往往容易被忽视。

精神文明建设的定位,一是解决包括思想认识、理想信念、社会稳定、队伍建设、国民素质等问题。二是做到精神文明建设与物质文明建设相互促进。按照毛泽东所说的,要"弹好钢琴"。按照这样的认识,从当时的实际问题出发,我认为,从1981年全国开展以"五讲四美"为主

---

① 党的十三届四中全会以后,以江泽民同志为核心的党的第三代中央领导集体强调要坚持"两个文明"一起抓。1990年12月,党的十三届七中全会通过了《中共中央关于制定国民经济和社会发展十年规划和"八五"计划的建议》,把精神文明纳入国家经济和社会的发展规划中,逐步增加精神文明建设的必要投入,使之与国家在物质文明建设方面投入的增长保持适当的比例。党的十六大以来以胡锦涛同志为总书记的党中央提出全面贯彻落实科学发展观,构建社会主义和谐社会等战略思想,都包含对精神文明建设的新政策、新要求,提出了学习、宣传社会主义荣辱观和构建社会主义核心价值体系的新任务。党中央提出的开展社会主义精神文明建设的历史任务,包括这些重要论述和思想、原则、方法,在以后全国的精神文明建设中,一以贯之地得到了贯彻和实施。

要内容的全民文明礼貌活动，到1984年召开的全国"五讲四美三热爱"活动工作会议，①群众性精神文明建设活动走上了舞台。

改革开放初期精神文明创建活动所提出的一些原则，现在依然在坚持和发展，比如"五讲四美三热爱"的内容②不断被衍生发展，始终在教育和建设中起到了正面引导的作用。当时提出的"三优一学"，开展的学雷锋、学典型、做好人好事活动，通过提高人民群众自身的认识和实践，改变了当时遭到破坏的社会环境和社会风气。"三优一学"搞了四十多年了，现在依然以它为奋斗目标。不管在文明小区、文明城区还是在文明行业，我们还是持之以恒地追求优美环境、优良秩序、优质服务，还是持之以恒地开展学雷锋志愿服务活动，并把它作为精神文明创建最基本的内容。随着全社会文明程度的提高、国民素质的提高，这些要求也在不断提升。

访：1986年，党的十二届六中全会做出了《中共中央关于社会主义精神文明建设指导方针的决议》（下文简称《决议》），这应该是我们党第一次专门研究和部署精神文明建设的中央全会。

---

① 1981年2月，中华全国总工会、共青团中央、全国妇联等8个部门，在全国倡导开展了以"五讲四美"为主要内容的全民文明礼貌活动。中央宣传部等有关部门在此基础上加上了"三热爱"。1983年3月，中央成立了"五讲四美三热爱"活动委员会。1984年6月，中央"五讲四美三热爱"活动委员会在福建三明市召开了全国"五讲四美三热爱"活动工作会议。
② 五讲："讲文明、讲礼貌、讲卫生、讲秩序、讲道德"，四美："心灵美、语言美、行为美、环境美"，三热爱："热爱祖国、热爱社会主义、热爱中国共产党"。

陈：这个《决议》①是党中央在全会通过的第一个关于精神文明建设的决议。《决议》后，当时的"五讲四美三热爱"活动委员会就被社会主义精神文明建设委员会所更替。可以看出，中央是从全面的格局、部署出发来推进精神文明建设的，而且对当时要解决的问题提得非常明确。

在《决议》的指引下，上海的群众性精神文明建设活动风起云涌，创造了很多好的载体和方式，积累了丰富的经验。比如，文明单位、文明家庭、文明小区，以及在全国都有影响的"振兴中华"读书活动和精神文明"十佳好人好事"评选、村规民约等。

访：您作为读书活动的重要参与者和组织者，是很有发言权的，能给我们谈谈您当时参加相关活动的情况和体会吗？

陈：1982年，来自基层、30岁的我参加了全国图书馆学会开展的征文活动，写了一篇题为《图书目录学与我的读书生活》的论文——主要谈读书成长的个人体会，以及如何坚定对社会主义发展的信念，并于1983年在沈阳举办的"全国目录学讨论会"上宣读。《人民日报》《工人日报》《半月谈》《解放日报》等媒体都先后予以报道，我被全国总工会、中宣部列为"全国职工读书自学成才"的四个典型人物之一，出席了全国职工读书活动工作会和职工自学成才座谈会。记得当时在中南海听中央领导讲话，主要围绕我们为什么建设精神文明、开展"五讲四美三热

---

① 《决议》明确了精神文明建设的战略地位、根本任务、主要内容、保障措施，强调要在广大城乡积极开展移风易俗的活动，提倡文明健康科学的生活方式，克服社会风俗习惯中还存在的愚昧落后的东西，提出了创建社会文明风尚的历史任务。

爱"、开展读书活动；从共产主义的原则、我们党一贯对实现共产主义的追求、新中国成立后的历史发展出发，结合中国改革开放的国情、马克思主义中国化的要求，谈了如何认识和开展精神文明建设。当时非常强调群众性的自我教育、自我提高、自我学习，强调如何让广大群众参与到这样一个伟大变革、伟大实践中。这些话影响了我之后几十年的思想认识和工作思路。

上海的"振兴中华"读书活动是在"五讲四美三热爱"活动热潮中涌现出来的。当时社会生活存在种种乱象，《中国青年》组织了对"潘晓来信"的讨论，不少青年在讨论中表达了实行对外开放政策后关于中国发展的种种疑惑。比如，怎样理解社会转型中出现的种种乱象；如何理解打开国门后人们觉得外面的世界很精彩，我们很无奈；共产主义在哪里；等等。当时大批知青回城后，在学政治、学文化的"双学"背景下，一些企业青年职工自发成立读书小组，力求通过读书学习和讨论交流，解疑释惑、求得真理，回答自己在人生路上的一些疑惑和思考。

在这样的背景下，1982年3月，上海市总工会、解放日报社等多家单位共同发起读书活动，成立了上海市职工读书指导委员会。读书活动在《解放日报》上征集题名，千百封来信提议命名为"振兴中华"。

访：您当时参与提名征集活动了吗？

陈：我提了，叫"求索"。职工"振兴中华"读书活动于1982年5月正式开始，两年内，上海先后有80万名职工踊跃参加"三史"（中国近代史、社会发展史、中国革命史）的读书学习活动，通过学史明理、学史立志，解决我们的信心、信念和信任问题。在党中央和市委的关怀和领导下，读书活动迅速在全市开展起来，广大职工在工作之余纷纷参与其中。[①]1984年增加到90多万人，后来参加者又增加到130万人以上，读书小组达到8万多个。

访：当时上海的读书活动参与度这么高，主要有哪些形式呢？

陈：当时的读书活动有三大武器，第一大武器是读书演讲。由一批读书爱好者组成演讲员队伍，交流读书的心得体会。最初就是演讲员进工厂讲，当时很多企业的党委和工会都很欢迎演讲员。他们的演讲主题包括"共产主义在哪里""逆境使我更坚定了对党的信念""再朝前走一步""如何看待社会热点"等。我的演讲题目是"读书点燃了我的理想之火"。当时市总工会组织了"上海职工演讲'七一'会讲"，团市委组织了"上海青年演讲比赛"，区、县委办局乃至基层企事业单位职工演讲比赛如火如荼。涌现了命题、即兴、论辩等各种演讲类型，议论、抒情、叙事等不同风格，一时之间成为时尚。通过演讲的方式，演讲员分享了自己的读书学习体会，影响了更多人。当时读书演讲迅速从上海走向全国。1983年9月，市总工会组成上海职工振兴中华读书活动报告团去兄弟省、市报告演讲，当时一共有3个团，我参加的是一团，前往新疆、

---

① 1983年6月，中共中央在批复全国总工会党组的报告中指出："上海工人阶级首倡并正在向许多省、市、自治区展开的振兴中华职工读书活动，是群众进行自我教育，掌握政治理论和科学文化知识的好办法，是加强和改进思想政治工作的好形式"，要"把越来越多的职工吸引到读书活动中来"。

甘肃、陕西各地巡回报告演讲。

第二大武器是知识竞赛。1983年12月，为了检验职工"振兴中华"读书活动成果，上海在16个区、县赛区同时举行知识竞赛，4000多名职工组成1300多支队伍参加比赛。《解放日报》《文汇报》《新民晚报》也都辟出专栏开展竞赛。成千上万的青年职工和学生投入知识竞赛中，检验自己的读书成果。我当时获得了知识竞赛优秀奖，奖品是一本字典和一支钢笔。

第三大武器是心得征文。《解放日报》《文汇报》开辟了读书专版，上海人民广播电台设立读书专栏，有专门的部门和记者和读书活动联系，发表文章、发布征文、开展知识竞赛，包括发表演讲稿等。我记得当时电台专门搞了一个关于如何演讲的专题讲座，由华东师范大学的朱川老师主讲，上海电台的老资格主播陈醇，著名电影演员和配音演员张瑞芳、秦怡等都担任了职工演讲总团顾问，进行演讲辅导。

访：上海职工"振兴中华"读书活动报告团赴外地演讲，可以说是把上海工人阶级首创的读书活动推向了全国。1983年是您第一次去新疆吗？能谈谈当时一团去报告演讲的具体情况吗？

陈：当时我们都是普通的基层员工，不仅是第一次去新疆，而且是我第一次坐飞机。我们抵达新疆的第二天就开始了首场报告，在乌鲁木齐的人民剧院。那里有民族特色的装饰，我们做报告演讲的同时还配有维吾尔语翻译。

问：会场当时有多少听众呢？报告会每天安排几场？

陈：会场很大，有 2 000～3 000 人。当时是我第一次在那么大的场合讲自己和时代的命运联系，以及读书成长的体会。报告会最初是上午、下午各一场，后来，兄弟省市迫切要求我们晚上再加一场，也就是一天三场。

问：当时听众的反响怎么样？

陈：首场报告我们就受到了非常热烈的欢迎，座无虚席，每一个做完报告和演讲的人，都得到了雷鸣般的掌声。讲完后，很多听众都涌上前来和我们交流。报告结束后我们往往要半小时才能离场，不断有青年拉着我们提问、聊天，甚至交换通信地址。这种热烈的场面是我们始料未及的，当时大家都非常认真，在整个振兴中华、建设"四化"的时代命题下，思考自己的人生之路。

问：当时兄弟省市的听众主要都是哪些单位的？

陈：方方面面的都有，有工厂、企业、机关、学校、部队的，还有一些是企业的党政领导、工会和共青团领导。他们有的也想在当地开展读书活动，但不知道具体方法；有的青年想通过组成读书小组，开展读书活动。当时除了返城读大学，还有的青年想通过读书自学成才，利用自己的业余时间，以书为友，提升自己，要做一个能够认清时代方向的人。因此，演讲结束后，大家都是抱着满腔的希望来和我们进行交流的，他们的目光是非常真诚、热切的，能够感觉到大家对中国发展的热情、对党的信任和对我们民族未来的希望。

问：虽然只有十几天的行程，时隔近40年，您回忆起来还是历历在目。您能介绍一下这次巡回演讲最大的感触吗？

陈：一团的主要活动范围是新疆、甘肃和陕西。我最大的感触还是读万卷书，行万里路。走在戈壁滩，我感受到了"大漠孤烟直、长河落日圆"；在刘家峡水电站，我看到了清澈、壮丽的黄河；我们实地考察了左公柳、坎儿井，铁人王进喜勘探石油打铁的地方，还瞻仰了乌鲁木齐烈士陵园；在兰州石化，我们了解了新中国工业发展史；我们看到了古长城、烽火台、玉门关，实地学习考察了当时是如何驻守边疆，收复边疆失土的。这一路走来，对于青年时代的我而言，一方面感受到民族统一、民族团结的铁证，另一方面感受到了祖国的大好河山、中华民族的伟大精神、党的伟大坚强和一路走过来的不容易。这些都给我们留下了深刻的印象。

访：1983年6月，《人民日报》发表社论《意义深远的一件大事——评上海市在职工中开展读书活动》，提出读书活动是由上海工人阶级首倡的，要求在全国推广。2014年习近平总书记在上海视察时，指示上海一定要把培育和践行社会主义核心价值观工作做得更细、更实、更深入人心，努力在这方面走在全国前列。感觉改革开放以来，上海始终是走在精神文明建设前列的。

陈：没错，这是中央的要求，也是上海历届市委、市政府的要求。1992年1月，邓小平在"南方谈话"中反复强调，要坚持"两手抓，两手都要硬"。对上海的"两个文明"建设寄予厚望，要求上海在20世纪末交出两份答卷，一份是物质文明的答卷，一份是精神文明的答卷。当时思想界、学术界和社会上也有一些议论，集中在改革开放姓"社"姓"资"的问题上。邓小平明确提出，"不争论"。中国的事情一争论，就把正在做的事情停下来了。但他希望用上海的发展来回答这个问题。

1995年5月，中央领导来上海视察时，明确要求上海要在"两个文明"建设方面走在全国前列，强调精神文明建设要重在建设、重在加强管理。

访：这是非常重要的思路。你觉得当时提精神文明建设要重在建设、重在加强管理，有什么特别的含义呢？

陈：我的理解，重在建设有两层含义：一是在建设高度物质文明的同时，建设高度的精神文明；二是精神文明自身要适应整个形势的发展，党的工作任务和工作目标的发展，不断探索创新，包括把基层、基础工作做好。精神文明建设和其他建设不一样，是在人的头脑深处建设的。精神文明可以和很多方面结合，但精神文明的核心任务、核心目标、责任田是什么？那就是思想道德建设。要在这个基础上搞结合。精神文明建设工作的一个主要思路和方法就是统筹协调、形成合力，加强管理。在全社会加强建设管理的时候，要尊重基层和群众的创造发明，及时总结推广，不断丰富内容，创新载体，走向成熟。在这个过程中也要逐步积累经验、探索规律、加强管理。

1996年,党的十四届六中全会是中央第二次专门研究精神文明建设的全会,明确提出主要解决思想道德和文化建设问题,进一步明确了我们党关于精神文明建设的指导思想、目标任务、基本方针、主要内容、具体措施。《关于加强社会主义精神文明建设若干重要问题的决议》(简称《决议》)中有两个"第一次"我印象特别深刻,一是第一次在党的决议中专门一章写群众性精神文明创建活动。[1] 二是第一次明确提出"文明城市""文明村镇""文明行业"三大创建活动。[2] 此后,群众性精神文明创建活动创新不断、高潮迭起、整体推进、全面发展,开创了精神文明建设的新局面、新格局。

访:《决议》提出了目标,但怎么创建,这条路怎么走,要靠实践、靠群众参与。党的十一届三中全会以来,上海对精神文明建设的探索、创新和发展,可圈可点处甚多,留下了宝贵的经验和启示,体现了对精神文明建设规律的探索和认识。您长期在精神文明建设一线工作,能不能谈一下关于上海精神文明建设的经验?

陈:我觉得,第一个经验应该是改革开放以来,上海历届市委、市政府贯彻党中央的路线、方针、政策,始终坚持"两手抓、两手都要

---

[1] 这部分第一句话就是"全国各地广泛开展的群众性精神文明创建活动,是人民群众移风易俗、改造社会的伟大创造,有助于'两个文明'建设任务有机结合,落实到基层"。
[2] 三大创建活动明确提出"各省、自治区、直辖市要制定规划,到2010年建成一批具有示范作用的文明城市和文明城区"。

硬"，明确上海精神文明建设的指导思想、目标任务和工作方针。在推进中国特色社会主义建设的历程中，历届市委、市政府对贯彻"两个文明"一起抓的方针做到了坚定不移，而且是主要领导抓，做到了"两个文明"建设一起规划、一起部署和一起落实。比如，历次党代会、全会、国民经济和社会发展五年计划都体现了"两个文明"建设同步规划、同时部署。对整个城市的建设、改革、发展提出要求的同时，对精神文明建设也提出明确目标、要求和推进措施。①

20世纪90年代，上海市委先后组织开展过两次精神文明大型调研。一次是在1992年5—8月，上海市委部署开展精神文明建设大调研。由市领导带队，调研精神文明建设抓什么和怎么抓的问题。整个调研历时70多天，召开了30多场座谈会，广泛听取人大、政协、区县委办、知

---

① 比如，1986年4月，上海市八届人大五次会议的报告中明确提出，"'七五'计划包含着社会主义物质文明建设和精神文明建设两个方面，它们是互为条件、互相促进的。我们必须坚持'两个文明一起抓'的方针，大力抓好精神文明建设"。同年9月，制订了上海市社会主义精神文明建设规划。1991年12月，市委五届十二次全会通过《中共上海市委关于当前加强社会主义精神文明建设的若干实施意见》。1994年12月，市委六届三次会议通过《上海市1995—1997年社会主义精神文明建设规划》。1996年12月，市委六届五次全会审议通过《中共上海市委关于加强社会主义精神文明建设的意见》。1999年12月，市委七届三次全会审议通过《中共上海市委关于奋战1999年以"两个文明"建设的新成绩迎接新世纪的决定》。2004年9月，《中共上海市委、上海市人民政府关于贯彻〈中共中央、国务院关于进一步加强和改进未成年人思想道德建设的若干意见〉》等。

1994年12月，中共上海市委六届三次会议通过《上海市1995—1997年社会主义精神文明建设规划》，明确提出"三个不动摇"，即在经济建设任务繁重的时候，坚持精神文明建设上台阶的决心不动摇；在率先建立社会主义市场经济运行机制的过程中，坚持精神文明建设的正确方向不动摇；在加快改革开放步伐的同时，强化精神文明建设的力度不动摇。

识分子、一线工人、基层干部等各方面的意见。第二次是在1996年4月，为迎接党的十四届六中全会，也是由市领导带队，开展精神文明大调研。由各级领导抓调研，深入基层，开展各类调研、座谈、研讨会2 000多场，完成调研总报告34份，专题报告102份，是市委、市政府各级党政领导在精神文明建设过程中发现问题、研究问题、解决问题的见证。

访：这是第一个经验，始终坚持"两手抓、两手都要硬"，那么，第二个经验呢？

陈：第二个经验是上海率先成立精神文明建设委员会，建立了行之有效的运行机制。与其他委员会相比，文明委的规格最高，涉及的方面最全面，发挥的作用也很突出。文明委的职责和任务是组织协调全市的精神文明建设活动，指导、监督各系统、各地区的精神文明建设活动，推广先进典型和先进经验，规划指导创建文明单位活动，具体实施市级文明单位的评比、命名工作。当时的中央政治局委员、上海市委书记任主任，市委副书记、市长任第一副主任，市委分管副书记任常务副主任，市政府、市人大、市政协、上海警备区有关负责人任副主任，各区县委办的书记和新闻单位主要负责人任委员，文明办主任是秘书长。这一体制一直延续下来。

访：上海于1996年5月成立了市精神文明建设委员会及办公室，《中共中央关于加强社会主义精神文明建设若干重要问题的决议》是1996年10月发布的，也就是说，在中央《决议》之前，上海就已经有了文明委。当时文明委的工作制度是如何规定的呢？

陈：市文明委主任牵头抓精神文明建设。市长担任市文明委第一副主任后，市政府在城市发展规划和加强城市管理中，把精神文明建设的要求和作用也列进去了。市人大通过的上海经济和社会发展五年计划等都对同步推进精神文明建设提出了要求。我印象特别深的是市文明办的经费问题。当时，文明办年度经费只有 80 万元，向市委反映后，财政给予了支持，每年拨付 1 200 万元。后来，文化专项资金又同步配套 1 200 万元。再后来，精神文明建设工作项目凡列入市政府实事工程的，财政都专门给予拨款支持。

所以，这一体制一直延续至今。区县委办、企业，特别是国有企业也都普遍建立了文明委、文明办的统筹协调机构。市文明委的工作制度规定，第一，市文明委的全会每年召开，主任、第一副主任、常务副主任、其他副主任和委员全体参加，主要是审议工作报告、表彰名单、讨论重大事项，市委主要领导对推进精神文明建设发表重要讲话。第二，市文明委副主任会议由市文明委常务副主任召集讨论一些精神文明建设的重大工作。第三，由市文明委常务副主任召开专题办公会，听取汇报，定期研究重大事项和提出一些新的要求。市文明办的负责人、处室的主要负责人参加会议。领导不只是直接听市文明办负责人的情况汇报和建议，还能听各处室直接反映，然后做出判断和指示。这些规定都很重要。另外，全市性的表彰和工作会议，三年一次大会，每年一次工作会。三年一次大会要求四套班子主要领导都要参加，每年一次工作会是在市文明委全会后召开，包括表彰优秀，以及对全市各条块、全社会的精神文明建设提出要求并作出部署。

访： 第一次全市表彰大会是什么时候召开的呢？

陈： 1992年3月召开了上海市社会主义精神文明建设万人动员大会。这是在开发浦东、振兴上海的新形势下，同步部署推进精神文明建设的盛举，规模空前，各委办、各区县乡镇、大中型企业、研究院所、大中专院校的主要负责人，连居委会的书记、主任都参加了。[①] 会上表彰了曹杨新村街道等10个"上海市红旗集体"以及包起帆等10位"上海市先进标兵"。这些集体和个人充分体现了20世纪90年代的上海水平、上海风格和上海精神。表彰导向很明确、很过硬。

访： 当时上海市文明委的机制运作得怎么样？反响如何？

陈： 上海市文明委的机制得到了中央文明办的肯定，也是兄弟省市来上海学习的一个重点。1997年，在成立中央精神文明建设指导委员会办公室的过程中，中央领导专程来沪调研，听取了关于上海文明办的功能定位、部门设置、工作方法的汇报，并给予充分肯定。这是第二个经验。

第三个经验是上海率先提出"两提高"目标。1992年，中共上海市委第六次代表大会提出，上海精神文明建设的目标是提升市民文明素养

---

① 大会指出，上海精神文明建设的根本任务是适应上海振兴和浦东开发开放的需要，培养"四有"新人，提高全市人民的思想道德和科学文化素质，提高城乡精神文明建设的整体水平。

和城市文明程度。"两提高"目标的提出,很好地体现了当时和以后相当长的改革开放和现代化建设的历史阶段中,我们对社会发展和人的建设的要求。既管当时,又管长远。

访:1996年,党的十四届六中全会正式提出精神文明建设的目标是:提高公民素质,提高城乡文明程度。上海提出"两提高"的时间是1992年。作为上海首创,您能结合当时上海的实际,具体谈一谈"两提高"目标的意义吗?

陈:"两提高"目标一方面有利于我们为改革发展创造良好的社会环境,实现社会风气的好转。20世纪90年代,提出上海精神文明建设要一抓行业、二抓社区。以行业为例,为什么要抓行业?因为上海是全国的经济商业中心,全国乃至全世界来上海投资,看重的就是上海的服务态度、服务效率、服务环境、服务能力。而当务之急要解决的一个突出问题就是服务部门、服务场所的"三难",即门难进、脸难看、事难办。

另一方面,有利于解决以往工作目标更换频繁,党委工作、政府工作"两张皮"的问题。精神文明建设的长期性决定了我们需要树立长远目标,"咬定青山不放松",只有循序渐进、由浅入深、由低到高,才能取得根本性、长期性的成效;"两提高"的提出还可以促使党政工作紧密结合、融合,当时我们文明办和很多政府部门的联系都非常紧密。

精神文明建设要依靠广大人民群众的参与实践,是社会动员,这种社会动员的感召力集中体现在"两提高"目标的感召力要强。这种目标不能提得太高或太低,要找到一个适中的目标,体现各方面的共同愿望、共同目标、共同意识，大家都能接受，并愿意为之付出和改变。

访：提出"两提高"目标后，解决"两提高"的途径和载体是什么呢？

陈：我的体会是，创新活力还是在基层，群众是真正的英雄。这就涉及上海精神文明建设的第四个经验，就是充分运用社会化的载体、群众化的方法。举个例子，"五讲四美三热爱"活动一开始就是在全国人民，特别是青少年中展开的群众性精神文明建设活动。1982—1984年，上海每到3月都在全市范围内开展"全民文明礼貌月"活动。到后来党的十四届六中全会，明确全国各地广泛开展群众性精神文明创建活动，将"两个文明"建设任务有机结合，落实到基层。[①] 我们党在开展精神文明建设过程中，这个思路是很清楚的，也是一以贯之的。

因此，开展社会动员、广泛发动群众是文明办开展工作的基本思路和基本方法。在我们开展工作的过程中，体现的宗旨是一切为了群众、一切相信群众、一切依靠群众。这是我们党反复强调的工作路线和优良传统。

1996年5月，上海市精神文明建设委员会成立后，率先建立市文明办，定位是对市文明委负责的日常工作部门，具体落实市委推进精神文明建设的任务，挂靠在市委宣传部。当时是一部两办，文明办、外宣办，

---

① 党的十二届六中全会通过了《中共中央关于社会主义精神文明建设指导方针的决议》，要求在广大城乡开展移风易俗活动。十四届六中全会作出《关于加强社会主义精神文明建设若干重要问题的决议》，其中专门的一章，明确了全国各地广泛开展的群众性精神文明创建活动，有利于"两个文明"建设任务有机结合，应落实到基层，其定位一直很清楚。

现在是一部三办，再加上网信办。我的认识和体会是市文明办的定位就是市委的群众工作部，完成市委赋予的使命，是用群众工作的方法推进精神文明建设，所做的工作是我们党在精神文明建设领域的群众工作。

所以，市文明办的工作特点，第一个是小班子，大后台。文明分为大文明、中文明、小文明。"大文明"就是与物质文明相对应的精神文明，也就是党的十四届六中全会《决议》规定的范围。市委宣传部管理的范围就是"中文明"。"小文明"就是群众性精神文明创建，这也是市文明办管理的范围。市文明办编制人员设置不多，但它的职能是市委赋予的，体现的是市委推进精神文明建设的意志和要求。

第二个是以作为求地位。市文明办有管理的职能，是以它的作为和社会影响来树立工作的权威性和有效性。也就是说，通过社会化、群众化的工作成效来体现作为。市文明办的工作始终应该是面向全社会、面向基层。在市委的领导下，按照市文明委的部署要求做好具体工作，统筹协调、拟定政策、制作规范、指导推进。

访：群众性精神文明创建活动，一开始就定位在社会化和群众性层面，要求重在建设，落到基层，通过社会化的载体，群众化的途径、载体和方法使它落到实处。您刚刚谈到的第四个经验，即社会化的载体、群众化的方法，能不能具体展开一下呢？

陈：社会化的载体、群众化的方法之一是尊重首创，总结提高，形成载体，全面推动。1985年，市委领导召开读书活动积极分子座谈会，提出上海在精神文明建设领域有"四大发明"，要从上海走向全国。

第一大发明就是前面提到的"振兴中华"读书活动。这场读书活动是新中国成立以来,持续时间最长、社会影响最大、参加人数最多的一次群众性读书学习活动。1985年以后,上海的读书活动逐步从"学三史",向社会科学、自然科学和管理科学等多学科学习方向发展,后来又进一步提出"岗位读书、岗位成才、岗位奉献"。我亲历了读书活动蓬勃开展的过程,感受到读书活动的生命力之一在于它所拥有的群众基础,包括基层活动的广泛开展和读书小组的普遍建立,以及读书爱好者的积极参与。①

　　第二个发明是文明单位创建。1981年,上海第二十八棉纺织厂开展《职工文明十项守则》等创建文明工厂的系列活动。1984年上海开始评选市文明单位,此后,评选活动在全市大规模开展。上海市文明单位的创建和评选活动也是在全国最早开展的。

　　第三个发明是职工思想政治工作研究会。1980年底,上海第二十一棉纺织厂首先建立思想政治工作研究小组,1981年初,研究小组发展成为研究会。1984年,上海市职工思想政治工作研究会正式成立。所以说,研究会的工作是先在工厂、企业开展的,之后才发展到高校、各委

---

① 1983年4月,中华全国总工会在上海召开全国职工读书活动经验交流会。同年5月,全国总工会发出《关于在全国职工中开展读书活动的决定》。5月30日,由全国总工会、团中央、国家经委等发出邀请,上海市"振兴中华"职工读书活动报告团应邀赴京汇报,报告团进中南海,受到了党中央领导的接见。20世纪90年代后,市委还号召开展以"学政治、学科学、学技术"为重点的"三学"活动。1995年10月,由市"振兴中华"读书指导委员会和市总工会主办的1995上海首届读书节在市工人文化宫隆重开幕。1984年到1996年,陈振民先后担任市读书指导委员会办公室副主任、主任,经历了读书活动蓬勃开展的过程,感受了读书活动的生命力在于能够呼应时代的召唤,与时俱进;在于它所拥有的群众基础;在于中央和市委领导及宣传部、总工会等有关部门和新闻单位的重视和支持。

办局等。1987年，该研究会正式更名为上海市思想政治工作研究会。

第四个发明是青工政治轮训。当时大批知青返城工作，为满足他们的需要开展了"学政治、学文化"活动，市委宣传部专门编印了培训课本，各单位都建立了青工政治夜校，晚上灯火通明。后来它逐步完成了历史使命。所以"四大发明"中，除了最后一个，其余三个发明至今都还在发挥作用。

访：20世纪八九十年代在精神文明建设中有很多首创的工作，都是由上海基层创造的，然后走向全市，乃至全国。

陈：是的，还有如"精神文明建设十佳好事""百件好事"的评选，源自20世纪80年代初上海石化总厂涤纶厂开展的月评、季评"十佳好事"，通过树立典型，让大家学有榜样，从而起到示范、引领的作用。市总工会及时总结，并在全市职工中推广，1988年开始，活动扩展为上海"精神文明建设十佳好事"评选，面向全社会，每年由市文明委表彰。"五好文明家庭"评选也是1982年在上海率先开展的，由市"五四三"活动委员会和市妇联共同评选。现在叫文明家庭，已经纳入中央文明委的表彰系统。

1989年起，上海首创文明小区创建[①]，先在普陀区曹杨新村街道、静

[①] 1992年6月，首届华东七省市精神文明建设活动经验交流会在上海松江举行，总结交流各地创建文明小区（乡镇）的经验。同年9月，京津沪三市文明小区现场观摩活动在上海开幕。1992年起，全市12个区先后命名了12个区级文明小区。1993年6月，上海市委、市政府联合召开上海市精神文明建设命名表彰大会，10个市级文明小区受表彰。

安区武定路街道试点，分别对应工人新村和新式里弄两种居住房屋类型。①1994年起，在文明小区创建活动大力推进的基础上，上海进一步酝酿从文明小区向文明社区发展。普陀区甘泉路街道是全市首家开展文明社区创建活动、制定文明社区创建标准的街道，当时叫"文明街区"。1997年初，我与市文明办有关同志曾多次去甘泉路街道召开座谈会，听取相关意见，并总结他们的经验。②1997年2月起，市文明办会同《解放日报》《文汇报》组成联合调查组深入基层，典型引路，先后以"社区精神文明建设巡礼"为名，连续大篇幅报道了人民广场、五里桥、延吉、曹杨、甘泉五个街道创建文明社区的经验，后来又增加了临汾路街道。前面叫"五朵金花"、后面叫"五加一"。

　　1997年，上海开展了首届文明社区的创建和评选活动。1997年4月，中宣部、中央文明办组织《人民日报》、《光明日报》、中央电视台等12家央媒联合对上海市小区、社区的精神文明建设经验进行了集中采访宣传。他们起先是宣传报道文明小区创建，但在采访中发现上海已经从创建文明小区向创建文明社区探索和延伸了，马上又对上海文明社区创建进行了补充采访。当时我们的任务很重，因为采访团第二天的采访点、采访内容是前一天晚上九点多，结束当天采访后才临时提出的，所以我们根本无法做准备。他们提出到哪里采访、采访谁，我们就立刻安排。

---

① 当时提出创建社会安定、环境整洁、生活方便、文化体育生活健康丰富、邻里关系和睦的文明小区，也是"五好"。
② 市文明办主任亲自带队，组织部分专家、学者、区县文明办和街道的同志在无锡马山集中研讨，研制了《上海市文明社区创建管理暂行规定》，明确了八项创建标准：环境整洁、秩序安定、组织健全、共建普遍、服务完善、教育全面、文化丰富、风尚良好。

往往是晚上十点后才能和具体的接待单位、接待小区取得联系，通知他们第二天的采访流程。

访：中央媒体采访团采访后，这些媒体有什么特别的体会吗？

陈：这些新闻单位有共同的体会，就是觉得上海的基层工作很扎实、很过硬。上海的做法是有思路的，回答了人民群众关心的问题，是和上海的改革发展稳定紧密联系的。他们还发现上海的基层干部，特别是居委会干部很有水平。他们介绍情况，既把实际情况讲得很透，很具体、实在，同时又和上海市、区、街道的要求相符，用基层干部的眼光和语言，反映出整个上海市精神文明创建的总体思路和要求。

当时上海的很多居委会干部都是转岗分流的企业领导干部，如车间主任、宣传科长、工会主席等，他们来当居委会的主任或书记很有特色。既有现代化工业的组织经验，又了解基层实际。后来，中央媒体就大篇幅对上海精神文明建设的总体思路和部署，特别是落实到基层后的效果，对上海街道和居委会的干部的具体思路和办法、创造性的做法，以及上海市民的反响，做了非常具体和生动的宣传。

访：1998年，上海在文明社区的创建基础上，又进一步向文明城区创建发展，首先在黄浦区试点创建文明城区。1999年，黄浦、卢湾、静安建成上海市第一批文明城区。应该说，我们提供了直辖市创建文明城区实践的样板，这是地区创建的情况。您能谈谈上海行业创建的情况吗？

陈：1998年，经市文明办调研，在自来水、民航两个行业开展了创建文明行业历时一年的试点工作，这是行业特征很明显的两个行业。上海的行业创建坚持不以行政归属划分，而是根据行业特征划分，这非常符合上海这个城市的特点，因为上海是一个工商业发达、行业业态发展成熟完善的城市。20世纪90年代初，上海开展了文明新风窗口创建工作，后又开展了全行业规范服务达标工作，从点的创建走向线的创建，要求从文明单位创建向全行业的创建发展，对行业创建也提出行业内文明单位的比例要有一定的覆盖面，要求把社会公德的建设和行业职业道德建设紧密结合起来。之后又在"窗口"行业开展全行业规范服务达标的基础上，进一步开展文明行业的创建，这些都是首创。1998年，中宣部和邮电部在上海召开行业文明创建的现场会，总结了上海邮电行业文明创建的经验。2000年，自来水、民航两个行业建成全市首批文明行业。到2009年，一共建成17个文明行业，明显提高了上海行业的文明程度和城市服务水平。对上海来说，行业文明的创建太重要了。上海市民对城市文明的感受度，也与此密切关联。所以上上下下对于行业创建的积极性都很高。

访：尊重群众首创是非常重要的一条经验，那么还有其他经验吗？

陈：还有一条，就是精神文明建设要从具体实践抓起、从底线抓起。非常重要的是文明办在精神文明创建活动的开展过程中，从自身工作性质特点和当时的社会生活实际出发，坚持问题导向，改变了我们以往思想政治工作、道德建设的切入点。比如，我们过去比较重视培训和课堂教育，往往是要求先教育，再体现到行为上。但人的思想意识是在实践中形成的，也是通过人的行为体现出来的。我们既可以通过对正确行为的肯定褒扬来引导，也可以通过对不良行为的否定纠正来引导，让群众在参与中感悟、领会、形成共识。所以，我觉得当时的一些创新是符合人的成长规律的，也是符合精神文明建设规律的。

一是从具体事情做起。从人的行为抓起，在参与、实践中树立正确的意识，逐渐养成习惯。当时提出的要从最基本的行为规范抓起，在社会生活中抓最基本的公共生活规范，在职业生活中抓最基本的职业生活规范，针对的都是一些常见的不良现象。

二是树立底线思维。从社会生活、公共环境、公共秩序和公共场所中，最突出、最常见、危害最大的，人民群众最反感、最关注以及最迫切希望改变的具体现象着手，恢复公序良俗。如门难进、脸难看、事难办等。当时的一些服务窗口，周五上午学习，就关门了。中午吃饭也关门。下午虽然五点下班，但四点之后基本就不办事了。办事等候队伍排了很长。当时有个外商，叫鲍强，写了封信给市委书记，投诉说他在国内投资经商，到邮局办事，在第一个窗口排队快排到了，关门了。他又排第二队，快排到了，又关门了。直到排了第三个队伍才办成事。这样的服务态度和服务效率，怎么能吸引外商投资经商呢？这直接牵涉上海的对外开放、投资环境问题。改变面貌就要从这些最基本的问题开始。

从宣传教育方式来看，我们过去往往讲要怎么样，现在改过来了，是说不要怎么样，"七不"就是这样的。所以，从底线出发，不仅是语言表现形式的转变，而且是整个思维方式、工作切入点的转变。1995年，市文明委发出了开展遵守"七不"规范活动的通知。机场、码头、车站的广播都在宣传，提示遵守"七不"规范和播放"七不"歌，外地游客来上海也马上能知晓。凡公共场所都开展文明提醒和劝阻活动。有许多志愿者、积极分子自发监督，这也体现了市民群众的广泛参与。

2007年4月，市委书记习近平在市文明委全体会议的讲话中，对上海精神文明建设提出的要求非常明确：重在实践、重在养成，大处着眼，小处着手。多年来，我们始终是按照这个要求去做的。

访：上海作为一个特大型都市，在精神文明创建发展的过程中，在条和块的不同层面有了很多创新载体，这些新载体是如何不断拓展并形成整体推进态势的呢？

陈：主要是系统发展，整体推进，形成覆盖全社会的创建体系，取得1+1等于3甚至等于5的成效，形成从围绕单位创建目标自转到围绕整个城市创建目标公转。由小到大，不仅要提出自身发展的目标，还要围绕全社会的目标，促进全社会的发展，处理好树木和森林的关系。这个创建思路也是上海首创，并不断衍生拓展成三条创建链。

第一条创建链是地区文明的创建。从文明家庭、文明楼组，再到文明小区。文明小区是按照居民区的自然分界创建的，可以是一或两个居委会，没有按照行政区域划分。然后发展到文明社区（街道）的创建，是以街道行政管辖区域划分的。街道除了党政办事机构外，还有房管所、派出所、税务所、环卫所等，是一个相对完整的"小社会"的概念。创建从围墙内走到了围墙外，再发展到文明城区的创建，这是一个行政区的创建，最后发展到文明城市的创建。文明城区创建的局限在于有些行业条线部门区县管不到，比如自来水、煤气、电力等，需要全市统筹协调。这就成为市文明办在统筹协调时要做的一项重要工作，而各区都开展了条块共建，争取市有关委办局和行业的支持。

第二条创建链是行业文明的创建。从文明班组、文明车间到文明科室、文明单位（企事业、机关），再到全行业的创建。这就要求创建工作打破围墙，直接面向社会，辐射全社会，然后再到文明城市。在地区文明的创建中，我们的覆盖战略是由点到块、由块到片、由片到面。点是文明小区，块是文明社区，片是文明城区，面是文明城市。行业的创建则是由点到线、由线到面，到全市、全社会。创建时，我们首先从与人民群众生活和社会文明进步关系最密切的区域和窗口抓起，从解决人民群众"急、难、愁"问题抓起，坚持正面导向，示范引领。条块两条线，都体现由小到大、由少到多，向覆盖全社会的方向发展。

第三条创建链是文明市民教育实践的创建，面向全体市民。一是聚焦公共场所、公共秩序、公共道德、公共行为，加强社会公德建设。具体抓手是"七不"、交通文明专项活动、文明餐饮、文明用厕等，都是聚焦顽症，关注身边人、身边事。二是以重大活动为契机开展活动，比如"迎特奥文明行动""迎世博文明行动""文明观博"教育实践活动等。①

---

① 2006年1月，市委、市政府下发《关于推进学习型社会建设的指导意见》，全面部署上海到2010年学习型社会建设的主要工作目标、工作机制和工作任务，广泛开展学习型城区、学习型社区、学习型机关、学习型企事业单位的创建活动。这是非常值得通过覆盖，深入做下去的。比如，当时全市各街道建立市民学校220所，对市民开展学习培训，这些都体现了覆盖的思路。

进入 21 世纪后，群众性精神文明创建在原来社会各层面普遍形成创建载体，广泛开展创建活动的基础上，进入系统发展、整体推进的新阶段。①

访：您讲到在精神文明创建发展过程中，解决人民群众"急、难、愁"问题，能和我们分享一下当时文明办牵头解决相关问题的案例吗？

陈：2003 年左右，有一批白领青年员工给市委领导写信，反映上海医院看病难的问题。信中说，我们上班，医院也上班，我们休息，医院也休息，我们没有时间去看病。这个问题当时也是比较突出的。市委有关领导把这封信批转给市文明办，要求文明办牵头，统筹协调，解决这个问题。当时我们有点纳闷，为什么给文明办呢？后来我们领悟到，这是要求文明办围绕整个上海城市的精神文明建设，推动改革发展稳定，提升城市的服务能力。文明办要做的也就是三个方面：优美环境、优质服务、优良秩序。优质服务，就要发挥文明办统筹协调的优势，发挥文明办开展文明创建的优势，发挥文明办有号召力、影响力的优势。我们

---

① 2005 年起，市文明办按照新版标准开展了文明社区新一轮考核评选，市级文明社区从原来的 96 个调整到 50 个，占全市社区总比例从原来的 93% 调整为 47%。比例下降了，是因为标准提高了。要不断引导向新的、更高的水平发展。至 2010 年底，第二轮文明社区达 97 个，创建标准调整为社区形态文明、社区功能文明、社区素质文明等三项标准 45 项测评指标，增加了未成年人保护、信息管理、智能化服务网格、学习型家庭等指标。所以，实施"两提高"的覆盖战略，经历了"由小到大、由少到多，循序渐进、逐步积累，不断提升，由量变到质变，实现系统发展、整体推进、全面提升"的过程。

用一两天的时间，以行业规范服务达标为基础，又进行了一些补充性、针对性的调查研究。通过有关处室的讨论，最后确定了改进办法：门诊能够错时服务，用三句话概括就是"中午连一连，晚上延一延，双休日加半天"。具体而言，中午要有医生值班看病，晚上门诊延迟到八点半，每周六加班半天门诊。

紧接着我们马上和卫生局，以及10家医院的党政领导一起交流了我们调查研究的情况，并得到了他们的支持。这10家医院都是全国文明单位，我们的改进办法获得了医院的一致赞成。其实他们也是有困难的，加班加点意味着他们在人力资源上、在机器设备折旧上、在水电上，都要加大开支。但他们表态，这些问题都能自己解决。

门诊错时服务正式实施后，我们先后去了仁济等医院随访夜门诊实施的情况，还问了很多白领，他们很高兴解决了看病难的问题，很满意。当时克服了很多困难，从大局出发，从人道主义出发，从医院创建文明单位、改进工作出发，做得非常出色。

访：夜门诊的这个做法一直坚持到了现在吗？

陈：是的。讲到"急、难、愁"，还有一件事，当时也很伤脑筋。在2003—2004年，上海市马路上的窨井盖接连被偷盗，这给车辆，特别是非机动车的行驶带来了危险，车轮会嵌入下水道口。大雨、暴雨后，马路上涨大水，孩子上学、放学也很不安全。市委领导也把这个问题批示给文明办，让文明办协调各方，提出解决办法。因此，我们当时是两条线，一条是由文明办召开座谈会，邀请有关部门参加，这些窨井盖牵涉面很广、牵涉行业也很多，比如自来水、燃气、排水、电力和电信等部门。另一条线是和《新民晚报》合作，开展讨论，发动市民提出解决办法，回应群众关切的问题。

在讨论中，我们遇到了很大的困难，由于窨井盖牵涉许多行业和部门，很难整齐划一地采取措施。由于回收窨井盖是有利可图的，盗取窨井盖的时间往往都是半夜，很难用禁止、加锁的办法制止此类行为。当时我们几经讨论，都觉得乏善可陈。后来，我们通过集思广益，还是找到了办法，就是更换窨井盖的材质，从值得偷到不值得偷。最后，用"替一替、换一换"的办法，花了两年的时间，把窨井盖全部换掉了，解决了这个问题。

访：现在像偷盗窨井盖的事情，很少听到了。不管是夜门诊还是窨井盖问题的解决，文明办都起到了非常重要的牵头协调功能，也解决了实际问题。那您有没有遇到过什么特别紧急的、突发性的事件，需要文明办牵头协调处理，推动城市建设管理的吗？

陈：我印象特别深刻的是2005年12月至2006年1月春节前夕，当时上海电视台播出了一则新闻，反映在上海辛苦工作的外来务工人员要回家过春节，一票难求。当时买票还没有像现在这样直接手机就可以操作了，需要现场购票。当时他们集中在虹口体育馆排成长龙等候买票。每天上午八点体育馆开门进去购票，而在外面的都是通宵排队的人，正好又是雨雪交加的寒冷天气。当时这些务工人员饥寒交迫，体育馆的管理也没跟上，场馆周边的绿化都被踩踏了，由于公厕晚上关了，绿地上还有随地大小便的现象。市委领导要求文明办紧急协调处理好这个问题，否则会给上海带来非常不良的影响。当时全国各地的工程公司都在上海，为上海的建设出力，但想回家过年，却买不到票，这不是上海的待人之道，对上海形象的影响也很不好。

我们马上到现场查看，确实脏乱不堪、拥挤无序。外来务工人员撑着伞通宵排队，第二天到底能买到哪条线路的火车票，没人知道，也没有安民告示。当时我们紧急通知相关区委领导和体育馆领导一起到现场开会。后来怎么改善呢？我们定了几条，一是铁路上海站现场售票点及时公布每条路线的票源情况，用广播车的办法在现场队伍周边及时告知。二是增设服务窗口，尽可能缩短排队时间。三是晚上排队的人领取排队号码，不需要再通宵露天排队了。四是体育馆附近的学校、机关开放大礼堂和体育馆，给民工提供休息的场所，由街道组织志愿者维持排队秩序，供应馒头和姜茶给排队的购票人员。五是公厕24小时开放，加强厕所的管理，志愿者维持绿地秩序。当天晚上就疏散人群，第二天开始执行。

问题解决后，我们再请电视台去拍摄改进后的情况，还有纸媒进行报道。在全国各地，我们扭转了形象，让他们感觉上海还是一个温暖的城市。之后的几年再也没有出现过这种乱象。

访：这样"急"的难题，需要文明办充分发挥自己的优势，从协调各方出发加以解决。改革开放后，人民群众的普遍愿望是"让生活更美好"，2010年，上海世博会提出了"城市，让生活更美好"。党的十八大提出，人民对美好生活的向往，就是我们党的奋斗目标。上海在精神文明建设过程中，是如何不断提高群众的参与度，感受度和满意度的呢？

陈：就是坚持从为群众做好事、办实事入手，不断提高群众的参与度、感受度和满意度，让精神文明创建更有感召力。精神文明创建也要实现好、维护好、发展好群众利益，要体现市民"受益—参与—满意"的过程。比如，文明小区创建，当时反复强调一定要从改善市民居住环境、提高居民生活质量的愿景出发，从办实事、办好事入手，开展文明小区的创建工作。

访：关于改善市民居住环境、提高居民生活质量，当时有什么具体的举措吗？

陈：有一个比较有代表性的，现在你们住的地方肯定都有，就是在全市推进小区健身苑的建设。当时小区退休、下岗职工越来越多，如何让大家有一个健康、丰富的生活，是普遍要解决的问题。文明办和市体委一起，推进了这个健身项目。当时我们的共识是，不能照搬一般的体育项目，要搞大众体育项目。也就是说，要健身和娱乐相结合，都是相对简单、娱乐性强，每个人都能参与的、好玩的、有健身作用的项目。你看我们现在小区健身苑的设施，都是老少皆宜的，这些设施和体育馆的设施是不一样的。让大家在娱乐中达到健身的效果，所以我们专门设计、定制了这样的健身器材，在每个小区找一个合适的地方，就近、就便地使居民一出门就能到健身苑活动。这件事后来纳入了市政府的实事项目，我们用了五年时间，在文明小区创建的推进下，实现了全市全覆盖。

另外，一定要让广大群众参与进来。精神文明创建活动是一个实践活动，让群众在实践中体会、在实践中感受、在实践中领悟、在实践中养成。比如，20世纪90年代初，在小区普遍开展的车棚工程、铁门工程等"五小"工程，还有乱停车、乱搭建等"六乱"专项整治工程，都是群众呼声比较强烈的问题。

访：当时抓精神文明创建要体现它的群众性，非常重要的一条是深入基层，也就是回应群众关切，解决实际问题。

陈：是的。比如，文明小区创建中解决"五小"问题，解决小区居民生活中公共设施的建设问题。当时有群众来信反映老旧小区在创建文明小区过程中，要解决公厕、倒桶站的问题。虽然这是公共需求，但是谁都不愿意放在自己家门口。有一个小区居民来信反映，原来的倒桶站由于在居民生活区，邻近倒桶站的住户，连家里晾衣服的竿子上都是苍蝇，气味难闻。但要更改倒桶站的位置，确实成了一个难题。当时，我带队去了这个小区，召开座谈会听取意见、解决问题。实地查看倒桶站给居民生活带来的影响。我是下班后去的，座谈会一直开到晚上九点多，晚饭都没来得及吃，意见还是很难统一。后来，我们找了小区入口的一个角落，离居民住房相对较远，改为倒桶站，得到了大家的赞同。

我觉得非常重要的是要深入基层，有担当精神，要实事求是地去了解、处理问题，通过一件件事情，使居民群众认识到，文明创建是能够带来实实在在利益的，对安居乐业和提高生活质量起到作用的，就能得到他们的拥护。

访： 在开展群众性精神文明建设时，有时候内容会比较抽象，上海是如何把抽象的内容做实的呢？

陈： 从市委、市政府到市文明办和各委办，我们贯彻的一个基本发展思路就是"两个文明"一起抓，互为依托、互相促进、相得益彰。同时，我们也一直在探索：如何将虚事做实、软事做硬，让精神文明建设的目标任务、工作进程、取得的成效看得见、摸得着、可感受，从"抽象"到"形象"；如何从大处着眼、小处着手，以小见大、落到实处；如何改变以往政工部门、行政部门工作中各行其是、各办其事的局限，围绕同一目标，各展所长，相互融入，形成合力。我觉得上海精神文明建设的创新实践提供了解决以上问题的思路和办法。

比如，上海的精神文明建设始终围绕中心、服务大局，主动适应改革发展稳定的需求，开展"两提高"。具体而言，就是服务、服从于市委、市政府每一阶段的中心及发展思路和重点工作的要求，发挥精神文明建设不可替代的作用和优势。这个优势就是社会动员、群众工作，发挥好对市民群众的影响力。

还有就是教育与管理相结合、硬件和软件相结合，使精神文明创建工作成为"两个文明"建设的结合点。这不仅是当时市委领导的认识，也是很多基层的党政干部在工作中领悟出来的。比如，当时地铁运营公司的总经理主动提出担任行业规范服务达标活动领导小组的组长，他认为这是"两个文明"建设的结合点，有利于管理和服务水平的提高。

再比如，上海充分把握举办重大活动的机遇，开展社会动员，实现"两提高"的加速。20 世纪 90 年代以来，上海主办、承办了许多重大国际、国内赛会。比如，第八届全运会、第五届残运会、亚行年会、APEC会议、大运会、特奥会、女足世界杯等，每一次重大活动，市委都把实现"两提高"纳入赛会目标，要求文明办充分发挥牵头协调作用，做好优美环境、优良秩序、优质服务和市民教育工作，展示城市文明形象。从文明办的角度来说，力求在社会动员上做到主动作为、积极行动，有责任、有担当，以作为求进步。从广大市民的角度来讲，此时对上海的自豪感、责任感油然而生，产生改正自身不足，展示良好形象的积极性，或者说市民的爱国情感、乡土情感、自省意识，与平时相比，更容易被激发和调动起来，市民教育的接受度也更强，有利于加速实现"两提高"目标。这个时候开展工作是事半功倍的。

访：纸上得来终觉浅，只有在实践中历练才会产生感受，领悟深刻。

陈：是的，要把"虚事做实，软事做硬"。还有一点也很重要，就是建立评选标准和测评体系，引导创建工作走上常态、长效之路，实现规范化、制度化、科学化。过去往往觉得精神文明建设不是科学，思想政治工作不是科学，但其实它们也是一门科学，有规律可循、有方法可依、有系统可运行。上海在精神文明创建过程中，一直探索如何通过建立评选标准和测评体系改变以往评选工作主观随意、"拍脑袋"、工作时松时紧、"打一枪换一个地方"的问题。其中一个很重要的探索就是将工业生产和服务型行业管理标准化建设的思路和方法，创造性地移植到精神文明创建领域。这样也就实现了由虚变实、由软到硬。

从20世纪90年代起，我们就注重通过制定标准来引导各项创建活动，开展考评工作。① 在 2010 年前后，迎办世博会的 784 天里，按照市委、市文明委的要求，我们以 100 天为一个周期，连续开展了 8 次城市文明指数的测评。世博会后又开展了 3 次测评。这是对上海这个特大型城市管理服务水平和文明程度的全面衡量，也是对迎办世博会工作各阶段成效的综合检验。当时三个指挥部都开展了测评，在这个基础上汇总形成上海城市文明指数的测评结果，从最初的 70 多分逐步上升到最后一次的 96 分。

访： 您对新时代上海精神文明建设有哪些期待？

陈： 精神文明建设是中国特色社会主义的重要组成部分。

第一，要坚持三个不动摇，在任何情况下，都要不断坚持正确方向。习近平新时代中国特色社会主义思想包含着丰富的对精神文明建设的重要论述，要研究和解决如何在推进中国式现代化，实现中华民族伟大复兴的征程中把精神文明建设的任务和党的中心工作有机结合起来，充分

---

① 2001 年，市文明委颁布了《上海市创建文明城区管理暂行规定》，提出从"政务、法治、市场、人文、生活、生态"等环境建设的标准体系出发，开展扎实有效的创建活动，促进经济社会和人的全面发展。2002 年，中央文明办委托上海市文明办研制创建全国文明城市的测评体系，成立了课题组，先后到许多省市征求意见和开展中试，形成了《全国文明城市测评体系（第一版）》，中央文明办在人民大会堂邀请各相关部委和高校领导、专家学者召开讨论鉴定会，于 2004 年由中央文明委下发文件。通过建立一个比较科学和全面的测评体系，对一个城市的文明程度进行综合衡量，是前所未有的创新。2005 年，市文明办先后开展文明小区、文明社区、文明村、文明镇、文明单位、文明行业、文明示范标志区域 7 个创建项目新版创建标准的研究制定工作。同年 7 月，市文明委全体会议审议通过并颁布了《2005 版创建管理规定和考评标准》。

发挥它的精神动力、思想保证和道德支撑作用，与国家、上海的发展目标相适应、相结合。

第二，坚持"两提高"，将提高市民素质和城市文明程度作为精神文明建设的长期目标。社会主义的终极目标是实现经济社会和人的全面发展。所以，要把"两提高"的目标长期坚持下去，与时俱进地深化它的内涵、丰富它的载体，持之以恒、锲而不舍地把它做下去。我们必须意识到，在整个中国现代化的过程中实现人的全面发展、人的现代化，依然是一个很重要的目标和任务。以前做的一些工作，只是万里长征的第一步。从底线抓起、从人的基本行为规范抓起，不管是"七不"，还是"新七不"，都还停留在人的文明意识和文明行为的养成上，未来的路还很长。比如，围绕"人民有信仰、国家有力量、民族有希望"，我们要做的事情还有很多，包括培育社会主义核心价值观，培养公民健全人格、修养操守和法治意识，弘扬中华民族优秀文化，培育良好的乡风民俗等。所以，我觉得还是要在"两提高"的旗帜下，做更多工作。

第三，通过几十年的努力，群众性精神文明创建已经形成一个综合的创建体系，要坚持不懈地发挥已经形成的、被实践证明行之有效的一些载体的作用。要把它抓得更实、更符合现阶段的需求，使之更有生命力。现在有些行业不文明现象回潮。精神文明建设也应该永远在路上，要重在建设。抓抓放放、时松时紧，肯定会有问题。

第四，精神文明建设的本位是思想道德建设，是培育人的核心价值观，是提高人的道德水平。它又是与小区、社区、单位、行业乃至整个城市的建设和管理紧密结合在一起的，要把它落实到精神文明创建的载体中。通过人的行为规范、文明习惯的养成树立人的文明意识，再用文明意识进一步引导文明行为的养成。这都是基本的、规律性的东西。所以，一定要坚持一切为了群众、一切依靠群众、一切相信群众，要抓群众参与。评价我们工作好坏的根本标准就是人民群众对精神文明建设的关切度、知晓度、参与度、实现感和满意度。所以，一定要抓住群众的切身利益，实现好、维护好、发展好人民群众的根本利益。

第五，精神文明工作要"顶天立地"。一部精神文明建设的历史，就是继承创新的历史，要守正创新，创新也是精神文明建设的活力源泉。"顶天"就是要围绕中心，服务大局，符合国家、上海城市发展的要求。"立地"就是始终深入基层，了解群众，体现他们的意愿。

希望这些在以后的工作中能够得到很好的继承和发展，百尺竿头更进一步，开辟精神文明建设的新境界。

上海志愿服务活动的兴起与发展：
"我为人人，人人为我"

> **访谈对象**：陈振民（上海市文明办原副主任、上海市志愿者协会副会长）
> **访谈者**：马丽雅、陈兰馨
> **时间**：2022年11月30日
> **地点**：龙柏饭店一楼咖啡厅
> **访谈稿整理人**：陈兰馨

访谈者（以下简称"访"）：志愿者是上海城市文化的一张名片。您作为上海志愿服务活动兴起的重要亲历者、见证者和组织者，可以带我们回顾一下发展历程吗？

陈振民（以下简称"陈"）：如果要回顾的话，我最先想讲的就是它的起源。应该说当代中国的志愿服务生发于改革开放新时期。很多人认为志愿者（volunteer），这个词发源于国外，是一个外来事物。我觉得这是个误解，因为中国其实有着关于志愿服务的悠久传统和文化。从古代一直到民国，汉语中都有"义工""义学""义诊"的讲法，"义"在我们中国传统文化语境中带有公益、不取报酬，为社会公众奉献的含义。现在，中国台湾地区的志愿者叫"志工"，港澳地区和东南亚有华人居住的地方，像新加坡、马来西亚把带有志愿服务性质的一些工作者还称为"义工"。我们叫志愿者，联合国统一的称呼也是志愿者。

新中国成立后，我们开展了义务劳动（星期四义务劳动），苏联等社会主义国家当时也开展了义务劳动。志愿服务的理念在苏联最早被称为"人人为我，我为人人"，后来我们改了一下，叫"我为人人，人人为我"，党的十四届六中全会通过的《中共中央关于加强社会主义精神文明建设若干重要问题的决议》就是这样表述的。早在1963年，毛泽东就提出向雷锋同志学习。《雷锋日记》有一句很经典的话，"人的生命是有限的，可是为人民服务是无限的，我要把有限的生命，投入到无限的为人民服务之中去"。当时还有很多老一辈革命家题词。我记得周恩来总理题词，学习雷锋同志"公而忘私的共产主义风格，奋不顾身的无产阶级斗志"。当时宣传雷锋事迹，讲了很多他的故事，比如"雷锋出差一千里，好事做了一火车"，就是宣传他为人民服务的好思想、好品质。学雷锋可以说是新中国成立后中国志愿服务的一个起源，它的核心理念就是服务人民、奉献社会。

我认为中国志愿服务所追求的，就是毛泽东在《纪念白求恩》这篇文章中所说的，要求我们都能像白求恩那样，做"一个高尚的人，一个纯粹的人，一个有道德的人，一个脱离了低级趣味的人，一个有益于人民的人"。从这个角度看，我们开展志愿服务所追求的一个重要目标就是提高人的素质、精神境界和道德修养。20世纪70年代末，我们党在实现工作重心转移后，从社会建设、队伍建设、人的建设出发，提出了加强思想道德建设。党的十四届六中全会之前，就怎么写好这个决议，中央开了一系列座谈会，我也去北京参加了由中国思想政治工作研究会召开的一个座谈会。很多专家学者、思想宣传工作者都提出，我们面临道德重整的历史任务。尽管这个提法后来没有出现在最终的文件中，但实际上我们是按照这个目标去做的。

访：您觉得当时中国志愿服务孕育而生的基础是什么？

陈：从我们这一代人来说，特别这一代青年人，此时是满怀理想的，满怀着对国家和民族、对家庭和个人的责任，要把被耽误的青春重新焕发出来，要把荒废的学业重新弥补过来，也都意识到命运转机来之不易，一定要把这个社会重新建设好。我们凝聚在一个最响亮的口号下，就是"振兴中华、建设四化"，通过共同努力为实现中华民族的崛起，实现中华民族的伟大复兴，贡献自己的一份绵薄之力。因此，我们当时普遍是用一种珍惜的态度和积极向上的精神状态，对待学习、工作、生活和为人处世的。这也为当时志愿服务的兴起奠定了思想基础和群众基础。应该说，是改革开放的新时期孕育了中国当代志愿服务的萌芽。

志愿服务活动的兴起和开展，成为道德重整和恢复良好社会风尚的重要载体，成为人民群众，特别是青年群体，通过社会道德实践实现自我完善，推动改造社会、移风易俗的一条重要途径。这就要从"五四三"讲起了，1981年开展的"五讲四美三热爱"活动，提出了开展文明礼貌活动和学雷锋做好事。学雷锋做好事就成为当代中国志愿服务的一个开端。当时，围绕建设有中国特色的社会主义，提出要实现党风和社会风气的根本好转，要加强"三有一守"（有理想、有道德、有文化、守纪律），后来叫"四有"（有理想、有道德、有文化、有纪律），也就是公民队伍建设。1979年，我们党在历史上第一次提出社会主义精神文明建设的概念，提出要加强"两个文明"建设，提出要开展讲文明、树新风、学雷锋、做好事，要建设优美环境、优良秩序和优质服务。在这些活动开展过程中，志愿服务活动就应运而生，逐渐孕育生长。所以我们现在讲，雷锋是志愿者的先行者，志愿者是雷锋的后来人。

访：上海志愿服务事业的探索是从哪里开始的呢？

陈：上海这方面的工作最早是在1981年（和"五讲四美"是同步的），从企业青年工人开始的。当时上海自行车三厂率先成立青工学雷锋小组，然后迅速影响了一大批企业的青年工人，在党委领导和团委的组织下，以做好人好事的方式走出工厂围墙，走向公共场所、社区，开展各种各样的帮困助难、便民利民活动。从个人做好事发展成群体的、有组织地做好事。我觉得这就是志愿服务的萌芽，然后逐步形成自愿、无偿、利他的特色，再发展成志愿者和志愿服务最鲜明的一些原则和理念。上海社会性、集中性的志愿服务最早也是从1981年开始的，当时在南京东路开展黄浦区民兵团员学雷锋做好事活动。劳动模范陶依嘉以民兵的身份，在第一医药商店门口摆摊帮助大家测血压，提供各种医疗保健方面的便民服务，其他类型的便民服务也被带动到南京东路集中开展。就这样，每月20日开展一次各种类的义务免费服务，比如修伞、修鞋、修理各种家用电器，还有理发等。上海警备区"南京路上好八连"和上海武警总队一支队十中队的官兵及很多单位都组织了民兵团员到南京东路开展服务，非常热闹，且很受欢迎。之后，这种集中性的、以便民服务为主的志愿服务从南京路又走向了淮海路、金陵路、徐家汇，以及上海其他主要街区。到现在已经40多年了，中华商业第一街的志愿服务活动一直坚持开展。

当时在社会主义市场经济新的历史条件下，高高举起为人民服务的旗帜、举起"我为人人、人人为我"的旗帜，用志愿服务的行动开展道德实践，弘扬社会主义核心价值观是很有意义的。这使我们的社会不至于被市场经济自发产生的利益至上、极端个人主义、利己主义的这种消极倾向左右。1984 年，我已经从基层单位调到市总工会宣教部工作，兼任市振兴中华读书指导委员会办公室副主任。记得我们当时就开展了帮教类的志愿活动，组织基层的一些协会骨干，还有工会积极分子，以志愿者的身份走进监狱，参与当时正在开展的监区文化建设。我们对一些罪犯开展一对一、面对面帮教，疏通他们的心理，引导他们树立正确的思想道德观念和法治意识，告别旧我、塑造新我。还通过在监区开讲座、邮寄书刊和通信的方式关心他们的思想改造过程。另外，也帮助服刑人员解决一些具体问题，包括服刑期间家属遇到的困难，以及刑满释放后的就业问题，免除他们的后顾之忧。这些工作我都参与其中，感受到志愿服务带来的愉悦感、成就感。

访：原来当代中国和上海的志愿服务有这样一个历史渊源。那么，沿着道德实践和精神文明建设的轨迹，上海的志愿服务活动在 20 世纪 90 年代和进入 21 世纪以后又是如何发展的呢？

陈：对，上海志愿服务的发展历程可以用三个词组概括——最初萌芽、蓬勃开展和深化拓展，按照时间可以划分为三个阶段——迎办世博会前、迎办世博会中和迎办世博会后。我的体会就是通过开展重大活动，通过加强社区建设，通过促进城市管理抓住契机、扩展领域和发挥作用。在推动社会发展的同时，促进志愿服务自身的发展。

首先，我想讲一讲迎办世博会前的上海志愿服务。要旨就是在上海的重大活动、重大事件中借势发力。通过这些重大活动锻炼队伍、展示风采、扩大影响、形成氛围，使志愿者成为上海重大活动、重大事件中一支不可缺少的重要力量。

1997年1月，我正式调入市文明办担任专职副主任。有幸经历和参与了上海志愿服务事业发展的一些标志性事件。1997年7月21日，在上海志愿服务的历史上发生了一件意义重大的事件——上海市志愿者协会正式成立了。志愿者协会的成立使原来分别由市文明办、工青妇、民政组织的志愿者队伍得到了有效整合。上海的志愿服务力量和志愿服务活动也由此从分散走向联合、从零星走向集中。志愿服务不仅队伍迅速壮大，服务类型、服务内容和服务领域也得到了不断拓展。此后，上海志愿服务走向规范化和系统化，步入了一个更加广阔的舞台。

这件事源起于1997年5月《解放日报》刊登的一封群众来信，来信者非常怀念20世纪60年代前每周有义务劳动的传统，很感慨现在和那时社会氛围的差异。他非常想参加志愿服务活动，但找不到报名的地方。市委副书记、市文明委常务副主任对此非常重视，批示要求市文明办统筹推进本市志愿服务活动的开展。为此，市文明办协调有关方面筹备成立上海市志愿者协会。那时文明办在社区的精神文明建设中已经比较广泛地组建了志愿者队伍，在社区、小区发挥作用，为群众办实事、办好事。团市委主要组织高校的青年学生和一些企业的青工开展志愿服务；总工会主要是组织职工志愿者；妇联当时也有志愿者，叫巾帼志愿者，主要服务范围是社区。他们结合自己的特点为基层服务，同时也组织一些社会性的志愿服务。按照市委的要求，把这些力量整合起来。

这个协会是全国第一个省市级联合型、面向全社会开展志愿服务活动的管理组织。当时明确由市委副书记、市文明委常务副主任担任市志愿者协会会长;其他的市文明委副主任兼任副会长。由市委宣传部副部长、市文明办主任兼任协会秘书长;我作为市文明办的专职副主任兼任协会的常务副秘书长;由市民政、市总工会和团市委的分管领导兼任协会的副秘书长。所以,这个协会是在市文明委的领导下,由市文明办主管,由职工志愿者、青年志愿者、家庭志愿者和社区志愿者的主管部门共同组成的。当时市文明办主管的社区志愿服务发展很快,非常活跃。青年志愿者在全市的一些社会性服务中也非常活跃,职工志愿者主要结合行业特点为民服务,家庭志愿者主要参与社区的志愿活动。我对当时协会成立的盛大场面记忆犹新。

访: 我在网上看到过1997年上海市志愿者协会正式成立那天的照片,好像是在人民广场,很少有大型活动安排在人民广场举办。

陈: 是的,7月21日那天,成立仪式破例放在地处人民广场的上海博物馆南门喷水池广场举办。那一天晴空万里,艳阳高照,市委、市文明委的领导同志,市文明办和工青妇和民政的负责人,也就是协会的秘书长、常务副秘书长、副秘书长都出席了成立仪式。台下分别是职工的、青年的、家庭的、社区的志愿者,来自各区县和高校、行业,共计两千多人。大家都高举志愿者的旗帜,佩戴志愿者的标志,身穿志愿者的服装,整齐排列。当时上海博物馆南门喷水池前彩旗飘舞、锣鼓阵阵,欢呼声此起彼伏。还第一次专门制定了志愿者誓词,举行了隆重的志愿者宣誓仪式。

　　协会成立后不久，市委书记就说他也要来做志愿者。后来我们提议，请他担任市志愿者协会名誉会长，他欣然同意。据我所知，当时他没有兼任过其他任何一个社会职务。后来，他又连续多次出席全市志愿者工作的表彰大会，作重要讲话，并带头参加志愿服务的重大活动，可见他对志愿者活动的重视和倡导。这位领导参加了多次志愿者活动，包括文明社区创建时在杨浦区延吉街道慰问志愿者及家庭，元旦在真北路扩建高架下面清扫建筑垃圾的志愿服务等。市委领导很敏锐地发现了志愿服务对倡导全社会良好道德风尚的重要性，身体力行，亲自推动。从那个时候开始，每一次志愿服务表彰大会，每年3月5日学雷锋表彰志愿者，历届的市委领导都会参加。

　　还有一件事，在2007年8月13日上海志愿者协会成立10周年之际，当时习近平在上海担任市委书记，他和市长在兴国宾馆亲切会见了上海十大杰出志愿者。习近平在讲话中充分肯定了志愿服务工作，而且明确提出志愿服务的宗旨就是服务他人、奉献社会。党的十八大后，中央文明办在起草对全国志愿服务工作指导意见的时候，还专门来沪了解总书记当时对志愿者精神的提法，就是"服务他人、奉献社会"。

　　访：志愿者协会的成立确实是上海志愿服务发展史上具有标志性意义的大事。作为统筹全市志愿者力量的组织，协会成立后发挥了哪些作用？上海志愿服务事业又出现了哪些重大变化呢？

　　陈：协会成立后带领上海的志愿服务基本上循着三条轨迹发展。第一是在服务重大活动、重大事件处置中发展。第二是在加强社区建设中发展。第三是在促进城市建设和管理中发展。而且，它都是和全市精神文明建设的进程紧密结合的，体现了志愿服务作为精神文明建设和社会建设的重要队伍、重要力量、重要途径和重要载体的作用。

访：志愿服务是如何在重大活动、重大事件中借势发力的呢？

陈：这个一定要讲到上海在20世纪90年代的情况。当时上海进入快速发展时期，"一年一个样，三年大变样"，三个三年滚动发展，浦东带动浦西发展。党中央国务院提出，上海作为沿长江经济带开发开放的龙头，作为全国改革开放的龙头，很多国际性的、全国性的重大活动都接连放在上海。这既是机遇，也是考验。机遇在于它可以推动上海经济社会等各个方面的发展，当然也包括推动志愿服务的发展；考验在于我们要交出"两个文明"建设的满意答卷，这也是邓小平当时对上海的嘱托。

我印象最深的有几件事情，关系到在上海举办的一些重大的赛会，特别是全国性、国际性的重大活动。1997年7月，上海志愿者协会成立，10月在上海举办第八届全国运动会。之后又连续举办了1999年9月的财富论坛上海年会、2000年5月的第五届全国残疾人运动会、2001年10月的APEC会议、2005年4月的第48届世界乒乓球锦标赛、2007年世界夏季特殊奥林匹克运动会、2007年9月的第12届女足世界杯上海主赛场（开幕式、闭幕式、决赛都在上海）、2008年8月的北京奥运会上海足球赛区，一直到2010年5—10月的上海世博会。这么多重大活动都在上海举办,既推动了上海城市经济社会的发展,也推动了志愿服务事业的发展。这个就是"借势发力"。

如 1997 年上海志愿者协会成立不久,当年 10 月就迎来了第八届全国运动会在沪举行。从上海的实际和需求出发,第一次在全国运动会组委会中设立志愿者部组织志愿服务,开创了在全国性重大活动,特别是在全国性赛事活动中组织志愿服务的先河。以后历届的全国运动会,如九运会(广州)、十运会(济南)、十一运会(南京),一直到现在全运会组委会都设有志愿者部组织志愿服务。八运会志愿者工作部是由市文明办、团市委和刚成立不久的志愿者协会共同组成的。由志愿者部统一组织志愿者力量参与赛事及场外的志愿服务。

访:当时志愿者部承担的主要工作有哪些呢?

陈:第一是挑选志愿者。以志愿人员的身份,通过志愿者部派遣,到组委会的接待部、新闻宣传部、大型活动部等部门承担接送运动员和协助记者等工作。第二是组织义务劳动,清扫赛场及周边,保证环境整洁。当时分管市文明办工作的领导带领我们和志愿者,用了好几个半天到体育馆做清理、清扫工作。市文明办还组织检查比赛场地周边的环境卫生。第三是发动志愿者在赛场外集体参与城市文明建设,营造良好环境、良好秩序和良好氛围。如推进上海市民"七不"规范的活动,广泛组织志愿者打扫卫生、美化环境、在交通路口维持秩序、在公共场合劝阻不文明行为,劝导市民不随地吐痰、不乱扔垃圾、不乱穿马路等。中华民族有一个文化传承——"有朋自远方来不亦乐乎",客人来了要以最好的状态迎接他。我记得当时静安区在主要马路开展了一个活动，志愿者对那些遵守交通规则的市民，授予一枝鲜花，叫作"鲜花送给文明人"。通过志愿服务工作有效提升了市民素质和城市文明程度。当时我们白天要做文明办的事，晚上就到组委会办公地，就是徐家汇上海万体馆旁边的那个炮楼去工作，上海历次重大赛事都在这个炮楼设立组委会，各个部都在此办公。当时分管文化、体育、教育的副市长受伤了，但他仍然带着固定颈椎的围脖来检查我们的工作，参加会议，慰问工作人员和志愿者。我们每天都工作到很晚，挑灯夜战。

访：后来接连不断的重大活动一直延续到2010年上海世博会，由志愿者协会组织的志愿者成为赛会服务一支重要的、不可缺少的力量。志愿服务成了这些重大活动中一道亮丽的风景线，也是展示改革开放的风采，展示中国人民，特别是上海人民精神面貌的一个窗口、一张名片。您能讲讲志愿服务在这些重要活动、重要赛事中借势发力的一些经典案例吗？

陈：可以。我记得第五届全国残运会，所有残疾人运动员的迎来送往都是由志愿者负责。我们建立了接送制度，志愿者穿着绿马甲，把那些重度残疾的运动员从火车上抱下来、背下去，再送到大巴上。因为当时没有那种把残疾人送上车的设备。最令人感动的是残运会田径比赛设在八万人体育场[①]举行，因为残运会的比赛不像奥运会那么热门，我们担

[①] 即上海体育场。访谈者注。

心人气不足,各区县就组织志愿者在比赛当天把座位都坐满。比赛那天,全场都在为运动员鼓掌加油,场上的喝彩声、欢呼声此起彼伏。通过这次赛事,我们从残疾人运动员身上学到了刻苦耐劳、永不言败的精神;残疾人运动员也同样感受到全社会,特别是上海市民对他们的鼓励和深厚情谊,感受到那种发自内心的关心、尊重和帮助,感受到这个城市的热情和友善。当时国家体委和全国残联的领导对上海的志愿服务工作赞不绝口,竖起了大拇指。

2001年10月,APEC会议在上海举行。组委会对志愿者的外语水平有严格要求。志愿者在服务中除了能够使用联合国规定的五种通用语言,还需要能够使用平时很少接触的小语种,比如柬埔寨语、越南语、韩语等。当时由市文明办、市外办和市志愿者协会组成志愿者部,负责选拔和管理APEC会议志愿者,我担任组委会志愿者部部长。我们从上海外国语大学、上海外贸学院、上海对外服务公司的学生和员工中招募志愿者,很多国外驻沪机构商社的白领也积极报名。当然,志愿者不是报名就可以当的,而是要经过笔试和面试,从4 000多名报名者中筛选出来的。面试那天我们很感动,有家长送孩子来的,男朋友陪女朋友来的,新婚夫妇一起结伴来的,他们都希望能当上光荣的APEC志愿者。这些具有专业语言能力的志愿者在出色地完成了APEC会议的志愿服务后,有相当一部分被保留下来。在这个基础上又组成了上海志愿者协会国际文化交流志愿者总队。至此,我们有了一支基本队伍,以后可以在这个基础上扩大招募。这支队伍在后来的涉外事务服务中发挥了很好的作用。直到世博会,还有很多志愿者会谈起当年参加APEC会议服务的美好回忆。

访：APEC 会议的志愿服务确实是一个非常成功的案例，可以为后来大型国际会议和国际赛事的举办提供宝贵经验。

陈：是的。世界夏季特殊奥林匹克运动会发源于美国，2007 年特奥会第一次从美洲大陆走出去，来到亚洲，由一个发展中国家——中国承办。这不仅是一个体育赛事，还对中美关系有着重要的影响。当时的中国也很需要一个机会和窗口向世界展示中国开放的信心。但是很多外国的组委会成员对中国的志愿服务不太了解，对我们能否做到像美国那样举办赛事有些担心。当时我担任执委会志愿者和社会动员部部长，就把上海的志愿服务给他们作了详细介绍。他们一听，发现原来中国特别是上海的志愿服务已经颇具规模和体制，并且在以往的实战中表现良好就放心了。后来他们再也没有质疑过志愿者部的工作，最后也给予特奥会志愿者很高的评价。国际特奥委会主席蒂姆·施莱佛表示："他们表现得非常棒、非常细心，而且很有耐心。可以说，没有他们，就没有特奥会运动员的成绩。"他还肯定了志愿者在语言、特奥知识等方面的专业素质，强调他们的责任心，说"他们总是对运动员微笑，寸步不离地照顾他们，没有丝毫嫌弃运动员的表现"。

那次志愿服务工作完成得非常出色。参加特奥会的 165 个国家和地区的代表团，7 291 名运动员、2 302 名教练及 2 万多名运动员家属、专家学者、政要、贵宾，1 381 名中外记者，都享受到热情、周到的志愿服务。回过头来说，特奥会的志愿服务也为三年后上海世博会的志愿者工作奠定了基础，提供了借鉴。我记得当时在全市一共征集了 4 万名特奥会志愿者，身穿橙色服装的志愿者成为活跃在上海各区县的一道道亮丽、温馨的风景线。因为特奥会不是集中在一起比赛，它的比赛活动在各区县的体育场馆举行，运动员的住宿也安排在各区县，地点非常分散。当时规定陪同的家长不能和运动员住在一起，但运动员都是智障人士，所以他们从生活起居到赛场比赛，再到游览观光，都必须有志愿者陪同，而且是一对一的陪同。这些志愿者的工作做得非常到位，他们大多是大学生和青年职工，在家里都是独生子女，不用洗衣做饭，但现在却担起了"保姆""哥哥""姐妹"，甚至"老师"的职责。特奥会志愿服务的经历让他们看到自身的力量和价值所在，他们心中美好的东西被激发出来，也提高了动手能力。因为特奥会的志愿服务是很具体的，要帮运动员穿衣服、系鞋带，甚至帮他们吃饭、洗澡。志愿者需要提前很早在宾馆门口等候，每天把他们送到场地，比赛结束再接回宾馆，等他们休息后才能离开。在赛场上，志愿者都是要陪同的。运动员有时候会闹情绪，比如你拿到金牌了，我为什么没有拿到金牌？志愿者还要照顾和安抚他们。这段时间的朝夕相处让这些运动员和志愿者结下了深厚的感情，离别的时候大家都拥抱在一起，流下了动情的眼泪。为运动员送行的场景特别感人，志愿者和坐在大巴上的特奥会运动员，隔着车窗玻璃，手贴着手依依惜别。在月台上、在机场大厅的离别画面也感动了现场的家长和旅客。中国人的热情好客，特别是中国青年的文明风貌在这次特奥会得到了充分展现。

很多家长后来给我们来信，说孩子参加特奥会志愿者服务以后更懂事了，懂得尊重人，也学会了做家务、关心人。通过这个经历，他们在志愿服务中看到了自身的价值和闪光点，也学会了换位思考。这就是为什么说志愿服务是一种道德实践，只有亲身参与，才能领悟其中珍贵的价值和理念。特奥会志愿者的经历让这些孩子的精神世界得到成长，家长也非常感慨。后来我们选了一些志愿者代表组成特奥会志愿者报告团，到高校、社区进行巡回宣讲，讲经历、讲故事、讲心灵成长，取得了很好的效果。

访：听您讲这些往事，能够感受到当时上海开展志愿者活动的热情和氛围。特奥会的志愿服务在一定程度上也向世界展示了上海的城市文化和城市精神，诠释了在现代城市文明中人与人之间一种可贵的、源自内心深处的人文关怀。

陈：不仅是重大活动，在重大事件中也有志愿者的身影。2003年的"非典"突如其来，当时是很危险的。"非典"时期工作的一个重点是帮助市民掌握科普知识，树立良好的卫生习惯，做好疾病预防。其实也是一个提高市民素质的时机。当时一位市领导在出席市委常委会后，要求市文明办牵头在三天之内编出一本浅显易懂、图文并茂的卫生宣教小册子，并发放到每个市民家庭中。我们就连夜在上海健康教育所开会，邀请了一些卫生防疫专家和报社的记者编辑。大家都是以志愿者的身份通宵达旦，连续作战，从图文编写、资料查考到排版印刷，三天内成册，并送到全市的市民家庭中。这就是非常时期用非常之力。我们不取报酬、没有稿费，都是志愿服务。当时规定所有从疫区过来的人，必须居家观察一个星期，如果发热马上送医院。如何有效地监管和为他们提供生活服务呢？这件难办的事情就落到了我们社区干部和社区志愿者身上。他们搬个小凳子坐在楼栋前，如果有居家隔离者出来，他们就会劝说，"为了你和他人的健康，希望你能够自觉居家。"志愿者都是本小区的熟人，比较好做工作。居家人员的日常生活必需品也是志愿者帮忙采购。隔离者从楼上用绳子把一个篮子放下来，里面放上钱，写明需要买的东西，志愿者就去买，再放入篮子吊上去。只要有人需要，我们就会这样做。其实，这也诠释了我们守望相助的优秀传统文化。在这种非常时期，让整个社会都感受到医务人员和志愿者的付出，感受到防疫工作也是有温度的。

访：您讲的例子很有说服力，有温度的志愿服务在重大公共事件中不仅是社会治理的有效方式，更是获得社会认同的重要途径。这个温度是人心的温度，也是城市的温度、文明的温度。

陈：当遇到重大灾难事件时，志愿服务总是冲在前面的。2008年5月12日汶川大地震，那时我正在无锡华东疗养院体检。央视播出的惨烈情形触目惊心。突如其来的灾难，那么多受灾群众丧失生命、丧失亲人、无家可归，我们到底能为他们做些什么？我就和同时在体检的上海航空公司的总经理、原团市委副书记商量，决定派志愿者去受灾现场开展心理干预。他说，上航可以免费接送志愿者，还可以用民航的工作关系让飞机在绵阳机场降落，解决志愿者在当地的住宿和交通问题。回沪后，首先，由协会组织义务献血，短短两三天就有1万多名市民报名献血。后来接到通知说，献血由国家卫健委统一组织，这个事情就没做成。然后，我们马上组织心理干预的志愿者。我们和上海市心理咨询行业协会、上航、绿地集团一起来做这件事。心理咨询行业协会和志愿者协会组织报名，组建心理志愿者队伍，绿地集团出资提供志愿者的必备物资（包括帐篷、服装、行李包等），上航免费提供机票。经过挑选，最终由15名具有国家二级心理咨询师资质的志愿者，组成了上海抗震救灾心理干预志愿服务队。我们文明办也有工作人员，还有《解放日报》和上海电视台等媒体的记者一起随队到灾区去。

出发那天，我们在上海图书馆举行了出征仪式，由我作为领队率队出发。这个工作得到了时任市文明办主任的支持，市人大领导同志授旗，市委宣传部、市教委领导同志也出席了仪式。出征仪式后，我们就出发到绵阳。为此我们还向中央文明办报告，得到了中央文明办的同意，并要求四川省抗震救灾指挥部给予支持。当时绵阳市文明办接待我们，安排我们在绵阳体育馆开展心理干预。当时体育馆安置了2万多名受灾群众，情况是很惨重的，几乎每个家庭都有亲人离去，有的失去了兄弟姐妹，有的失去了父母，有的一家三代人就只剩下一两个人。得到安置后，他们的心理出现了各种问题，需要马上进行心理干预，给予心理指导。当时全国各地的支援物资都到了，而我们作为一支有组织的社会力量也加入其中。在当地党委和政府的指导下，我们迅速进入角色，一个个、一户户、一个点位一个点位地谈，经常工作到深更半夜。体育馆是灾民的住宿地，基本上一个点位就是一家人，有的一个人，有的两个人，每家每户都有悲剧。有的心理咨询师听了那么多悲惨的故事，自己也接受了心理疏导。我们还专门针对孩子组成心理健康帐篷学校，让他们在里面做各种心理干预的游戏、开展各种各样的活动，引导他们摆脱忧伤，恢复儿童的天性，逐步帮助他们恢复正常的生活状态。当时我们是做好了艰苦作战的准备的，都带着宿营帐篷和各种应急物品，但是到了那里以后，绵阳机场管理局对我们很照顾，机场驻军的武警把他们的床铺让出来给我们住，他们自己打地铺，还给我们提供一日三餐。吃完早饭后他们用车把中饭和晚饭送到体育馆，我们就在马路边蹲着吃。在绵阳我们还经历了一次最大的余震，震级为 6.4 级。当时我们沉浸在心理干预的过程中并无觉察，而灾区群众有经验、有预感，他们拉着我们就往外跑，唯恐体育馆倒塌。当时，门梁上的水泥直往下掉，当你往外走时，前面好像变成一堵墙，一直摇晃，让你迈不开步、走不出去。体育馆外面贴着很多寻人启事，有的大学生从外地学校赶回老家，有找父母的、有找爷爷奶奶的、有找兄弟姐妹的，令人唏嘘不已。

我们在那里一共待了 10 多天，这是第一期。其实第二期、第三期我们都准备好了，但是没能够去成，因为当地预测可能要发生堰塞湖溃决，为了保护志愿者，就没有让我们再去。在那里我们也遇到了上海第一人民医院医疗队，还有其他医院的医疗队，都是医疗志愿服务队。2013 年雅安地震，市文明办和协会又组织了心理干预志愿者服务队到雅安去，还是我带队，主要是为受灾的中小学生开展心理咨询服务。

访：及时的心理干预在救灾中尤其重要，但容易被忽视。灾区失去亲人的家庭和孩子确实太需要上海这支心理干预志愿服务队了。您之前讲到除了重大活动、重大事件，志愿服务活动的发展还有一条轨迹，就是在社区建设中开展。

陈：是的，在加强社区建设中顺势而为是发展的第二条轨迹。社区的志愿服务是我们这座城市志愿服务体系中最日常、最基础、最重要的部分。还是得从20世纪90年代讲起,当时上海提出了城市管理体制的改革创新,要建设"两级政府、三级管理、四级网络"这样一个新的城市管理体系。市委连续召开多次会议推进地区工作,开始叫城区工作会议,到1995年第三次工作会议就改为社区工作会议了。所以社区作为上海城市管理系统的第三级,是力量倾斜的重心,整个城市管理重在第三级管理。这个时期,我们也同步提出了文明社区的创建,从文明小区到文明社区到文明城区,这是整个上海群众性精神文明创建最富创造力、最活跃的时期。

在大力推进社区精神文明建设的热潮中,社区志愿服务得到了极大的发展。当时的口号是"社区是我家,共同建设它"。从当时市民的愿望来讲,老百姓要追求美好生活,安居乐业就是最直接的愿望和需求。所以当时广大居民和社区单位也很积极,以志愿服务的方式组建了各式各样的服务团队参加社区建设。据20世纪90年代初的统计,就有超19.4万名志愿者,利用双休日和业余时间开展最传统的邻里互助活动,当时叫"邻帮邻,户帮户"。后来就形成了10多个方面的志愿服务项目,比如法律援助、护绿保洁、帮困助残、医疗咨询、治安巡逻、就业指导、家庭帮教、思想教育以及文化娱乐等。

访:这些志愿服务项目中,您印象比较深的是什么呢?

陈:有一件事情到现在我还记忆犹新。1998年,我们在社区精神文明建设中发现上海有7259户老养残家庭,就是家里的老年人至少有六七十岁了,而他们的孩子是重症残疾人,也四五十岁了,没有结婚,跟着父母生活。这些老年人不缺钱，缺的是精力体力照顾这些重症残疾的子女。我们把这样的家庭叫作"7259"。当时市文明办就和市残联、市民政局一起开展了"7259"帮老助残行动，主要对7 259个老养残家庭中经济能力有限的3 500多户提供了定人、定点、定内容的志愿服务。另有近3 000户家庭，经济比较宽裕，可以通过请保姆、护工的方式自行解决。我们就让志愿者定时上门照顾残疾人，刚开始是帮助搞个人卫生，比如，洗澡、洗头、整理家务等。后来很多志愿者有感情了，就主动开展了超范围的服务，比如，帮他们买菜做饭等。这个事情当时在全市产生了很大影响，并得到了持续开展。

在创建文明小区所开展的志愿服务中，越来越多单位的志愿者也深入自己所在地区的小区，为弱势群体提供志愿服务，体现了志愿服务的就近、就便原则。当时也开展了文明共建，到小区开展志愿服务也成为社区共建的一个重要形式和重要途径。比如，当时电力公司的志愿者，针对物业专业技能缺乏的情况，到小区对物业进行电力维修培训，免费提供维修课程。还有自来水公司的党员、团员志愿者利用周末、节假日，无偿到一些居民区铺设管线，让自来水流入千家万户。当时，居民围着志愿者递烟、送茶水的场景非常感人。我也和他们一起参加过几次义务劳动，能感受到那种氛围。后来，由参与社区共建的单位进入小区、社区开展志愿服务，就成了很普遍的事，逐渐形成了"共同建设美好家园"的氛围，还形成了"党员干部带头帮、社区干部热情帮、邻里互助结对帮、社区单位积极帮"的格局。当时我们在文明单位创建中也对开展社区共建提出了要求，这也有利于社会力量向社区倾斜。

第三条轨迹是在促进城市建设管理中乘势而上。20 世纪 90 年代起，按照"几个三年滚动发展"（一年一个样，三年大变样）的要求，上海的城市建设进入超常规发展的新阶段，后来又进一步向加强城市管理方向发展，提出了"建管并重，重在管理"的要求。在这样一个城市建设和管理大发展的时期，志愿服务如何发挥作用呢？从 1999 年起，市文明办连续多年组织数以万计的志愿者和文明单位的员工参加大型公共绿地的建设。上海城市建设经历了从拆绿建房到拆房建绿的过程。当时新建了很多市区绿地、郊区的绿化带。在奉贤的海湾镇，每年众多文明单位都组织志愿者到那里营造志愿林、世纪林、文明林。每逢植树节前后，好多大巴往海湾镇开，成千上万的志愿者就带着铁锹等工具、穿着高筒靴去植树。我记得还有很多新婚夫妇到那里种纪念树，几年后再带着自己的孩子到那里看。当年很多领导干部也带头参加过绿化活动，当时的市委副书记、组织部部长，党政机关干部，文明单位的领导和员工都是以志愿者的身份和我们一起去的。现在的海湾镇已经形成了绵延数公里的人造森林，蔚为壮观。

访： 2022 年有不少新闻提到了在上海有 20 多年历史的市民巡访团，您能谈谈这支至今依然活跃的志愿者团队吗？

陈： 它是一支特殊的志愿者队伍。最初由市文明办、市政委、市爱卫会指导和管理。上海的爱国卫生检查工作起先是由市政府领导带队，各有关部门负责人参加的。后来觉得应体现市民的参与，更有利于工作改进，就组建了以杨承义老先生为团长的市民巡访团。再后来，由于主管单位的撤并变化，时任副市长就与我商量是不是让市文明办作为主管单位来管理。我说可以，改个名叫上海市精神文明建设市民巡访团。这个巡访团不仅可以参与地区创建的环境管理，还可以参与行业创建的服务管理，把它作为精神文明建设的一支重要力量，结合精神文明建设的任务开展活动。后来它就成为市志愿者协会的一个直属总队。这也是上海在志愿服务活动乃至精神文明建设中的一个创造。

2003年起，市民巡访团在市、区、街镇三级普遍成立，巡访员是由退休干部、教授、工程技术人员、人大代表、政协委员，还有热爱公益活动的一些居民组成的。这些巡访员以志愿者的身份走街串巷，听呼声、找问题、提建议、促创建。后来我们又与上海电视台新闻坊节目合作，每天在新闻坊节目都可以看到、听到市民巡访团在巡访，在查找问题、发现问题、提出解决问题的建议，然后反馈给有关部门进行整改。找问题的叫作"啄木鸟"，有关部门组织整改后产生成效给予表扬的叫作"报春鸟"。这个栏目也是上视新闻坊里收视率最高的栏目之一。

后来在迎办世博会期间，我们又进一步开展市民巡访活动，会同国家统计局上海调查总队开展城市文明指数和行业满意度指数的测评。我们对市民巡访团自身建设也很重视，要求巡访团要有规矩，注意自身形象，发现问题后要通过文明办向有关部门反映整改。所以我就要求协会秘书处认真制定了市民巡访员守则、市民巡访团活动条例。由于巡访团人员流动性很大，我们每年都要组织培训，提高巡访员的政策水平、专业素养及能力。当时，围绕城市管理及行业服务，我们每年组织约10万名志愿者，在地铁沿线、公交站点、主要交通路口开展文明宣传，维护秩序，倡导红灯停、绿灯行，先下后上，文明让座，劝阻不文明的行为，开展行业满意度测评。2004年起,我们围绕"文明行路、文明乘车、文明游园、文明用厕"四大内容开展了"与文明同行,做可爱的上海人"主题实践活动。那时我们每天组织地铁志愿者、交通文明志愿者开展志愿服务。同时还与市绿化市容局一起在公园绿地普遍建立了志愿者工作室,把绿化和文化结合起来,特别是依靠志愿者管理公园和绿地,开展群众文化和体育锻炼活动。

2000年初,一位离休干部率先组织长期在静安公园活动的文体团队的老年人,成立了"七不"宣传志愿者护园队,编写了"七不"歌,动员游客自觉维护公园环境,共同创建文明公园。此后,公园又与所在静安寺街道签订了"精神文明共建协议",进一步加强对公园游客晨练秩序、志愿者队伍的管理。当时,静安寺街道文明办向我汇报了这个做法。经过多次实地调研,我们感到它有普遍推广价值,就及时与市绿化市容局和静安区有关部门一起召开了现场会,充分肯定了"公园 + 社区 + 志愿者"三位一体的管理模式,并在全市公园推广。之后进一步作为文明公园建立的具体制度推进,在全市各公园建立了30多个志愿者工作室,有2万多名志愿者参与公园绿地的管理。2005年起,随着上海公园绿地的免费开放,进一步依托志愿者,引导公园绿地文化体育团队的活动健康有序开展,并举办了全市公园绿地志愿者团队的文艺汇演。我们把这种公园的专业管理与依靠志愿者对游客进行群众性"自我教育、自我管理"相结合的方式称为"绿化 + 文化"。

访:这种"绿化 + 文化",专业管理与"自我教育、自我管理"相结合的方式后来在文明公园创建中的成效如何?

陈：后来有一件事情证明了它的成效。当时全国的公园陆陆续续免费开放，很多地方都出现了一些问题，但上海的公园管理还是很稳定有序的。这和园林绿化主管部门有意识地运用志愿者力量和志愿服务的方式管理公园是有很大关系的。从文明办的角度，志愿者和志愿服务也是提升市民素质、提高城市文明程度的一个重要途径。所以说，上海的志愿服务如同水银泻地，哪里有需要，哪里就有志愿者。不管是社区的志愿服务，还是城市建设管理行业的志愿服务，都是这样。有时间做志愿者、有需要找志愿者成了一种社会风尚。

访：上海的志愿服务沿着这三条轨迹，走过了世纪之交，经历了那么多重要活动和事件，也伴随着这座城市的发展继续焕发它的生命力。您之前讲到上海志愿服务发展阶段划分的一条主线是迎办2010年上海世博会，这期间的志愿服务有什么新的特点和成绩呢？

陈：迎办世博会期间，上海的志愿服务取得了新的、更大的发展，队伍建设、服务领域，以及活动方式都发生了很大的变化。可以说迎办世博会成了精神文明建设"两提高"（提高城市文明程度、提高市民素质）工程和志愿服务工作的一条主线。这里我想讲几件事，一件是2002年12月申办世博会成功。当时在摩纳哥的蒙特卡洛，我们的代表团吃不准是否申博成功。这一天我们也做了两手准备，在南京路世纪广场准备了一个庆典。但是万一没有成功，怎么办？我们预先把大批志愿者集中在福州路的天蟾逸夫舞台，庆典的指挥部就设在世纪广场对面的旅游大厦。当时有关部门的领导在那里等待消息。时任外宣办副主任从申办现场打电话说，"成功啦，成功啦。"于是，我们马上把剧场的志愿者全部召集到世纪广场，既有高校学生志愿者，也有行业社区的志愿者。现场彩旗挥舞，志愿者们喜笑颜开、高声欢呼，把头上的帽子、手里的气球往天上扔啊，放啊，世纪广场瞬间成为欢乐的海洋。没过多久各大报纸也都出了号外，我们就在南京路上发号外。可见，精神文明建设和志愿服务就是民众的力量、党政的力量，我们始终都是心连心的。申博成功非常鼓舞人心，这是中国的光荣，也是上海的光荣、上海市民的光荣。

访：迎办世博会是推进精神文明建设一个非常重要的契机。

陈：是的。2004年4月23日，市文明委发布了《上海迎世博文明行动计划》。这个计划对"两提高"赋予了新的内涵。比如，它提出了确切的目标，要守秩序建法治之城、护环境建生态之城、讲卫生建健康之城、有礼貌建礼仪之城、重信誉建诚信之城、爱科学建学习之城、献爱心建友善之城，体现了2003年上海城市精神大讨论的愿景。这些目标都关系到志愿服务可以进入并大显身手的领域。我们意识到将面临重大机遇，要让我们的志愿者、志愿服务成为迎办世博会的重要队伍、重要方式和重要力量。

访：迎办世博会的经历体现了上海志愿服务事业在21世纪的进步。后来，党的十七大提出"完善社会志愿服务体系"的新要求。在这一方面，上海又有哪些突破？

陈：在 20 世纪 80 年代到 90 年代持续开展的基础上，上海对志愿服务的认识和实践也在不断深入。到 2005 年，从国家层面看，整个大背景、大环境发生了非常积极的变化。党中央、上海市委对志愿服务高度重视。志愿服务在推动道德实践，包括当时提出的开展社会主义荣辱观的教育，一直到后来提出的社会主义核心价值体系建设上的作用日益明显。中国特色社会主义建设从原来的"两位一体"到"三位一体"再到"四位一体"，后来到"五位一体"，都对志愿服务提出了明确要求。不管是从全国还是从上海来看，都提出要进一步健全、完善社会主义志愿服务。党的十七大和十七大之后的几次全体会议，都强调要完善志愿服务体系，大力开展学雷锋和志愿服务。

在这种情况下，我们应时而动，做了一件有长远意义、有现实针对性的事情，就是 2005 年由市文明办起草、市文明委下发的《关于进一步推进上海志愿者活动的意见》（简称《意见》）。当时的市文明办主任和我主持了整个《意见》的起草过程。市委领导始终关注并亲自修改《意见》。现在看来，这是一个很经典的、有前瞻性、代表性，而且管用的文件，一直引导着上海志愿服务事业的发展。有些工作已经取得了非常明显的成效，有些工作还在进一步地开展。《意见》提出了一些既管当前，又管长远的要求。比如，在正确把握志愿者活动的指导思想、总体目标和主要任务方面，《意见》提出要围绕七个方面进一步加强志愿者的工作。这七个方面分别是健全组织、完善管理、壮大队伍、整合资源、合理使用、提高效率、扩展领域，从而形成上海志愿服务事业发展的新格局。《意见》明确指出，围绕 2010 年上海世博会，充分发挥市志愿者协会在全市志愿者活动中的管理组织作用，以开展社会公益、城市公共管理和社会援助活动为主要内容，努力实现"六个化"（专业化储备、规范化培训、品牌化培育、项目化使用、信息化支撑、社会化运作）的发展。通过这六个方面的努力，把上海的志愿者活动提高到一个新的、更高的水平。

其实《意见》蕴含着一个重要的思想，就是要加强志愿服务的制度化建设，建设上海的社会志愿服务体系。《意见》同时提出了进一步推进志愿者活动的主要任务，就是完善志愿者管理组织体系。其中包括切实发挥各级、各类协会的注册和管理作用；明确市志愿者协会的主要责任，明确提出要对全市的志愿者工作进行规划、管理和指导，不是脚踩西瓜皮滑到哪里是哪里，也不是任其自由发展。对各区县系统的志愿者工作要统筹协调，要制定全市志愿服务的重大活动项目和保障系统，其中包括建立志愿者的数据库、实施志愿者的联网管理等。

访：现在回过头看，从2005年至今，上海志愿服务事业取得的重大发展，都是和《意见》的规划和要求分不开的。

陈：这个《意见》最大的意义就是谋划长远，从顶层设计上明确整个上海志愿服务的指导思想、总体目标，包括它的组织体系、工作载体和运作方式等。比如，在构建志愿者活动的组织体系方面，《意见》明确提出要社会化参与，积极尝试志愿服务项目委托授权认领。这在当时是一种创新的方式，项目可以委托开展、授权开展、认领开展。要提高各级、各类志愿者团队的自我管理、自我服务、自我提高的水平。要搭建社会各界参与的公共服务信息交流平台，建立上海市志愿者协会的网络（后来发展为上海市志愿者网），包括各区县建立相应的网站、网页，积极探索信息化支撑的新机制,实施全市志愿者联网管理。这是组织体系的建设。

在创新工作载体方面,明确提出要巩固和发展社区服务,包括帮老助残、帮困助学、医疗救护、就业指导和环境整治等。除了传统的志愿服务项目,还要发展国际交流、国际援助、大型活动、科学普及、法律援助和心理咨询等新的方向,一共提出了14类需要巩固和发展的主要方向。要确立一批志愿服务的重点领域,建立和完善一批志愿者活动的服务基地,鼓励公共场所、公益事业部门申请设立志愿者活动的服务基地。要形成一批推进的项目,培育一批示范团队,打造一批品牌项目,引导全市志愿者服务项目向社会化、规范化、信息化方向发展。在规范志愿者活动的运作方式方面,也提出了要规范志愿者注册流程,规范全市重大活动志愿服务的调配机制,建立志愿者教育培训机制等要求。所以后来才有每年的志愿者培训,志愿服务组织者的培训,志愿者培训教材、课件的编制等工作。要完善志愿服务的绩效考评,加强对服务项目的评估,形成有利于调动志愿者积极性的机制。

《意见》发布后,志愿服务在全市广泛开展,规模更大、领域更广、类型更多样,尤其是进一步加强对全市志愿服务的顶层设计、整体格局、体制机制,以及志愿者组织的建设,有力地保障了2007年上海特奥会,以及后来2010年上海世博会的成功举办。特奥会以后,志愿服务就开始准备迎办世博会服务。《意见》提出的目标、任务和要求具有很强的指导性,对以后上海志愿服务的发展起了非常重要的引领作用。

访:迎办世博会期间除了《关于进一步推进上海志愿者活动的意见》,还有哪些关于志愿者和志愿服务工作的重要文件?

陈：这里要提一下《上海市志愿服务条例》(简称《条例》)。从保障的角度看，2009年世博会前夕，《条例》的制定进入市人大立法程序。这件事听上去好像很平常，但其实要进入人大立法程序并不容易，尤其是立马要进入程序是很难的，通常要排很长时间的队才能进入。但是2010年世博会的举办迫在眉睫，《条例》必须马上进入程序。所以在时任市委书记直接关心下，《条例》进入市人大立法程序。我代表市文明办与团市委、市民政局、市法制办负责人和有关部门的同志一起参与了《条例》的起草和修改工作。《条例》从立法上对志愿者、志愿服务组织、志愿服务活动进行了定义及定位，包括政府对志愿服务承担的职责、应该提供的支持，社会对志愿服务应该持有的态度，志愿服务组织如何加强自身的管理等，都作了明确的规定。可以说，《条例》从立法层面对志愿服务的理念、发展做了高度总结和概括，特别是关于全市志愿服务工作，到底应该由谁来统筹协调。人大的文件一般是不对市委部门提出要求的，通过协商，最后找到了一个大家都能接受的办法，由市文明办主管的上海志愿者协会承担全市志愿服务的统筹协调工作，并作为志愿者权益的代表和维护者。

在《条例》的起草、修改过程中，大家对政府部门，特别是民政部门的定位争议较大。一种意见认为，志愿者是党的群众工作力量，应该由党来统筹协调。20世纪80年代，特别是90年代以来，上海志愿服务一直是由文明办统筹协调，工青妇、民政、教委和其他有关部门参与工作，所以主张由文明办来统筹协调，民政从政府行政管理的角度加强对志愿服务社团的管理监督，代表政府对志愿服务给予支持。另一种意见认为，应该由民政部门统一管理。市人大法工委、内司委赞成第一种意见。《条例》的起草、讨论、审议等过程，我都参与其中。后来市人大常委会在审议表决过程中，明确由市文明办领导市志愿者协会统筹协调全市志愿服务，民政局履行政府对社会组织的行政管理职能。2017年，国务院制定颁布的《志愿服务条例》也明确指出，国家和地方精神文明建设指导机构建立志愿服务工作沟通协调机制，加强对志愿服务的统筹规划、协调指导、督促检查和经验推广。2017年，国务院制定颁布的《志愿服务条例》和2009年上海制定的《条例》的内在精神是一致的，这是从中央层面肯定了上海的做法。

访：由此看来，上海在志愿服务发展方面确实做了许多首创性的工作。提到迎办世博会，《上海市志·宣传卷》是这样记载的："2010年上海世博会志愿服务工作是中国有史以来规模最大、持续时间最长的一次志愿服务行动，是上海乃至中国志愿服务事业发展的一座里程碑。"请您再作一些具体的介绍。

陈：迎办世博会可以说是一个空前的考验，我们要交出一份满意的答卷，把它作为上海志愿服务发展的大检阅、大考场和大学校。因为迎办世博会的时间跨度很长，迎世博会600天，办世博会184天，甚至在迎办世博会之前，我们已经制定了"迎世博文明行动计划"。当时世博会的口号是"城市，让生活更美好"；志愿者的口号是"世界在你眼前，我们在你身边"。上海的志愿服务经历了那么多重大活动的锻炼和考验，一定要抓住这个机会，让上海的志愿服务更上一层楼，提升到一个新的、更高的水平。在迎世博会的前期，世博局首先在前期成立了由市文明办、团市委参与的志愿者部。后来全市又成立了三个指挥部：社会动员指挥部、城市管理指挥部和城市服务指挥部。这三个指挥部分别由市委、市政府相关领导挂衔领导，我代表文明办分别担任了社会动员指挥部办公室主任和其他两个指挥部办公室的副主任。由社会动员指挥部及办公室具体负责迎世博会的社会动员工作，包括志愿者工作。

访：在迎世博会前期，志愿者部做了哪些工作呢？

陈：一个是征集制定志愿者的口号和徽章、组织创作志愿者主题歌曲，设计和制作志愿者的服装。后来我们还拍了以世博会志愿服务和志愿者为主题的电影、电视、广告和话剧。这种宣传和传播志愿服务文化的力度是空前的。随着世博会开幕时间的临近，世博会执委会建立了志愿者部，由市文明办主任担任部长，由团市委书记、市教卫工作党委副书记、世博局副局长和我担任副部长。志愿者部下设三个组，分别是园区志愿者、站点志愿者和城市文明志愿者。我分管站点和城市文明志愿者工作。

园区志愿者组（也是世博局志愿者部）一共组织了19965名志愿者，以大学生为主，主要以高校为组织单位，成建制组织了13批次的志愿者，包括同济大学、复旦大学、华东师范大学、上海交通大学等。从2010年5月1日世博会开幕，到10月31日闭幕，志愿者共提供了129万个服务班次，每班6个小时，共计1 000万个服务小时，为4.6亿人次的游客提供了志愿服务。为什么说这是一次大考验，因为超长周期。以前的重大活动一般只有7天，最多两个星期，比如，第28届北京奥运会是15天，残奥会是15天。上海世博会厉害了，是184天的超长周期，还有7 300多万人次的超大客流量,是双重考验。所以,整个上海志愿服务的机制、队伍和能力,在这样一种非同寻常的考验中得到了进一步巩固和加强。志愿者成为这个城市最可爱的人、最亲切的称呼和最时尚的身份,并且得到了党和国家领导、上海的党政领导、国内外参观者和上海市民的高度赞誉和普遍认可。

因为园区志愿者穿的是绿色的标志服,所以市民们亲切地称他们为"小白菜"。世博会志愿者服装配套很齐全,因为时间跨度长,经历了春天、夏天和秋天,所以服装有T恤、马甲、外套、长裤和风衣,还有配套的水壶、帽子和标识。13个批次的高校志愿者还添加了自己的标识。世博会结束后,志愿者最热衷做的就是交换徽章。他们回到学校后,学校和学校之间也互相交换,这成了当时的一种时尚。园区志愿者主要提供问询服务,包括秩序引导、文明劝导、游客协助、语言翻译、要客接待,以及媒体服务、心理咨询等,随处可见、随时服务。志愿者也成了世博会园区的"明星",有很多游客会拉住志愿者说,"一起拍个照吧"。许多志愿者都感到很光荣。

访: 当时站点志愿者和城市文明志愿者具体承担什么工作呢?

陈: 我们在世博园区以外的主要集散地和无锡、太仓、昆山设立站点,一共建了205个外建服务站(志愿服务亭),790个内设服务站,287个延伸服务点,提供信息咨询、翻译和便民服务。一共有来自社区和单位的100 228名志愿者参加了站点服务,每天上岗人员约6 000名,服务市民和游客人次超过2 436万。因为他们穿的是蓝色的标志服,所以大家亲切地称之为"小蓝莓"。

城市文明志愿者就是要让广大市民参与其中，通过广泛的志愿服务提升市民素质和城市文明程度。所以我们组织了"八大行动"，分别是世博宣传、窗口服务、交通文明、清洁城市、平安世博、文明游园、市民巡访和社区帮扶，涵盖全市所有公共场所和市民生活的方方面面。让人人都可以为成功举办世博会出一份力，献一份爱。据统计，一共有198万名城市文明志愿者参与了"八大行动"，为整个城市的环境文明、秩序文明、服务文明水平的全面提升作出了贡献。2009年4月开始，每个月会开展"三五集中行动"，也就是每个月的5日、15日、25日会开展相关活动。每月5日是窗口服务日，口号是"微笑的城市、满意的你"，旨在提升窗口服务质量、整体形象、工作满意度，展现上海国际大都市风采的服务品牌、服务标杆。游客下飞机、下火车马上就会经历窗口服务，窗口服务遍布机场、出租车、公交车、商店和公园等场所。15日是清洁环境日，口号是"洁净的城市，可爱的家"，主要是针对一些不文明行为开展宣传教育工作，开展卫生责任区创建和大型户外活动环境卫生承诺制，让大家能够自觉维护环境卫生。25日是公共秩序日，口号是"和谐的城市，谦让的你"，倡导文明出行、文明驾车、文明停车、文明让座、文明乘车、文明排队和文明乘电梯（左行右立）等七个方面的内容。"三五集中行动"很有针对性，口号也很生动、有吸引力，能拨动市民的心弦。

据统计，有1 500多万人次的志愿者和普通市民参与了"三五集中行动"，他们的足迹遍布上海各个角落。精神文明建设需要覆盖的眼光，绝不是东边不亮西边亮，选几个先进典型宣传宣传就完了，它必须变成公众的、大家的行动，覆盖城市的每个层面、各个角落。尽管这样做很辛苦、很费力，但是很值得。借助大型活动的"东风"由志愿者率先示范，带动广大市民推动精神文明建设，这样市民也容易接受。

除了"三五集中行动"，我们在世博会开幕后，于2010年的6月又开展了"文明观博"行动。由市民巡访志愿者进园区，巡访来自全国各地的旅游团队"文明观博"的行为，共形成了20期报告，并汇报给市委领导、世博局，以及三个指挥部，然后再有的放矢地加强相关工作。整个世博会秩序井然、环境整洁，连公共厕所都非常干净，充分展示了上海的城市文明程度。

访：从园区到站点再到整座城市，世博会的志愿服务工作完成了一场大考，并交上了一份满意的答卷。

陈：世博会成功举办后，落下帷幕的最后一晚的场景，历历在目。当最后一批次的志愿者在最后一晚自觉、自发地在世博园区各出口排成两行队伍欢送最后一批游客时，很多游客情不自禁地对着我们的志愿者竖起大拇指，和志愿者拥抱，感谢他们。志愿者也流下动情的眼泪，唱着志愿者之歌欢送他们。当天晚上，组委会的领导巡视完已经没有游客的园区后，我们在园区的宝钢文化中心举行了一个志愿者的庆祝活动，领导们和志愿者代表们齐聚一堂，志愿者情不自禁地唱歌跳舞，上台谈感受、说感悟。市委书记上台讲话，对志愿者的出色服务表示感谢，最后非常动情地说，"我真想拥抱你们。"我们看到了大家发自内心、真情流露的一面。令人感动的还有那晚很多游客走出园区门口，人流量很大、很集中，公交车来不及运送，很多出租车司机就说，"我们带你们走，不收钱。"那个时候，所有人都有一种荣誉感，愿意奉献！

访：在迎办、举办世博会期间，志愿者工作有很多成功的创新，非常值得总结。你们用心做了，所以有很多切身的体会和感受。

陈：世博会志愿服务工作在组织管理、后勤保障、动员接力和市场化运作方面都有创新，包括志愿者部的组成、领导和分工，志愿者的注册管理、志愿服务的后勤保障，以及在这次特大型活动中的开拓创新、实践经验，都是非常有启发的。当时还采用了现代化的通信技术和信息技术，对于长时期面对如此众多的服务对象、处理如此繁多的服务内容提供了有效支持、提升了服务水平。

我认为，世博会志愿服务"组织化＋社会化"的运作模式非常有中国特色、上海特点，即传统的组织优势加社会优势，动员广大民众和社会各层面参与。从总结的角度讲，最初的说法是"半行政化半社会化"，现在看来，用"组织化＋社会化"概括更好。上海世博会的志愿服务长达184天，经费上市政府财政支持了1亿元，社会募集资金也达到1.2亿元，最后剩下的5 000万元是社会援助的，是不能回到财政的。所以这笔钱就成为以后市志愿服务公益基金会成立的原始资金。上海市民对世博会的满意度很高，特别是对志愿服务的满意度最高，表示非常满意或比较满意的市民占比高达94%。世博会的成功举办是对上海"海纳百川、追求卓越、开明睿智、大气谦和"的城市精神的最精彩、最成功的诠释。

访：世博会虽然结束了，但志愿服务工作成熟的组织架构、服务体系和深入人心的志愿者精神都已经成为宝贵的资源，并体现在上海的城市文化和城市精神之中。您认为上海志愿服务活动这么成功，主要有哪些因素？

陈：从工作角度看，多年来上海志愿服务工作的开展一直有着非常好的条件。第一是从市委、市政府到各级党政都很重视、支持志愿服务事业。第二是全社会都很了解、理解和支持志愿服务工作。不管是志愿者、志愿服务团队，还是广大市民，对志愿服务的理解和支持都很到位。在上海，志愿服务文化的氛围是比较浓厚的。我记得有一次记者采访一个普通市民："你认为志愿者最主要的特点是什么？"这位市民回答："第一个是自愿，第二个是利他，第三个就是业余。"他其实讲得很到位了。可见，那时上海普通老百姓已经拥有这样的认识，而且对志愿者非常尊重和爱护。第三是志愿服务组织自身很努力。注重高屋建瓴地从特大型城市志愿服务事业的高度做好顶层设计，营造整体格局，下好一盘棋。既能从大处着眼，又能从小处着手，注重加强精细化管理，打好工作基础，在宏观、中观、微观三个层面都有非常好的结合。应该说，这是上海历年来形成的优势和传统。

访：这些优势、传统加上世博会期间积累的经验，在世博会后，又该如何进一步促进上海志愿服务工作实现新的发展呢？

陈：世博会结束以后，市委、市文明委明确提出要弘扬世博精神，继承世博经验，把我们的工作从战时转为平时，实现常态长效。对志愿服务工作而言，如何实现从战时向平时转变呢？我们提出了"四个转变"，即"由战时向平时转变、由阶段性向常态化转变、由青年为主向全民参与转变、由松散型管理向规范化管理转变"。由此，上海的志愿服务发展进入第三个阶段，可以看出它的连续性发展脉络。上海的社会志愿服务体系在五个方面不断加强制度化建设，并进一步使之完善。这五个方面包括领导管理、项目运行、队伍建设、激励表彰和信息支撑。

访：在完善领导管理方面是怎么做的呢？

陈：我们先从顶层设计入手，着重抓领导管理体系建设。世博会以后，在制定《上海市精神文明建设五年发展规划（2011—2015）》时，明确提出要完善志愿服务体系，促进志愿服务事业更大的发展。同时趁热打铁，充分利用世博会前后全社会对志愿服务工作高度肯定的契机，力求解决一些以前没有解决的难题。比如，提出市文明办成立志愿服务工作处，处理、协调和推进事关志愿服务事业发展的、全市性的重大工作和政策制定。这个建议得到了市委、市编办的重视和支持。2010年，市文明办正式成立志愿服务工作处，5个公务员编制，2个正、副处长职级等。当时市编办让我们做一个选择题，"是要机关的一个处，还是要志愿服务中心这样的事业单位"。考虑到我们已经有市志愿者协会了，协会完全能够担负起中心的工作，那当然要处了，文明办要承担起统筹协调全市、全社会志愿服务发展的工作，要适应志愿服务事业长期发展的需要，没有这样的机关处室是不行的。2013年，我们又完成了上海市志愿者协会的换届，进一步强化了市志愿者协会的社会动员和管理工作。按照组织人事部门和社团管理部门的有关规定，协会的会长由市文明办主任担任，我也从原来的常务副秘书长改任副会长，代表第一届协会理事会作工作报告。市委领导很重视协会的改选，市委副书记在协会第二次代表大会上发表讲话，还与新一届协会的领导成员合影留念。

协会的换届进一步强化了志愿者的社会动员和管理工作。在此前后，各区、县志愿者协会的换届工作也全部完成。与此同时，我们又启动了上海市志愿服务公益基金会的筹备工作。基金会成立于2014年，开辟了一条除了政府支持之外，通过募集社会资金和资助项目推动志愿服务事业发展的新道路，以适应上海志愿服务事业大规模、长时期、可持续的发展。这样一来，市文明办、市志愿者协会和市志愿服务基金会一起，形成了上海志愿服务事业"一体两翼"的工作架构。所谓"一体"，就是由市文明办从服务上海工作大局出发，通过制定规划和政策，统筹协调其他与志愿服务工作有关的党政部门和人民团体，如民政、教委、工青妇，整体推进全市志愿服务事业发展；所谓"两翼"，就是协会承担具体的组织、管理和动员工作，基金会负责募集社会资金和资助项目，提供支持，所以叫"一体两翼"。这样能更有成效地推进全市的志愿服务工作。

世博会前后，中央文明办先后两次在上海召开全国志愿服务工作座谈会，充分肯定了上海的经验、做法，明确志愿服务应全国学上海，主要学上海志愿服务工作的领导管理体制。还多次邀请我在全国宣传干部培训学院举办的培训学习班上介绍上海志愿服务的发展情况和领导管理体系。培训对象是各省、自治区、直辖市及地级市（州）文明办的负责人。

访：上海社会志愿服务体系加强制度化建设的第二个方面是完善项目运行。这个发展思路非常明确。

陈：对志愿服务而言，项目是主要的抓手。通过抓项目运行带动发展，为项目找人，为人找项目。项目是由服务内容、服务对象、服务队伍（人员）、服务时间"四位一体"组成的。世博会以后，我们抓住完善志愿服务工作信息化管理平台的契机来推动项目化的发展。两年后，上海的志愿服务项目就从 5 000 多个变成 7 000 多个，形成了 20 个大类，涵盖公共服务和市民需求等诸多领域。中央文明办在全国启动"三关爱"（关爱他人、关爱社会、关爱自然）志愿服务以后，我们又进一步对项目进行梳理，鼓励各区、县开展创新，连续开展多次创新性志愿服务项目评选，对有信誉、有影响、可持续的志愿服务项目给予支持。这种以需求为导向，自下而上、社会化运作的项目运作方式大大拓展了上海志愿服务的内涵和外延。在这个基础上，我们形成了上海志愿服务优秀项目库。

访：目前上海的志愿服务项目大概有多少个呢？

陈：至今已有超过 13 万个项目。制度化建设的第三个方面是完善队伍组织。坚持条块结合、以块为主，加强队伍建设。世博会以后，我们在上海"两级政府、三级管理、四级网络"的基础上，建立了整个条块结合的志愿服务组织管理体系。在块上，由市、区两级的志愿者协会，分别对应管理直属的志愿服务总队和志愿者服务基地；由社区志愿服务中心统筹管理社区志愿服务队伍。在条上，由相关委办和行业主管支持高校和企事业单位的志愿服务团队，结合文明行业、文明单位的创建，把志愿服务作为他们履行社会责任、加强员工队伍建设和开展社会实践的载体，推动他们深入基层社区和公共窗口单位开展各种志愿服务。所以，志愿服务的领域越来越广泛，队伍也越来越壮大。

访：上海三级管理的管理体系是比较完备的，这个志愿服务管理体系也是依托和符合上海城市管理体系实际情况的。在打造全市志愿服务体系过程中，您觉得特别重要的事情是什么？

陈：有一件至关重要，也很有创意的事情。2012年6月，我们在全市启动了社区志愿服务中心建设工作，打造上海志愿服务体系的末端。社区是社会的神经末端，要上通下达，是需要打到末端的。社区是一个城市社会服务体系最基础、最重要的部分。不管你是什么身份、职业、年龄和性别，都是一个社区的居民。而且困难对象、服务对象都在社区，所以这是我们志愿服务最重要的场所。我们的讨论主要是围绕如何通过整合资源、对接供需、便捷服务，加强整个城市志愿服务体系的终端建设。深思熟虑后，我们下定决心，一定要把社区志愿服务中心建起来。

访：社区志愿服务中心的定位是什么，怎样让它发挥志愿服务末端神经的作用？

陈：当时我们给社区志愿服务中心确定为"五个平台"功能。

第一是组织平台。志愿者或志愿服务团队，不管你来自何方，是社区居民、社区单位，还是来自附近的学校、机关或社会其他方面，都必须到社区志愿服务中心报到，然后由中心根据社区服务对象的需求，按照项目化的方式对接。自己也可以对接，但必须在"中心"登记备案。

第二是资源枢纽。志愿服务也是有资源的，包括人力、物力、经费和培训等都需要在社区志愿服务中心汇总，形成资源配送的枢纽。

第三是宣传阵地。要讲好志愿者的故事、传播好志愿服务文化、交流好服务经验。

第四是培训基地。开展人才培养，包括志愿服务团队的领导者、专业化的志愿服务和志愿服务人才。志愿服务不仅要有人做、有地方做，还要提升服务水平。

第五是志愿者之家。在这里，大家可以交流思想、传递经验、联络感情、相互关心，因为你的服务对象都在社区。这件事情还得到了市委、市文明委的支持。当时我们在杨浦区延吉街道社区服务中心召开部署社区志愿服务中心建设会议。市委常委、宣传部部长特地把其他会议改期，前来参加会议并发表了重要讲话。讲话和志愿服务中心的建设计划，已成为重要的经典性文件。

访："中心建设"也成为上海社会志愿服务体系建设中非常有特色和推广价值的一件事。

陈：2016年，上海已建成11家区级志愿服务指导中心和220家社区志愿服务中心，做到了街镇全覆盖。在此基础上，当年市政府又把"完善社区志愿服务中心民生服务功能"列入"为民办实事项目"，从市文化事业建设经费中拨出930万元，同时推动各区财政共投入8 670万元。充分利用原有的社区文化活动中心、党建服务中心和生活服务中心建立和改善社区志愿服务中心的软硬件设施，从原来的五大功能发展为九大功能。九大功能包括优化供需对接、注册认证、项目孵化、资源整合、人力建设、团队培育、指导监督、激励表彰和文化建设。功能更全面、更具体、针对性更强。推动志愿服务中心的"八化"建设，即标准化配置、信息化覆盖、项目化运作、社会化共建、组织化再造、规范化管理、内涵化发展、平台化塑造。在全市的志愿服务体系中形成全覆盖的、上下联动的基层社区志愿服务平台。

2017年底，市志愿者协会已建立116个直属服务总队，2.1万个志愿服务团队，350万名注册志愿者，超14万个志愿服务项目，127个市级志愿服务基地，220个社区志愿服务中心，这样就构成一个比较完整的社会志愿服务体系。为了更好地引导社会公益组织和团体参与志愿服务，我们不断探索在新社会组织中开展志愿服务的方式方法。比如，2010年，世博会站点志愿服务的督导巡视就是由安利志愿者担任的。2012年，上海的外企志愿服务联盟，以及其他一些民间志愿服务联盟相继成立。志愿服务的覆盖面和影响力得到了很大提升，进入原来很少涉及的体制外的民间社会组织，还形成了一些有特色、有影响力的志愿服务团队和组织。比如，市民巡访团、百老德育讲师团、"智力助残"服务团、开业指导专家志愿服务团等。

访：您之前提到的体系完善中还有两个是激励表彰和信息支撑，它们对打造志愿服务体系的作用是什么呢？

陈：完善激励表彰也是持续打造志愿服务体系过程中必不可少的。世博会以后，我们非常重视在原有基础上进一步完善对志愿服务的激励表彰。首先，健全完善了两年一度的表彰评选，开展杰出志愿者、优秀集体、优秀个人、优秀项目的评选。20 世纪 90 年代以来，上海历届市委、市政府都非常重视对志愿服务先进集体和个人的表彰。每年 3 月 5 日学雷锋纪念日，市委主要领导都会接见志愿服务的先进个人和先进团队代表。世博会结束后，党中央国务院也表彰了一批世博会的先进集体和先进工作者，其中就包括一部分志愿服务的优秀组织者。这些先进人物都享受了全国劳动模范的待遇。上海还专门举办了多场世博会志愿者的招聘专场，对参加世博会志愿服务工作的大学生志愿者优先安排就业。招募现场盛况空前，很多大型国有企业、在沪央企和跨国集团纷纷招聘优秀的世博会志愿者，在社会上产生了热烈反响。

世博会后我们还做了一件有长远影响的事。2010 年，上海志愿者协会推出了具有跨组织、跨地区的综合服务记录和保险双重功能的志愿者证。持证志愿者如果在志愿服务过程中遭遇人身意外伤害，最高可以享受 20 万元的保险额度，之后又提高到 30 万元。当时志愿者协会已经为 20 多位志愿者办理了理赔保险，保险额度是由中国人寿上海分公司捐赠的。北京也有志愿者保险，但当时北京的保险理赔是由政府财政提供的。世博会结束后我们一直在思考，怎么从社会化的角度建立回馈、优先、优待、优惠的制度，体现全社会对志愿服务事业的理解、支持和对志愿者的尊敬、爱护，促进形成"时时可当志愿者、处处可当志愿者、人人争当志愿者"的社会氛围。这方面我们也做了不少探索。比如，2011 年，志愿者协会与国美电器联手设置志愿者专项补贴，给予注册志愿者购物优惠。一共有 44 万人次的志愿者享受了共计 1 095 万元的购物现金补贴。

访：志愿者关心、帮助别人，但他们自己遇到困难怎么办，谁来伸出援手？怎么体现全社会对志愿者的爱护和帮助呢？

陈：2012 年底，市志愿者协会联合市慈善基金会举行了"蓝天下的至爱"万人募捐活动。主题为"好心人关爱好心人"，前面的"好心人"指的是上海市民，后面的"好心人"指的是志愿者。募捐活动单日募集资金高达 849.5 万元，创下了非灾难日单日全国城市募款之最，体现了上海支持和关爱志愿者的程度。我们用这笔钱建立了关爱好心人专项基金，用于资助之前帮助别人，现在暂时遇到困难的优秀志愿者和其他好心人，包括全国道德模范、上海市精神文明好人好事、杰出志愿者、优秀志愿者，主要是大病、重病者，并且建立了资助标准。已经资助了 436 名好心人，资助金额达到 353 万元，产生了"好人有好报"的社会效应。

世博会以后，我们强烈地意识到建立社会志愿服务保障体系的重要性。要实现志愿服务的常态长效，就要建立起支持、保障系统。在市委领导的高度重视下，我们启动了上海市志愿服务公益基金会的筹备工作，基金会于 2014 年 4 月正式成立，我担任理事会理事长，包起帆担任监事会监事长。我们当年就资助了 110 个项目，2015 年资助了 130 个项目。2016 年和 2017 年又分别资助 150 个项目。另外，基金会下设 30 多个专项基金，分别对应志愿服务公益事业不同方面的需求，吸引了众多爱心企业的资金支持和爱心人士的捐款，支持上海志愿服务事业的发展。

访：上海市志愿服务公益基金会如何保障志愿服务事业的持续发展呢？我们了解到，2016年，基金会牵头组织，与复旦大学附属儿科医院共同策划开展的"云南省迪庆州贫困儿童先心病（眼科、骨科）免费筛查及手术"公益行动启动。这个项目一直持续到现在，社会反响非常好。

陈：基金会对我而言是全新的工作，只能边做边学。先是开展建章立制工作，包括捐赠管理、资金管理、财务管理，以及从建立评审专家库，接受申报，到初审、复审、决审、公示、资助后的中途检查、审计等一整套的管理制度。

基金会成立后，我们一直在思考，在资助上海本地志愿服务项目之外，怎么为国家的扶贫战略服务，充分发挥社会组织的作用，调动上海作为一个特大型城市在资金、技术、人才方面的优势，在上海对口帮扶地区开展志愿扶贫工作。

2016年8月，基金会爱心星空联盟专项基金赴云南迪庆香格里拉，举办西部地区社会组织领导力培训。讲课之余，我去香格里拉山区的九龙乡调研，与当地乡干部座谈，走访慰问贫困家庭时，发现当地受高原地区多发儿童先天性心脏病的困扰，很多家庭因病致贫、因病返贫。我认为开展精准扶贫、志愿服务扶贫、医疗救助是一条合适的有效途径。回来以后，基金会得到了复旦大学附属儿科医院党政领导的大力支持和医护人员的热烈响应，组成了以心外科主任贾兵教授、心内科主任刘芳教授和心超室主任为代表的爱心天使志愿服务队，并于当年10月前往香格里拉开展儿童先天性心脏病筛查。在当地红十字会的支持下，共检查了4 000多名14岁以下的少年儿童，发现了50多名比较严重的先天性心脏病患儿。在筛查的过程中，这些专家志愿者由于高原反应，呼吸困难、头疼脑胀，仍坚持听诊筛查，工作量超过平时很多倍，耳朵鼓膜都听到疼，觉也睡不好，饭也吃不下。但他们始终坚持工作，并且效率很高，一个学校一个学校地筛查，甚至还冒着山洪泥石流暴发的危险，在倾盆大雨中，沿着危险崎岖的山路上深入山区腹地开展筛查，充分体现了"奉献友爱 互助进步"的志愿精神和红十字人道主义精神。

2017年，我们第二次到香格里拉筛查了近8 000名小朋友，并与迪庆州政府签约，将进行全州范围筛查。两次筛查中分别有近30名限于当地条件无法手术医治的患儿到上海，由复旦大学附属儿科医院免费进行手术。这件事得到了绿地集团的资金支持，东方航空公司对患儿给予免票优惠，家属给予减免的优惠。市合作交流办将此事列为上海对口帮扶社会扶贫十大案例之一。

访：信息化时代的社会志愿服务体系建设少不了信息化手段的支撑，这方面上海是如何探索的？

陈：早在2005年，市志愿者协会就建立了上海志愿者网，具备了一些基础的功能，比如，信息发布、网页展示和志愿者注册。2006年，我们以此为平台开展了特奥会志愿者招募工作，有18万名志愿者报名。2009年，又开通了世博城市文明志愿服务项目发布平台，作为管理系统的一个重要模块，志愿者可以按照项目类别找到适合自己的项目加入，成为注册志愿者。世博会以后，上海志愿者网又增添了一系列新的功能，比如，在线实名制认证、信息发布、项目展示、互动社区和信息调查。

志愿者可以直接登录上海志愿者网进行在线注册、个人信息、管理服务、项目查询、评论、录用信息查询、在线留言等。然后，我们又对志愿者网进行升级改版，新的页面更加简洁流畅，增加了微博、微信、QQ群、手机客户端等互动。2013年后，依托上海志愿者网，我们又推出智慧公益平台等手机软件，利用微信、微博等新媒体，帮助志愿服务组织找到合适的志愿者，也便于志愿者及时找到志愿服务组织和适合自己的服务项目。

2017年11月，中国志愿服务联合会发布了《中国志愿服务发展报告（2017）》蓝皮书，作为联合会的副秘书长和专家库成员，我也参与了蓝皮书的编写工作。我们做了大量的调查，有几个数据挺有意思的。报告显示，上海人均志愿服务时间领跑全国，注册志愿者占居民人口的比重也跻身全国前三。截至2016年，全国注册志愿者占居民人口的2.5%。占比最高的三个地区分别为北京17.1%、重庆15.2%、上海10.25%。其中，上海的累计服务时间最高，全国注册志愿者累计志愿服务时间达到4.2亿小时，人均志愿服务时间11.93小时，其中，上海的人均服务时间最长，为73.63小时。截至2017年上半年，上海人均志愿服务时间为65.79小时，依然排全国第一。为什么比之前低呢？因为当时《国民经济和社会发展第十二个五年规划纲要》提出，要让注册志愿者占到城市常住居民的12.5%。这当然是好事，但也出现了一些虚假注册；还有一些志愿者注册后并不参加活动，我们把它叫作"僵尸志愿者"。上海的数据还是过硬的，人均服务时间远超全国的人均数据。报告还充分肯定了上海完善区级志愿服务指导中心和220个社区志愿服务中心的成功做法。这表明，经过多年的努力，上海的志愿服务事业走在了全国的前列。

上海城市精神是怎样产生的：
"如影随形"

> **访谈对象**：陈振民（上海市文明办原副主任、巡视员，上海市志愿者协会副会长）
> **访谈者**：马丽雅、陈兰馨
> **时间**：2023年2月23日
> **地点**：龙柏饭店一楼咖啡厅
> **访谈稿整理人**：陈兰馨

访谈者（以下简称"访"）：世界上几乎每一个著名的城市都有其独特的城市品格，经历岁月洗礼和历史沉淀，成为引领这个城市不断发展的精神底蕴。进入21世纪后，上海曾开展过一场令人瞩目的城市精神大讨论。您能带我们回顾一下上海城市精神提出的全过程吗？

陈振民（以下简称"陈"）：应该说，上海城市精神大讨论是上海进入21世纪后，从精神文化和城市品格层面，对上海城市发展历史的一次全面总结，也是上海抓住重要的战略机遇，为新一轮发展寻求强大的精神支撑和推动力的一件大事。

2003年初，中共上海市委决定在全市开展上海城市精神大讨论。同年8月，市委、市文明委的领导在全市精神文明建设工作大会上提出了大讨论的结果——"以海纳百川而服务全国，在艰苦奋斗中追求卓越"的21世纪上海城市精神。2007年5月，在市第九次党代会上，时任上海市委书记习近平在代表第八届上海市委所作的工作报告中提出"与时俱进地培育城市精神",新增了"开明睿智""大气谦和"的表述。至此,上海城市精神"海纳百川、追求卓越、开明睿智、大气谦和"的 16 字表述正式出台。自此以后,城市精神成为高扬于上海人民心中的旗帜、成为引领上海各行各业前进的号角、成为上海城市发展的灵魂。下面我想结合自己的亲身经历,讲讲整个大讨论组织开展的过程和取得的成果。整个大讨论可以分为四个部分。

首先,为什么会提出塑造和培育上海城市精神?当时,上海城市精神的提出,从客观上来说是正当其时。从主观上来说是不失时机,为上海的进一步发展提供精神动力、思想保证和文化支持。从当时市委、市政府领导层的角度看,主要有几个考量。第一个着眼点是为上海新一轮的发展提供精神动力。当时,江泽民同志在参加全国人大上海代表团讨论时提出,上海要继续面向全国、面向世界,站在新起点,实现新发展,再攀新高峰。进入 21 世纪后,上海经历了几个"三年大变样"的大发展时期,正率先向基本实现现代化的目标快速迈进。所以他对上海提出了这个要求。

当时,上海已经进入新一轮发展的关键时期,而且处在新发展、新突破的重要关口。比如,上海要冲破从 5 000 美元到 8 000 美元的人均地区生产总值瓶颈。怎么突破这个瓶颈?如何建设经济、金融、贸易和航运中心?如何建成现代化的国际大都市?有大量的难题需要我们解决。所以,市委八届二次全会确定了上海下一步的发展目标。我们知道 20 世纪 90 年代上海主要是城市硬件的发展、城市规模的发展。市委八届二次全会提出,必须大力加强城市软件建设,全面提升上海的国际化、信息化、市场化、法治化程度。通过努力缩小与发达国家、发达城市的差距。20 世纪 80 年代末至 90 年代初，我们到新加坡和欧洲考察。看到的是城市建设的外观，比如一流的城市建筑以及工厂设备的自动化程度等等。到了 20 世纪 90 年代末至 21 世纪初，我们再去看时就觉得硬件上的差距上海已经迎头赶上了，差距最大的是城市管理的思路、水平，包括政府的服务功能、法治建设，比如，市容市貌管理的精细化程度，行业服务水平以及市民素质等。于是，我们就有了新的学习定位和目标，而这些都属于软件建设的范畴。

如何努力缩小与发达国家、发达城市的差距，提升国际化、信息化、市场化、法治化程度，国外的发达城市建设有很多值得我们学习的地方。一个城市的发展不仅需要大量的资本、技术、人才，更需要人的发展，包括精神文明、精神面貌等。我们越来越认识到软件建设是上海新阶段发展的一个核心内容。但是软件建设的"牛鼻子"是什么，"龙头"是什么，能够振臂一呼而应者云集的是什么？逐渐就聚焦到城市精神的塑造这个议题上来了。

我们到国外的大城市考察，感慨他们的成功之处不仅是城市的规模和发达程度，更重要的是深厚的人文底蕴。这种底蕴在整个城市发展中发挥了非常独特、不可替代的作用，不只是表现在共性上，还表现在城市的个性上。罗马、佛罗伦萨、巴黎、伦敦和纽约等都有其独特的城市精神。城市精神就是软件建设的核心。所以说，城市精神具有高度的凝聚力和向心力，能够把方方面面的力量集聚起来，把全市人民的精神振奋起来，形成千军万马、齐心协力推进现代化的巨大合力，为上海的发展注入持续不断的动力。

从全国范围来看，特别是党的十四大以来，一直在强调坚持两手抓，两手都要硬。江泽民同志提出要把精神文明建设放在非常突出的位置，绝对不能以牺牲精神文明为代价获取经济的一时发展。人们越来越认识到精神文明建设在整个中国特色社会主义发展过程中，在推进社会主义现代化建设中的重要性，还进一步提出了在推进现代化建设过程中要实现人的现代化。从国家治理的角度提出既要依法治国，也要以德治国，依法治国与以德治国相结合的方针。这些都为城市精神的探讨提供了认识和实践的指引。

访： 一个城市的精神品质与整个国家的建设背景和民族文化土壤是息息相关的，精神文明建设可以说是促进思考上海城市精神的一个很好的背景。

陈： 是的。提出培育和塑造上海城市精神的第二个着眼点就是在弘扬与培育民族精神上，上海要走在前列。2002年11月，党的十六大指出，面对世界范围内各种思想文化的相互激荡，必须把弘扬和培育民族精神作为全面建设小康社会的一项重要任务，要纳入国民教育，纳入精神文明建设。精神文明建设是中国特色社会主义非常重要的支撑之一；而民族精神是贯穿国民教育全过程、贯穿精神文明建设全过程的重要内容，是精神文明建设的重要支撑，是培养爱国主义情感的前提。通过这两个纳入全过程，使全体人民始终保持昂扬向上的精神状态。

很多科学家、中国科学院院士、中国工程院院士，支撑他们刻苦努力、奉献一生的就是身为中国人的民族情感。所以，大到国家发展、城市发展，小到个人发展，都要把自尊、自信、自立、自强的民族精神作为其负重前行的精神支柱。当时，市委明确提出，要按照"三个代表"重要思想的要求，培育和塑造上海城市精神，这是我们贯彻党的十六大精神的具体举措和具体实践。市委提出上海自20世纪90年代以来，在经济发展和城市建设方面不断探索创新，走在了全国前列；在弘扬和培育民族精神方面，也要勇于探索、勇于创造，走在前面，而且要赋予鲜明的时代特征和上海特点。上海非常注重将中央精神和上海的具体实际相结合。城市精神讨论也是培育民族精神，并赋予它鲜明的时代特征和上海特点的重要载体和抓手。

访：除了前面您提及的两个着眼点，塑造和培育上海城市精神，还有其他考虑吗？

陈：这次大讨论的第三个着眼点是为正在建设的社会主义现代化国际大都市提供文化内涵和文化魅力。20世纪90年代之后，上海就已经提出建设现代化国际大都市的目标。当时在学界、在各级政府操作的层面上，都有过一些讨论：到底什么是国际大都市。我们还讨论过建设世界级城市，比如纽约、巴黎和伦敦，这些在世界上有影响的著名城市。这些城市之所以有深刻的影响，绝不只在于其拥有足够的物质财富，还在于拥有足够的精神财富和文化内涵。即便是规模较小的城市，也因其特有的文化魅力在人类文明的长河中占有一席之地。比如，佛罗伦萨在文艺复兴时期产生过巨大影响力，虽然它不像米兰、罗马，但它的历史地位不可撼动。它的文化底蕴影响了一个时代、影响了当时的世界，至今依然有着独特的文化影响。提到歌剧，就会想到意大利的佛罗伦萨；提到音乐剧，就会想到纽约百老汇。这就是文化的世界影响力。百老汇聚集了几十家剧院，是世界音乐剧的殿堂。其实上海的黄浦区和静安区以前也有几十家剧院，门类齐全，有话剧、京剧、沪剧、越剧、滑稽剧和评弹等，云集了很多艺术大师。

大讨论还有一个着眼点，就是促进精神文明建设更上一层楼。党的十一届三中全会开始，历届上海市委在推进上海发展、把握整体工作大局时，一以贯之的思路就是让精神文明建设为现代化建设提供精神动力。

访：独特的文化特质赋予了一座城市鲜活的、不可言说的魅力，这种魅力往往是独一无二的，也是最深入人心的。要把上海建成具有世界影响力的社会主义现代化国际大都市，文化是不可或缺的一部分。

陈：是啊，上海要成为现代化的国际大都市，不仅要建设优秀的城市形态，还要发展自己的先进文化，具备独特的文化品格和精神文明。所以，我们必须塑造和培育城市精神，体现上海这座城市的个性，体现上海自然发展、延绵不断、日臻成熟的精神内核。城市精神是无形的，但它又无处不在、每时每刻地体现在城市发展之中，产生广泛而深远的影响。上海城市精神并不是因为我们今天的提炼和概括才存在的，它是早就存在的，只是当时还没有把它很好地概括、表述出来，变成一个大家都能按照它的指引去实践的东西。所以，我又用了四个字来讲上海城市精神的影响和作用——"如影随形"。比如，上海的建筑就是要千姿百态，能把中国和世界的建筑风格很好地结合在一起，中西合璧、"洋为中用"在上海就体现得非常明显。音乐是这样，建筑和艺术规划也是如此，它就是无时无刻不体现在城市的经济、文化、社会和民生等方方面面。

从某种程度上讲，塑造城市精神，发挥它对上海的引领作用，比建桥、造楼更加艰难。建桥、造楼其实也体现了城市的精神文化，比如，质量意识、创新意识、效率意识、竞争意识，精细化程度和百花齐放的风格，这也是城市精神的一部分。20世纪八九十年代，上海国有企业的厂房和设备都很简陋，和东北那些国家重点扶持的企业在硬件上不能比。但上海就是"螺蛳壳里做道场""蚂蚁啃骨头"，就是能在这种条件下创造出全国一流的质量水平。为什么？这就源于上海的文化精神。上海最早横穿黄浦江的打浦桥隧道就是工人阶级用自力更生、艰苦奋斗的精神造出来的。

所以，当时市委领导提出，我们要跻身世界城市，就一定要在不断完善城市设施、美化城市形态的同时，优化城市魅力，提升城市品格，塑造城市精神。塑造城市精神可以促进上海的软件建设同硬件建设一样焕发光彩。还提出要使上海的城市形态、文化神态、市民心态内外和谐；要使上海的经济实力、城市活力、文化魅力刚柔相济，进一步提升上海的综合竞争力，完整地展现社会主义现代化国际大都市的崭新风貌。这是对上海城市发展提出的全面的、理想的、可以为之不断努力的愿景。

访：在这次大讨论前，还有过两次关于"精神"的大讨论，这次大讨论与前两次有什么不同之处呢？

陈：进入改革开放新时期以后，上海曾先后开展过两次大讨论，而且都是在关键时刻发挥了思想解放、思想引领以及思想先导的作用。一次是1992年开展的"90年代上海人形象大讨论"；另一次是2000年开展的"面向新世纪上海人精神大讨论"。这两次大讨论我都是参与者、组织者。如果将这两次大讨论与上海城市精神大讨论进行对比的话，我觉得前两次侧重于分析上海人的优点、优势和不足，着眼于解放思想、转变观念，促进上海市民的精神提升。比如，开放意识、竞争意识、大局意识、创新勇气、学习态度、宽宏气量、诚信合作精神等，从精神支撑、思想保证上推动了上海90年代以来的大发展。但是，2003年开展的城市精神大讨论，除了继承原来两次讨论的成果，还从21世纪上海新一轮发展的需要出发，从上海的城市文化精神层面来研究、提炼。应该说前两次大讨论为第三次大讨论在内容、方式、经验上提供了准备和借鉴，而第三次大讨论无论是在内涵还是外延上，在广度还是深度上，都有了更大的发展。

第三次大讨论是在总结和弘扬申博精神中提出来的。关于申博成功我们有一个很深切的感受，就是当时在经济全球化的背景下，上海需要这样一个机会，中国需要进一步向世界展现包容、开放的姿态，向世界递交一份改革与发展的答卷，这也是世界对中国发展实力的翘首认可。那时人们对上海、对中国发展的信心空前高涨，有一种经济发展的雄心、社会发展的信心和民族复兴的决心。中国在不断走向世界，赢得世界的认可。

历时三年的申办世博会是我们上下齐心，不断凝聚意志、智慧、勇气和信心的过程。当时市委不失时机地提出，要认真地以总结和弘扬申博精神为起点，进一步培育和塑造上海城市精神，全面提升精神文明建设水平。这就是"好风凭借力，送我上青云"。当时市委领导多次强调，要兑现申博时向世界的承诺——中国如有一份幸运，世界将添一片异彩。这句话在国际展览局132个成员国大会上确实打动人心。这个"异彩"不只是物质的，更是精神的。在筹办世博会的过程中，上海不仅要有风清气爽、声静地绿的宜人环境。在此之前，当时的市委领导就提出，要让上海"天更蓝、水更清、地更绿"。市委还提出要塑造文明高雅、健康向上、朝气蓬勃、可爱的上海人形象。为什么这样说呢？因为总有声音说上海人聪明、精明、不高明、不可爱、小家子气、不团结、看不起外地人。上海原来就是一个移民城市，到了计划经济时期，人员不流动、不往来，就形成了上海人和外地人的说法，但是，改革开放以后，上海也改变了。我认为，现在的上海可以说是中国最没有地方主义的城市，不管你从哪里来，只要你有能力、肯努力，你就可以被接受，并且脱颖而出。

访： 为什么会提出塑造"可爱的"上海人形象呢？

陈： 当时在上海市长与中外企业家论坛上，很多企业家，特别是境外的企业家认为上海的硬件建设已经很好了，但是上海人的现代文明素养还不够。比如，有人反映，问路的时候上海人不理睬你。我们在瑞士考察时，有一天恰好是星期六，开车快没油了停靠在加油站，当地很多加油站周末不营业。这时有一辆车驶来，他可能猜到我们遇到了加油的问题，就告诉我们这里没有，然后开车带我们去可以加油的地方。我们以为他是顺路，后来把我们带到目的地后他就掉头走了，原来他是专门来带路的。我想这或许就是可爱吧，是一种发自内心的友善。所以，当时有很多专家学者都开展调研讨论，到底怎样才算可爱？怎么让上海人变得可爱？

培育和塑造上海城市精神，既是精神文明建设的重要任务，也是推进精神文明建设的重要抓手和工作载体。就文明办而言，要抓住契机、借势发力，要以此为依托，进一步提高市民素质和城市文明程度。这是我们的追求。

访：您能具体介绍一下这场大讨论开展的过程和成果吗？

陈：好的。首先是成立了课题组。和前两次大讨论不一样，这次是将课题研究与大讨论相互融合、相互呼应。根据市委指示，2003年1月，市委宣传部和市文明办成立了上海城市精神课题组。由市委宣传部副部长、市文明办主任担任课题组组长，还邀请了本市思想道德建设、精神文明建设和社会研究、历史研究等方面的专家共同参加。如上海社会科学院历史研究所原所长熊月之也参加了课题研究。2003年2月8日，是春节后上班的第一天，市委副书记和市委常委、宣传部部长召开会议，就课题组的研究、时间节点等问题作出明确指示。2月13日，课题组第一次会议传达了市委领导的意见，具体部署了研究工作，提出我们对城市精神的研究和概括要植根于历史、体现于现实、引领着未来。这是一个总的原则。我们后来把副词拿掉了——"植根历史、体现现实、引领未来"。

然后，就开始全面收集资料，广泛开展讨论，听取意见。为了使概括能够充分体现上海文化的特性和时代的内涵，课题组紧锣密鼓地开展了以下工作：一是，深入研究上海开埠以来对形成城市精神具有重要影响的三个时期的历史，也就是20世纪二三十年代的老上海时期、解放后计划经济体制时期和改革开放以来的新上海时期。二是，采取问卷形式在全市十个中心城区，以及部分郊区开展专项调查，了解当前市民的精神状态和精神文化方面的需求。三是，通过查阅资料和赴兄弟省市考察等途径，收集了国内外大量关于城市精神、风格、文化等方面的研究成果，部分城市在概括、培育城市精神方面的经验和做法，为整个课题研究提供了大量借鉴。这个过程是一个依托课题组和广大市民，广泛开展讨论、集中民智的过程，引发了社会各界的热烈反响，纷纷以各种方式开展讨论、踊跃表达见解。

我们主要做了几件事：一是课题组多次召开座谈会，听取专家学者、党政干部、企业经营者、社区居民、外地人士等对培育塑造上海城市精神的一些见解和看法。课题组还参加了市人大、市政协召开的专题座谈会，倾听人大代表和政协委员的建言献策，新华社、《人民日报》、《解放日报》、《文汇报》等主要媒体都专门开辟了上海城市精神论坛，刊发了大量有理论深度和实际思考的文章。市工青妇、各民主党派也通过举行研讨会、座谈会提出很多有见地的看法。我们还阅读了大量市民来信了解民意。市外宣办、市社联也分别组织了外籍驻沪人士和社科界参与讨论。这是一个海纳百川的过程。来自方方面面的意见对整个课题的研究提供了很大的参考价值。我们在此基础上进行综合分析，努力使概括出来的城市精神既能够体现集体智慧，又能被各方接受、取得共识。除了一些正面的表述，课题组还专门收集了批评上海的文章和相关资料，并且围绕如何让城市精神引领市民克服自身不足进行了探讨。

访：调研中，有什么您印象深刻的事吗？

陈：我们去兄弟省、市听取意见。参加座谈的当地各界人士对上海的文化精神，以及同江浙文化的紧密联系提出了很多真知灼见。对上海在改革开放中的龙头作用，以及开拓创新、兼容并蓄、严谨精细、求真务实、追求效率、善于学习的精神都给予了充分肯定。同时，对上海市民的一些问题也毫不留情地一一指出。我们在杭州黄龙开座谈会时，一位杭州市民说道，"上海人瞧不起人，毫无顾忌地伤害当地人的感情。有种盲目自大、自以为是的优越感。比如，在旅游景点或商店看到丝绸围巾，一条条看了后不买，还要说一句'你们这个还没有上海的好'，然后扬长而去。"当时就有人说，"大上海，小市民"。他们在发言中体现的真诚、坦率令人赞叹。

还有在外地的上海人和在上海的外地人，前者是上海20世纪五六十年代由于支援内地建设，整厂搬迁，携全家老小离开上海支援三线建设的上海人。他们在很多来信和征文中都表达了对上海的深厚情感、对上海城市文化的理解和对上海发展的期待。他们对上海的情感令人感动。后者是20世纪90年代以来，从全国各地来到上海，参与城市大规模建设和城市服务的新上海人。他们在来信和征文中也表达了对上海城市文化和精神的了解、理解和感受，表达了对上海城市的归属感、自豪感和参与上海发展的主人翁精神。同样令人感动！

访：收集资料和开展调研后，应该就是撰写研究报告了。

陈：是的。第三项工作就是在广泛调研、收集资料的基础上，制定研究框架，完成课题报告。2003年3月19日，课题组召开第二次会议，讨论了上海城市精神课题研究总框架，总框架包括1个主报告和4个副报告。3月21日，课题组把课题研究工作向市委进行了专题汇报，市委领导充分肯定了研究工作，并分别提出了指导性意见。3月26至27日，整个课题的主报告和副报告初稿完成了，课题组趁热打铁，用两天时间对报告初稿逐字逐句审议修改。4月9日和6月16日，市委专门召开两次书记办公会，听取汇报，对课题提出修改意见，中间还召开过一次常委会。6月23日和25日，课题组在市委宣传部部长的带领下分别向市人大、市政协通报了研究结果。7月16日，市文明委召开全委会，对城市精神进行专题研讨。我认为，整个研讨过程是课题组研究和大讨论相结合的过程，也是向全市各方宣传和听取意见的过程，充分提高了市民的关注度、参与度、接受度，扩大了城市精神的影响力、凝聚力、号召力。城市精神不是在一栋小楼里研究出来的，而是通过整个社会的互动呈现出来的，是在全市层面提炼总结出来的。

访：听了您的介绍，确实能感受到其中凝聚了太多的心力。您能概括一下这次课题研究取得的成果吗？

陈：一个显著的成果是初步确定了上海城市精神的内涵和表述。从开展大讨论以来，上海各界人士积极参与，先后提供了近300条对城市精神的描述，各有侧重、各有取舍，仁者见仁、智者见智。建言者不同的经历和生活感受提供了不同的思考和感悟，报告凝聚了大家的智慧，丰富了城市精神的内涵。课题组对这些表述的内容和方式进行了整理概括和分析。在4月9日的书记办公会上，市委领导指出，城市精神的概括提炼工作不求面面俱到，而应着眼于引领与倡导，缺什么补什么。要着重提出上海发展需要弘扬的几种精神，要让群众易懂、易记，朗朗上口。因此，课题组又进一步对城市精神的表述进行了提炼，比如"五种意识""四种精神""六个城""四句话"等。其中出现频率最高的是"海纳百川"，其次是"追求卓越"。本着"植根历史、体现现实、引领未来"的原则，我们又对大讨论的情况进行了整理分析、综合归纳，进一步发现这两方面内容及表述出现频率也最高，得到了大多数人的肯定，取得了比较广泛的认同，大家普遍认为上海城市精神要着重体现"海纳百川""追求卓越"。

2003年8月6日，市委领导在全市精神文明建设工作会议的讲话中，第一次明确提出了"以海纳百川而服务全国，在艰苦奋斗中追求卓越"的上海城市精神，并作出诠释："海纳百川"是上海历史与现实最鲜明的特征，是这座城市生生不息的动力之源。在建设现代化国际大都市的进程中，上海要善于学习世界各国、各地区的成功经验，为我所用。要善于学习兄弟省市之长，补己之缺；要以求贤若渴的态度，广纳海内外有用之才，建立人才高地；要以世界眼光和国家大局意识，谋划和推进上海的发展。服务全国，是中央的定位，上海的责任，也是上海现在和今后加快发展的必然要求。在新一轮发展中，上海比以往任何时候都更需要中央各部委和全国各省市的理解、支持和参与。特别是"四个中心"建设，主体不仅仅是上海。上海更重要的作用是搭建一个平台，让方方面面的人才都能在上海施展身手，发挥作用，共同为实现国家战略贡献力量。"以海纳百川而服务全国"，就是要在兼容并蓄，学习汲取他人之长的同时，真正发挥上海面向世界、服务全国的作用，坚定"全国一盘棋"的思想，不断提升服务意识和服务能力。

"追求卓越"是上海突出的城市品格，也是上海各行各业普遍追求的精神境界；艰苦奋斗是我们党的优良传统和政治本色，也是中华民族精神的重要体现。上海未来的经济社会发展任务艰巨，前程远大，"在艰苦奋斗中追求卓越"，就是要发挥"艰难困苦，玉汝于成"的精神，始终保持强烈的危机感、责任感、紧迫感，各方面的工作在建设社会主义现代化国际大都市的进程中，都要争创一流、勇攀高峰，没有最好，只有更好，不断在深化改革中探索新思路、解决新问题、增创新优势、开创新局面。

访：这次课题研究形成了1个主报告，4个副报告，比较全面地反映了课题研究和大讨论的成果。您能简要介绍一下这几个研究报告吗？

陈：主报告《城市精神：上海发展之魂》给城市精神下了一个定义，明确提出城市精神是民族精神的组成部分，是一个城市独具特质的精神品格，是人民群众长期实践的文化结晶，凝聚了一个城市的历史、文化、民情与形态，集中反映了市民的价值追求、思想观念和道德风尚。城市精神是高扬于市民心中的一面旗帜、是引领市民前进的号角、是城市发展和提升的灵魂。

主报告是以市文明办为主完成的，当时的调研处和《上海精神文明》杂志编辑部的同志们付出了很多努力。大家在一起讨论甚至争论，有时争论还很激烈。这个调研报告既要反映研究成果，又要兼顾对研究工作的总结。报告从塑造城市精神的背景、缘由和重大意义出发，讲到了上海城市精神的来源、上海城市精神的表述、实践上海城市精神的要求。报告从这四个方面展开，高度概括了整个研究讨论中涉及的主要内容和我们当时能达到的认识程度。我认为这个报告是高屋建瓴、视野开阔的，是对城市精神的各种理解、表述的集大成，相对完整准确地对"城市精神是什么"做出了回答。不管是从理性的还是感性的，理论的还是实践的角度，都体现了我们当时的认识水平。

第一个副报告是《上海城市精神课题研究过程及实施方案》。报告以时间为线索，客观反映了开展课题研究工作的全过程，记录了在此过程中的指导思想、工作步骤、时间节点、主要内容和取得的成果，并提出了下一阶段关于宣传和实践上海城市精神的实施方案。这是尤其难得的，为市委下一步对城市精神的弘扬和实践提供了参考意见。

第二个副报告是《上海市民精神状态与思想道德情况的调查分析》。报告通过对市文明办近期开展的专项调查所反映的市民精神状态和道德实践情况进行分析，为上海城市精神的研究和提炼提供了客观依据，为全面开展城市精神研究提供了现实基础。

报告的分析结果主要反映了几种倾向。第一，社会全面进步的综合发展观得到了广泛认同。不是"一手硬一手软"，不是光看物质不看精神。有76.3%的受访者反对先抓经济效益后搞思想道德建设。后来，上海提出的"城市，让生活更美好"，"更美好"的不光是经济生活，也包括社会生活。第二，大多数市民坚持社会主义道德价值。有 80% 的受访者同意要兼顾国家、集体和个人三者的利益。第三，对精神文明建设关注多、评价高，对未来前景普遍看好。有 87.5% 的受访者比较和非常关心精神文明建设；有 70% 的受访者认为上海市民在社会公德、职业道德、家庭美德和礼貌举止方面比前几年有较大或者很大提升；80% 以上的受访者对上海在 2010 年之前建成全国文明城市有信心。

第三个副报告是《正确认识上海市民性格》。报告从历史唯物论、辩证唯物论的基本原理出发，对上海市民性格的成长展开分析，对精明与高明、守法与开拓、冷淡与热情、大气与小气、论理与论力、争夺与谦让等六个方面的表现分别加以阐述，给予公开、全面、客观的评价。这些问题不仅关系到上海人对自身的认识，还有兄弟省市对上海人的认识。报告既充分肯定其中的一些可贵品行和特质，也指出一些负面的精神，还澄清了一些模糊的认识。这对概括和提炼上海城市精神，在实践城市精神中如何加强针对性、前瞻性和引领性提供了重要参考。如何扬长避短、变短为长？我们做了一件很重要和基础性的工作，因为一个城市的精神很大程度上来源于市民精神。

第四个副报告是《国内外若干城市的城市精神》。报告通过收集资料，选取了香港、深圳、重庆、大连、延安、杭州等 18 个国内的城市，以及国外的一些城市，如伦敦、东京、纽约、巴黎、新加坡等，收集了它们有关城市精神的表述，从内涵提取、目标比较和表述方法上为我们提供参考、获取借鉴。

访：听了您的介绍，感到这几个报告既有纵向回顾，又有横向比较，由内及外、由城到人，内容真是丰富。

陈：这些报告是非常重要的成果。除此之外，还有一个成果是提出了《关于宣传和实践上海城市精神的实施方案》。在第一个副报告中，建议由市委主要领导在全市精神文明建设工作会议上正式提出上海的城市精神，会后由市委办公厅等下发关于实施上海城市精神的意见，并提出实施方案，包括四个步骤。首先，加强舆论宣传形成文化氛围。一是提出由《文汇报》《解放日报》等媒体就宣传实践城市精神发表评论和理论文章，对上海城市精神作全面的理论陈述。二是提出了由市文明办会同主要媒体，召开若干场由专家学者、党政领导、各界市民参加的座谈会。三是拍摄反映上海城市精神的电视宣传片。四是设计制作公益广告在各频道滚动播出，利用户外公益广告牌在主要路段、社区、小区集中宣传，提高上海城市精神的知晓度，形成共识。其次，树立先进典型，实践上海城市精神。提出在各行各业推出一批能够体现上海城市精神的典型，重点推出租车行业，因为它是重要窗口。组织弘扬上海城市精神的报告会。再次，开展各种活动，引导市民参与。提出由各区县、委办，工青妇广泛开展讨论，通过知识竞赛、演讲、报告会进一步宣传弘扬上海城市精神。最后，制定和实施上海精神文明建设世博行动计划。整个城市精神实践其实是上挂"申博"，下挂"办博"。提出到2010年世博会的目标任务，分阶段、有步骤地引导市民克服陋习、提高素质，迎接世博会。

访：这个课题研究报告还获得了上海哲学社会科学成果奖的特别奖。可以说是上海城市精神大讨论留下的一份经典文献，可能在全国范围内也是一份重要文献。那么，在课题研究过程中，有哪些让您印象深刻的观点和见解？

陈：应该说报告集中反映了课题研究的主要成果。由于篇幅有限，还有一些精彩的见解没有呈现，似有遗珠之憾。我将课题研究与各界讨论涉及的主要内容进行了概括：第一个方面是上海城市精神从何而来。大家认为，一是来自中华民族精神的传承与弘扬。中华文明历经五千年沧桑而愈发生机勃勃，就是因为中华民族勤劳勇敢、热爱和平、自强不息，这种精神代代相传，融流在亿万炎黄子孙的血液中。而上海城市精神就是深深扎根在中华民族精神之中的，既是上海人民受惠于民族精神哺育的结果，也是上海人民对民族精神形成和发展的贡献与回报。塑造上海城市精神是弘扬培育中华民族精神的具体实践，同时又将赋予这一实践以鲜明的时代特征和上海特点，体现了共性与个性的统一。

二是来自上海百年历史的积淀与熏陶。上海从一个普通的海滨县城发展到今天这样一个特大型城市，成为"江海之通津，东南之都会"，走过了一百多年的漫长岁月。开埠以后，上海经历了半殖民地半封建时代，这一时期西方列强争夺在华利益，纷纷建立租界，即所谓十里洋场。上海既有被压迫、被欺凌的屈辱史（如"华人与狗不得入内"，中国人在租界是二等公民，而且我们没有治外法权），又有中国共产党在上海诞生带领人民进行艰苦卓绝斗争的光荣历史。上海既是冒险家的乐园，又是最先接受西方文化的窗口。上海既是近代中国工业的发祥地（特别是民族工业，如江南制造局，中国最早的纺织厂、面粉厂都是民族资本），又是中国工人运动的发源地（如五卅运动、三次工人武装起义）。这是上海城市历史发展的一个重要阶段,也是上海市民性格和上海文化特性形成的重要时期。可以说,中国的近代文明最早在上海形成,海派文化也在这一时期渐成气候。上海面向大海、背靠吴越,文化上有一种多元融合的特征,四面八方的人汇聚上海,把优秀的文化基因传到上海。比如,江南文化中的江浙文化与上海本地文化的融合;海派文化,上海是西方文明进入中国的第一站;中国近代文明本身也自然而然地在这里发展。这种海纳百川、兼容并蓄、融会贯通、开风气之先等积极的城市个性与理性务实、精明处事、精细办事、精致生活、善于学习、崇尚科学、讲求实际的市民品性,带着历史的深刻烙印一直影响到现在。

在学界的讨论中有很多代表性见解。比如,复旦大学历史地理研究中心主任葛剑雄教授说:"城市精神不是凭空从天上掉下来的,而是随着城市发展自然而然形成的。我们要珍惜上海优秀的历史传统,发扬海纳百川、善于创新的海派气度。上海在历史上向来是一个移民城市,五方杂处,人员频繁进出,正是这种人员大进大出的历史环境形成了上海城市精神文化品格多元化的特质。"

上海社会科学院历史研究所原所长熊月之研究员谈道:"上海20世纪二三十年代也曾有过两次上海人、上海未来发展的讨论,得出的结论是上海最大的特点是杂,多种文化在这里交汇。因此,当时有人断言这个城市能产生出新的文明。"也有不少学者认为,上海的迅速发展得益于最初所处的古代江南村落社区文化的滋养。比如,重视人际关系协调,合作互动,追求个性的发展,重视人与自然的和谐相处。近代上海文化直接受惠于开埠以后从东洋到西洋,从美利坚到俄罗斯的世界各种文化在这里的交流;受惠于从岭南到雁北,从江浙到川湘,中国各种区域文化在这里的融合。从一定意义上说，上海的文化是东西南北文化交汇的结晶，形成了海纳百川、有容乃大的恢宏气度。还有同志提出，上海是20世纪二三十年代中国进步思潮的发源地、中国共产党的诞生地、革命文化的传播地，这一传统在讨论上海城市精神中理应得到确认。

新中国成立以后，上海以其雄厚的工业基础和相对成熟的商业环境，成为新中国的工业制造中心和商业中心，最大的工商业城市。20世纪50年代初至70年代末的整整30年里，上海在计划经济体制下一直担当着共和国长子的角色，长期创造出全国1/10的工业产值，贡献着全国1/6的财政收入。上海人民，特别是上海工人阶级自力更生、艰苦奋斗，创造了很多闻名全国的品牌，在上海诞生了很多全国第一，甚至世界第一。比如，当时的高压电桥、万吨水压机、无缝钢管、上海牌手表、三五牌台钟、永久和凤凰牌自行车、蜜蜂和蝴蝶牌缝纫机等。那段时期，上海的企业曾先后以整体迁厂和输送技术工人的方式支援西部建设及以后的大三线、小三线建设，带动了内地发展。在服务全国的过程中，上海人民形成了精益求精、齐心攻关、勇攀高峰、顾全大局、为国分忧的精神境界。这30年的岁月对塑造上海城市精神产生了重大影响。

也有学者认为，重新确认上海的传统，绝对不能忽视20世纪50年代到70年代这段激情燃烧的岁月。在计划经济时期城市精神被重新锻造，进入上海制造的时代。上海制造不仅锻造了中国的名牌产品，也锻造了新的城市精神。上海创造了很多第一，形成了艰苦创业、负重致远、严谨守则、追求一流的新的精神，成为上海的荣光。这一传统永远是上海发展的精神财富。

访：如果说新中国成立后的这段岁月为上海注入了新的精神内涵，那么改革开放又为上海的城市精神注入了哪些新内容、新要素？

陈：应该说，从时代进步的角度而言，上海城市精神主要来自改革开放的伟大实践。改革开放以来，特别是在20世纪90年代初邓小平南方谈话后，中央作出开发开放浦东的决策以来，上海抓住了这一难得机遇，从后卫变为前锋，进入快速发展的历史新阶段。20年沧桑巨变，上海城市面貌日新月异，人们的思想观念不断更新，文化生活日益丰富，城市的精神内涵由此得到了前所未有的充实和发展，对培育和塑造城市精神起到了决定性作用。这让我们想到20世纪90年代初的上海人形象大讨论，当时讲到的不思进取、因循守旧、竞争精神不足、小富即安等负面的精神状态在这一时期有了很大改变。

回顾这一时期，整个上海干部群众思想解放、精神焕发，与经济建设取得的巨大成就相辅相成、交相辉映。中央的大政方针为上海的发展指明了方向，为上海人大胆实践、大胆探索提供了有力支持。邓小平要求"思想再解放一点，胆子再大一点，步子再快一点"，极大地鼓舞了上海人，很多创新举措，像土地批租、产业结构调整、建立人才高地、两级政府三级管理等一系列的探索，催生了这座城市前所未有的快速发展。包括百万市民大动迁、百万职工再就业、百万志愿者做贡献、百万市民看上海。这一时期上海发生的巨变，是精神变物质最为生动的写照。

特别是上海在历经重大建设、重大活动、重大事件、重大考验的过程中形成的凝聚力、意志力、创造力，成为城市精神新的生长点、催生点，表现得尤为明显。历届市委、市政府领导都坚定不移地贯彻"两个文明"一起抓，十分重视在大发展中培育城市精神。20世纪90年代初，在"几个三年大变样"的进程中所凸显的"上海速度、上海效率、上海风格、上海精神"就是生动的见证。当时我作为市文明办的代表，担任实事工程立功竞赛领导小组的副组长，曾多次听到市委领导提出重大工程建设"要见物、见人、见精神"，上海的重大工程不仅要出工程，而且要出人、出队伍、出精神。市委领导还非常生动形象地指出，城市建设是上海的"筋"和"骨"，市民素质是上海的"气"和"神"。当时那种想干事、敢干事、能干事、干成事，勇创一流的精神，成为上海广大干部群众昂扬奋进的动力。

访：市民素质是上海的"气"和"神"，这种"气"和"神"在城市建设中是如何体现的呢？

陈：当时，大动迁中广大市民舍小家、顾大家，甘愿奉献的精神，令人感动。我记得上海第一条高架道路是中山西路高架，后来叫内环高架，在动迁过程中，老百姓很支持，一动迁就马上搬走了。政府问他们有什么要求，他们说想在老房子动迁点拍张照片，工程结束后再回到这儿拍张照片，感受旧貌换新颜和为上海发展做贡献的快乐。

还有百万职工在转岗再就业中自强自立、艰苦创业。比如纺织行业，它是上海的母亲行业、第一工业，要从55万名员工精简到几万名。当时的形容是壮士断腕。那么多职工要转岗分流，该怎么办？在社会各方的支持下，许多纺织厂女员工转行当空嫂（空中乘务员），送到上航培训，后来还有当铁嫂（铁路乘务员）、商嫂（从事商业活动的已婚妇女）的。

纺织局的局长都落泪了,他也很不舍得,但必须走出这一步!就这样,几十万人一批一批地走了,人去楼空,那么多厂房后来变成商品住宅区、物流区和办公楼,尤其是沪东、沪西地区。20世纪90年代,上海很多居委干部都是从纺织、轻工业等行业出来的厂工会主席、宣传科长、车间主任等,他们都经过大工业的训练,组织化程度很高,很有水平。

1982年兴起的"振兴中华"读书活动,在百万职工和回城知青中倡导学习改变命运、知识造就人生,为了个人的明天、上海的未来、中华的崛起而努力学习、奋斗。2000年,面向21世纪上海人形象大讨论中提出了,上海人应该具备爱国敬业的责任意识、敢为人先的创新勇气、与时俱进的学习态度、海纳百川的宽宏气度和诚实守信的合作精神。2001年,全市人民秉持着顾全大局、通力合作、兢兢业业、争做主人、不辞辛苦、认真沉着、恪尽职守的态度,成功举办了APEC会议。

可以看到,上海很重视在重大活动中不断提取正能量精神,这些都为上海城市精神的提炼奠定了基础。包括从申博成功中提取的胸怀祖国、不辱使命、万众一心、顽强拼搏、顾全大局、团结协作、精益求精、追求卓越、自信从容、博采众长的精神。还有改革开放以来,广大基层群众在精神文明建设中的伟大创造,比如,文明小区、文明社区这些全国首创的创建活动中体现出来的移风易俗、改造社会、追求美好生活的精神力量,以及自我教育、自我提高、自我完善的精神特质。这些都是上海在改革开放伟大实践中积累的宝贵精神财富,是上海城市发展史上重要的文化结晶,是今天上海城市精神的主要来源。

除此之外,还有一些学界的认识,也很有特色,有的入木三分。比如,厦门大学易中天教授认为,如何在现代化、一体化进程中保持自己的个性和品格，是几乎所有中国城市都面临的难题，而最有可能为此提供成功经验的就是上海。上海无疑是全国最具现代性的城市，它几乎一开始就是按照现代城市理念打造的，在此过程中，逐渐形成了自己的城市品格。其中，开阔是上海的品质、雅致是上海的情调、精明是上海人的特征，而沉稳是20世纪下半叶上海形成的新品格。20世纪七八十年代的上海几乎没有了"老海派"那种"敢为天下先"的精神，在改革开放的头十年中观望徘徊，虽然上海失去了当时的发展机遇，却使上海有机会静观兄弟省市的成败得失，从而少走弯路、少犯错误。因此，上海近十年的发展迅速而稳健，鲜有破坏性的建设和头脑发热的一哄而上，新区建设日新月异、旧城改造有条不紊，历史文脉得到较好的延续，上海还是上海，没有变味。

访：上海还是上海，没有变味。说得太好了！上海是这样，上海也应该是这样。只有自觉传承，城市精神才会有丰富厚实的内涵。上海应该树立怎样的城市精神？这是在整个课题研究过程中跨不过去的一个部分。

陈：当然，在这个问题上，无论是从工作层面，还是学界研究来看，我们的意见非常一致，就是植根历史、以人为本，既要重视体现对精神文化之根的珍重与挖掘，又要处理好对源头与流向关系的把握。要注重在百年历史文化积淀中对精神文化发展的总结与思考。一个不注重自己历史的城市必定是无根的、肤浅的。同时，我们又要对城市精神文化引领的前瞻性进行思考与提炼。按照"四个中心"建设，以及上海新一轮发展的要求，通过对精神文化的提炼形成城市精神，为现代化国际大都市建设和发展提供精神指引和核心竞争力。上海的高质量发展，不仅要"高"在物质层面上，还要"高"在精神层次上，所以，在这个基础上，世博会就进一步提出了"城市，让生活更美好"的理念和愿景。

还有一个思考是提炼出来的城市精神"像不像""是不是""能不能"。像不像上海的？是不是作为一个特大型城市，一个向现代化、国际化迈进的中国第一大城市该有的高度和气度？能不能经过努力，达到一个更高的水平，能不能有所承接，再上一个台阶，就是我们讲的"跳一跳，可以摘到果子"。解决"像不像""是不是""能不能"的问题，就是要使城市精神被上海市民接受、认同、体验，形成共识。即让每个市民都能感同身受，从身边人、身边事，从上海前进的每一步中，都能体验到如影随形的城市精神。

访：您之前讲到城市精神必须既有共性又有个性。是否也从另一个角度回答了"上海应该是什么样"的问题。

陈：城市精神不仅要考虑自身的特点、特色，也要考虑与其他国际大都市之间的共性。比如，城市的开放度、整洁度，城市文化的宽容度，生活的便利度，硬件设施的完备度和高水平，这些基本的因素是国际大都市应有的共性，也是上海理应追求的目标。另外，也要提出有别于其他国际大都市的特色，比如，海派文化、江南文化和红色文化，不仅表现在建筑上、硬件建设上，也表现在上海人的精神面貌、思维习惯、待人接物等方面，这是在深入反思和理解上海历史的过程中获得的认识。

关于城市精神的主题和内涵。应该说我们初步的概括，集中反映了大多数人的意见，凝聚了集体的智慧，是形成共识的结果。此外，在提炼和表述上海精神的专家讨论中，这些概念也获得了较高的认同。从现在关于上海城市精神的表述中能看到它的影子，存在于它的内核中，我们也可以在这个基础上进一步发展和延伸。还有一些概念在讨论中也得到了较高的认同，比如，开放、宽容、秩序、多元、合作、责任。这也是一种共性，是上海与其他现代国际化大都市在精神文化层面的共性。

也有一些学者认为，上海城市精神应该强调民主、科学等现代理性价值。过去在一些重大公共项目的实施中，上海的行政权力主导色彩较浓，相对忽视了包括专家在内的广大市民的意见，使得一些标志性规划或设施备受批评，没有公认的心悦诚服的权威性。民主科学的现代理性价值应该体现在重大公共项目的决策中，特别是标志性建筑规划的意见，应该多听取专家在内的广大市民的建议。另外，还提出城市精神应该具有一种渴望被激发潜能、开拓创造的生命意识，一种珍视时间、友情、家庭和同事的幸福观，一种追求个人独特性，又能与人共处、共事的团队精神，一种不安现状、懂得反思的精神，一种遵守规则、按章办事、维护秩序的法治意识。一些学者认为，21世纪的上海要重点培育三种精神：创业精神、合作精神和公益精神。

复旦大学的顾晓鸣教授认为，开明应成为上海的城市精神。开明是精明与高明的融合。开明是立志高远、气度不凡，对新事物特别敏感；是厚德载物，对不同的想法和事物能够宽容待之，领会和鼓励不同意见，奖励成功，宽容失败；是开放的视界，平等对待外人、外物，催生海纳百川的文化；是人与人的相处准则，己所不欲，勿施于人，遵纪守法，以礼相待，克服嫉妒、阴损、无理争吵、斤斤计较的陋习。鲁迅对国民精神的批判一直深入至今，他对"开明"这个词分析得特别到位。开明睿智，开明的含义非常丰富。

还有学者认为，上海在培育城市精神中要地方化和全球化并重。地方化即地方特点，全球化即世界视域。一般认为香港特区的全球化程度比上海高，北京的地方化程度比上海高。所以，上海应该在地方化和全球化间寻求一种巧妙的平衡。

访：除了对上海城市精神的概括，大讨论与课题组调研还有一个很重要的内容就是关于上海人性格的分析研究。人是城市建设、城市生活和城市文化的主体，城市精神一定程度上可以说也是人的精神。

陈：是的。正确认识上海人，或者说正确认识上海人的基本性格是上海城市精神研讨中的热门话题。城市精神反映了一个城市的主流价值观，也就是长期居住在这个城市的人的主流价值观。人是城市的主体，他们的文化、品位、性格，甚至其独特的状态和气质对城市精神的形成无疑具有举足轻重的影响，而在此基础上产生的城市精神又会潜移默化地使人受到熏陶，产生认同感，并且在日常的学习、工作、生活中如影随形地表现出来。这是我们如此重视对上海人性格的研究和评价的原因。上海人的精神结构是以市民意识为标志的。上海人在语言、语汇、生活习惯、处事方式、价值观念等方面与其他地方的人不太一样，容易识别。我们如何在研究过程中辩证分析、正确认识、客观评价，如何做到去粗取精、去伪存真，传承和提取积极进取的特征，摒弃消极落后的陋习，以达到扬长避短的目的和作用呢？

对上海人性格展开研究为塑造和弘扬上海城市精神提供了宝贵的精神资源和重要的文化基础，让其成为推动上海 21 世纪新发展的精神财富和内在动力。1994 年，邓小平在上海说，"上海有特殊的素质，特殊的品格"。其实就包括开拓性、坚韧性、办事认真、精细严谨、讲规则、顾大局、开放度更高等特质，也就是前面讲的开明。讨论突出市民意识就是城市精神的重要基础，表现在人们的日常生活中。而在开展这一讨论前，人们对上海人性格的认识褒贬不一，仁者见仁智者见智，有不同意见。究竟应该如何正确认识上海人的性格呢？我们通过对一些社会热点问题进行讨论，最后形成了相对一致、客观的认识和评价。

访：具体有哪些认识和评价？

陈：第一个问题是"精明与高明"。认为上海人"精明不高明"的观点始于 20 世纪 80 年代。其实在近现代历史上，上海人一直被认为是精明又高明的，上海出现了很多政治家、企业家、法学家、出版家、文学家、著名的新闻工作者和演员，诞生了很多科技发明和名牌产品。改革开放初期，上海改革滞后，上海人被批评"精明不高明"。而 1990 年后，上海又走到了改革的前沿，这种议论也就逐渐风停雨歇了。所谓上海人"精明不高明"是时代使然，而非上海人的素质使然。

第二个问题是"冷淡与热情"。上海人通常被认为冷淡，对与己无关的事不太关心，与人相处分清各自的利益。这种冷淡其实是自主和冷静。原因有三：一是与城乡差别、不同的生活场景有关，大城市人口流动性大、异质性大、可信度低，快节奏的都市生活迫使人们注重效率、简化人际关系；而乡村小镇居民活动范围小、相对空闲、接触的人相对固定、熟人比例高，比较容易热情。二是与上海的地位有关。上海是特大城市，计划经济时代是中国的商业中心，上海的产品在全国首屈一指、十分抢手。家乡人对上海往往有较高的期望值。但是上海一般人的生活也很普通，工资不高、住房不大、工作紧张，对家乡人不敢热情，也难以热情。这样就造成了期望与现实的落差。三是与来往频率有关，上海大多数是外来移民，客多、来往多容易生烦生怨、容易变得冷淡，特别是上海出生的年轻人与父辈、祖辈的亲戚联系很少，也使其显得冷漠。

第三个问题是"小气与大气"。上海人通常被认为比较小气，与人相处锱铢必较，请客送礼，出手不大方。其实，这与冷漠、冷淡是同一个意思。移民社会讲求个人自立、自强奋斗，分清彼此的权利与义务。送礼也往往是象征性多于施惠性，因此，不会无缘无故接受馈赠，也不会无缘无故施惠于人。在讲究亲缘、地缘的人看起来这是小气，其实是现代人的一种理性，无求于人，没有依赖性。所谓君子之交淡如水，无债一身轻。相反，在大方的背后，期待的回报一旦没有获得，更容易生气、生怨，甚至生恨。当然，上海也确实有非常小气的人。这种吝啬无聊之人，全世界都有，但在上海，人们往往将小气、冷漠与精明联系在一起，变成对上海人负面印象的一种概括。

第四个问题是"守法与开拓"。从近代到现代，上海都是中国法治比较健全的城市，所以，上海人一般很遵守规则、尊重规范，注重运用法律保护自己的权益。延伸到日常生活中，上海人比较重视游戏规则、遵守约定俗成的规矩，这是商业社会留下的文化遗产。近现代史中的上海人是既守法又有开拓精神的，两者相统一，上海的很多"第一"都源于开拓精神。新中国成立后，计划经济强化了已有的遵纪守法、循规蹈矩的传统文化，但是从社会学意义上讲，留给上海人开拓的空间不大，计划经济讲求按部就班。20世纪80年代起，中国从计划经济向市场经济转轨。旧规矩需破而未破，新规矩将立而未立，正是需要开拓精神的时候，而上海人守法有余、开拓不足、因循守旧、墨守成规，确实开拓性不够，有很多因素制约了上海人的开拓精神。90年代以来，中央决定开发开放浦东，振兴上海，上海人解放思想、转变观念，城市发展大变样，上海的开拓精神被充分释放出来。在经历转轨过渡时期，建立市场经济新规范的过程中，守规则、重规范就成了上海人新的优势。上海的营商环境得到了中外客商的一致好评，吸引外商成功率高达98%，居全国之首。此时对上海人的评价有了转变，认为上海人既守规矩，又有开拓精神。可以说，"守法与开拓"是上海迅速发展的重要因素，守规则、重规范也变成上海人新的优势了。

第五个问题是"论理与论力"。上海人长期受法治熏陶，具有较强的法治思想，吵架是为了理，建立在双方有共同价值标准的基础上。论力不论理是野蛮的表现，论理不论力是文明的表现。应该从城市发展和社会进步的角度理解上海市民性格的变化。

第六个问题是"争夺与谦让"。近现代上海是移民社会，人际关系简单，比较冷淡，邻居之间比较独立、互不来往、互不谦让、互不关心。比如，公共厕所、公共走道的卫生无人过问。注重个人利益，对公共资源进行无序争夺，比如，争夺公共厨房空间、争夺公共走道堆物晾晒的空间、外出乘车抢座位。当时，上海人争小也争大，家里也争、外面也争。上海人做生意争市场、争原料、争技术，从国内争到国外。我们提倡竞争，但要看怎么争。在计划经济条件下，生活空间小，在短缺经济、票证经济条件下往往就容易计较，不计较就很难生活。"排队"现象是贯穿这一时期的消费行为，理发要排队、购买生活物品要排队，甚至计划生育也要排队。20世纪90年代后，上海城市面貌大变样，住房宽敞了、交通便利了，但是争夺还是存在，如乘车抢座位、购物不排队。与此同时，该争之处反而不争了，反而"谦让"了。原来的上海人很多工作不做了，将许多服务行业岗位拱手相让，很多新上海人在从事服务行业。上海人不愿意到小菜场卖菜，不愿意经营理发店和小摊小贩，不愿意扫马路，不愿意当建筑工人。争小不争大，该争不争、该让不让，这是当时一些上海人身上存在的负面因素，也制约了上海的发展。

访：不得不说，对这六个问题的分析有理有据、实事求是。也让我们对上海人的市民性格和特质有了较为全面的认识。其中的一些阐释也回应了外界对上海市民的误解和偏见。

陈：是的。在研讨中，许多学者还发表了其他的见解，如易中天认为，理性精神在上海深入人心，上海人在管理公共事务时井然有序，尽可能做到公平合理。有的学者认为，上海人精明，注意区分公共领域和私人领域，有较强的身份认同感，努力寻求文明的生活方式，有责任心，讲信誉，不喜欢激进的表达方式和行为方式，习惯在安定的环境中做事。有的学者认为，上海市民意识的核心是合理主义，即依据现实、运用理智、遵循规律、重视公平、追求完美。这种合理主义具有很强的现代性，也使市民的生活方式更具个性化。还有的学者认为，上海人一是有很强的权利意识，这培养了上海人的公正意识和对他人利益的尊重，使上海人对权力的追逐相对淡漠；二是重视能力，把个人能力看得很重，对有能力的人遵从服帖，同时注重自我能力的培养；三是喜欢用制度解决问题，把懂规矩、讲道理作为一个健全的社会人的基本标志；四是现实主义，讲求实际、实惠，这种现实主义既强调务实，又强调战略发展，不光看短期也看长期，力求把理想建立在有战略价值的现实努力的基础上；五是强调创造美好生活，看重生活对人生的价值和意义。这种在市民意识基础上的社会文化为上海城市管理实践提供了积极健康的思想基础和精神动力，推动了上海的改革开放和现代化建设。

复旦大学胡守钧教授提出，上海人必须培养创新精神、提高创新能力、敢为天下先，方能使城市充满活力。新华社记者赵兰英认为，上海人精神素质已经有了很大变化。公认的现象是上海人努力甩掉小家子气，从小市民走向大市民，地域观念正从上海人心中消除，成千上万的"外地人"与"乡下人"被上海接纳，融入社会各阶层之中。今天的上海人身上出现了舍小我、求大我的气度，重精神、勤学习的气质。

访： 城市精神的培育和塑造对上海新一轮发展的影响是什么？上海是如何发挥城市精神引领作用的？

陈： 这就需要提到弘扬上海城市精神的着眼点和着力点，也是整个研讨涉及的重要方面。在初步提出上海城市精神后，市委领导多次对弘扬和实践城市精神提出要求，主要有以下四条。

一是要着眼于实现国家战略，提升上海综合竞争力，推进上海新一轮发展，更好地服务全国，大力弘扬和实践城市精神，推进上海新一轮发展，把创新思维进一步融入经济、社会、生活的各个领域，坚持做到开创性、坚韧性、操作性"三性"有机统一，谋求新突破、实现新发展。

二是各行各业应努力实践城市精神，领导干部要带头实践城市精神，把培育和实践城市精神融入城市经济、社会发展全过程。在整个大讨论过程中，对如何实践弘扬城市精神也整理、概括了很多意见，提出既要解决着眼点和着力点的问题，又要精心设计载体，不断拓展形式。通过总结重大工程、重大活动体现城市精神；通过培育重大典型、重大榜样塑造城市精神；通过重大作品、重要艺术形象彰显城市精神；通过整治重点顽症倡导城市精神；通过重点人群示范弘扬城市精神；通过建设重要的城市景观展示城市精神。还提出要在充足底气、激发锐气、弘扬正气上下功夫，把城市精神的巨大能量充分释放出来。通过知名人士、著名演员、电视节目主持人参与拍摄公益广告和电视专题片等方式，号召、带动全市人民向倡导的方向努力。

三是要以培育和实践城市精神为抓手，全面提升上海精神文明建设水平。根据上海新一轮发展的特点和需要，紧密结合城市建设管理要求，进一步抓好精神文明创建，以开创性的工作，进一步提高市民素质和城市文明程度。提出下一阶段要紧紧抓住举办世博会的机遇，加强舆论宣传，实施《上海迎世博文明行动计划》。围绕"实践城市精神，做可爱的上海人"的主题，广泛开展迎接世博，告别陋习活动，引导市民从现在做起、从细微处做起，让城市精神转化为每个市民的思想观念和自觉行为。这就把专家学者提出来的提升市民素质应紧迫解决的问题纳入弘与实践上海城市精神、推进精神文明建设的着力点上了。

四是培育城市精神是一项长期的任务，是一个在实践中不断丰富、升华的过程，具有阶段性、开放性、动态性特征。对城市精神表述方式的提炼和概括不是一个终极定论，而是一个阶段性成果。我们要在蓬勃发展的现代化建设实践中，不断丰富和发展上海城市精神。

在培育和提升上海城市精神的过程中，上海人寻找工作上的差距，并加紧追赶，同时也改进自己的不足，体现出上海人积极主动的一面。比如，针对怎么样做一个"可爱的上海人"，上海两会上各界代表委员提出，开放的上海要以人为本，要尊重每一个人，不论是外国人还是外乡人，不论他从事何种工作，都应该一视同仁；凡事要有诺必践、诚实守信；要让微笑待人、友善和蔼成为上海一张"可爱的"名片；要从每个人都能做到的小事开始，实践城市精神。同时，社会各界人士还表达了对本土和外来上海人的希望，政府部门也要成为"可爱的"政府，政府的工作人员应成为"可爱的"公务员。当时，新当选的市长发表讲话："新一届市政府将努力成为一个忧民所忧、乐民所乐的服务政府；一个务实高效、廉政勤政的责任政府；一个依法行政、公正严明的法治政府。政府工作将从严执政，狠抓自身建设，强化职能转变。"

访：塑造"可爱的上海人"形象也包括塑造"可爱的"政府形象。这不仅有利于提升政府的公信力和认同度，也有利于提升市民素质和塑造城市形象。

陈：我记得当时上海市黄浦区委书记说过，"政府部门和公务员的公仆意识和高效优质服务，是塑造可爱的上海的重要组成部分，一个清明、公正、高效、务实的政府，不仅是提升城市精神的必要条件，更能在对外交往中为城市赢得美誉。"我也切身感受到，上海市民也积极争当"可爱的"市民，追求城市让生活更美好、让人更美好。在迎博、办博的过程中，这种积极性和主动性表现得淋漓尽致。上海社会科学院瞿世镜研究员提出，上海市民素质和城市文明程度的进一步提升，要从确立市民行为规范的表层进入，确定公共价值观念的深层内核。

复旦大学余源培教授提出，总的来说，上海精神文明建设与新世纪的城市精神还有不少差距，应抓住世博会的机遇与时俱进；要从开始相对注重形态文明（城市的软件、硬件建设和市民的行为举止）深化到更加注重功能文明（城市管理和服务功能）和素质文明（市民的精神境界、精神品格和自我修养）。素质文明在精神文明建设中具有基本性、内涵性和丰富性的特点，是整个城市文明建设的基础。他认为，提高市民的素质文明可以从"知""情""毅"入手。"知"是指知识水平、学习能力；"情"是指对社会和他人情感反应的态度；"毅"是指抓住机遇，开拓创新，承受压力，克服困难，不达目的誓不罢休的决心、韧劲和毅力。要形成三方面文明共抓的局面，整体反映高水平的城市精神。这些建言献策都体现在以后上海文明创建的测评指标体系和迎世博会的工作之中了。

我们从这次城市精神大讨论中汲取了很多营养，具体体现在上海精神文明建设的目标、载体、内容和要求中。有的学者认为，上海是全国最大的工商业城市，主要群体是各行各业的职业人员，应更加强调职业精神，提升职业人的效率，这是提高城市竞争力的重要问题。有的学者认为，上海在历史上是一个移民城市，随着大批新移民的出现，社会恢复活力，应注重提高新移民的认同度和融入度。比如，不要用外来打工者、打工妹之类的称呼，而应称其"上海新居民"或"新上海人"；要在政策上提供服务，放宽对其子女入学的限制和上海户籍限制，构筑新上海人成为上海永久居民的通道，吸引高层次的新移民。还有学者认为，应"拓展城市精神生长的社会文化空间"。上海文化发展除了依靠行政大力推进外，还应该考虑如何发挥民间的文化力量，创造一个活跃、多元的文化环境，让民众自觉发展民族和地方文化。政府应积极支持民间文化资本、民间学术研究力量参与文化建设。只通过行政一元化的方式推进文化建设，可能会压制群众性、民间性文化建设和创造的积极性等。其中的很多观点现在看来也是很有启发的。

总的来说，这次研讨是上海历史上对城市精神文化形成和发展的一次空前的总结和思考，参加者涉及各界人士，研讨内容的广度、深度，以及审视角度的多维，都是前所未有的。大讨论对于上海城市的发展及上海人的成长还会继续产生重要而深远的影响，同时也留下了一大批宝贵的研究资料。这些都值得我们保存，并不断深化对它的研究。

第三部分

上海重大文化设施的建设：
不光要"高大上"，还要"接地气"

> **访谈对象**：孙一兵（中共上海市委宣传部原事业产业处处长、上海市文化创意产业推进领导小组办公室原副主任）
> **访谈者**：马丽雅、孙越
> **时间**：2022 年 11 月 29 日
> **地点**：上海社会科学院中国马克思主义研究所会议室
> **访谈稿整理人**：马丽雅

访谈者（以下简称"访"）：作为中国最大的经济中心城市和改革开放前沿阵地，上海拥有先进的文化基础设施和生产能力。凭借历史禀赋、丰富的文化资源和独特的区位优势，30 多年来，上海在市委、市政府的正确领导下，在各相关部门的大力支持下，经历了一轮又一轮公共文化设施建设，取得了显著成果。您是上海公共文化设施建设的重要亲历者，回顾这 30 年多年的发展历史，能否描述一下其发展的基本脉络？

孙一兵（以下简称"孙"）：上海公共文化设施发展大致可分为四个阶段。第一阶段是 20 世纪 80 年代中期的思想准备阶段，或者说探索阶段。上海公共文化设施建设是从 1986 年上海文化发展战略研讨会之后起步的。当时上海可谓是百废待兴，整个上海重大的文化设施就是 1969 年兴建的万人体育馆，其他所有的文化设施都是新中国成立前遗留下来的。实际上，无论是"建设一流城市"，还是"国际文化交流中心城市"，乃至"国际文化大都市",都需要有与之相匹配的图书馆、博物馆、大剧院等文化配套设施。

访:1986年,文化发展战略研讨会中讨论过的文化设施,后来都落地了吗?

孙:令人欣慰的是,当时提出的设想后来都逐步实现了。刚刚讲的是第一阶段,第二阶段是启动阶段,时间跨度从20世纪80年代末至2000年。

我记得,20世纪八九十年代著名指挥家小泽征尔率美国交响乐团来上海演出,就是在万人体育馆,因为考虑到音乐回声的问题,体育馆内半个场子都用白布围起来,结果演出反响非常热烈,小泽征尔说,"我在世界上最大的一个场馆演出了交响乐",其实这句话既褒又贬,说明当时上海实在没有合适的场馆演出交响乐。

从上海公共文化设施的发展历程来看,第一轮设施建设高潮是在20世纪80年代末到1998年上海大剧院、东方明珠建成。在第一轮建设高潮中,上海影城、上海图书馆、上海博物馆、上海大剧院、东方明珠都是标志性建筑。另外,还建成了一大批电台、电视台和报业的大楼。

访:在启动阶段,上海顺利建成一大批具有国际一流水准的标志性重大文化设施,之所以能够顺利建成,您觉得其中的秘诀是什么呢?

孙:我觉得关键还是历届领导对建设项目的大力支持、相关管理部门的群策群力和广大干部群众的辛勤耕耘。在文化设施建设方面，上海的相关管理部门一直有着良好的协作精神，面对困难都是一点一点推进的。仅从历届领导重视文化建设方面来说，最早可以追溯到陈毅市长，上海博物馆目前能够有超100万件藏品，得益于陈毅担任首任上海市市长时对文博事业的重视，他拨了专项经费回收各种藏品。当时上海刚解放，藏品价格低廉，很多古董流落散失在上海，上海因此成了古董藏品和文物的价格洼地。再比如，市委常委会专门讨论上海图书馆的建筑形态问题，屋顶究竟应该采用什么样的外观，选择圆形的、方形的，还是锥形的，最后决定采用锥形的；在讨论上海博物馆的建设高度时，原先限高17米，考虑到它在人民广场的地标性意义，最后提高到36米，可见对其重视程度。

访：当时上海影城和东方明珠广播电视塔、上海图书馆（新馆）、上海博物馆（新馆）、上海大剧院、上海书城、上海广播电视国际新闻交流中心、解放日报大厦、上海有线电视网等工程一起，被列为"精神文明十大工程"。上海影城还曾连续荣获20世纪90年代上海十大新景点最佳设计奖、新中国成立50周年上海经典建筑提名奖等奖项，也是A类国际电影节"上海国际电影节"的主会场。当时上海影城建造的资金是从哪里来的呢？

孙：上海影城项目于1989年12月动工，是1991年上海市政府实事工程之一、上海市首家五星级影院，掀起了上海重大文化设施建设的高潮。随后，相继建成上海图书馆（新馆）、上海博物馆（新馆）、上海大剧院等。文化建设由于不属于"吃饭财政"，所以在建设资金上往往是

"排在末尾、砍在第一"。上海当时就咬紧牙关上文化设施建设项目,虽然文化设施不属于必需的物质生活,属于精神文化领域的,但是城市发展到一定程度,后者是必然的需求。

你们提的问题实际上涉及文化专项资金问题。1989年,上海成立了文化发展基金会,并设立了文化专项资金。文化发展基金主要是对公益性的文化发展进行补贴,这是按照国际通行的办法操作的,一直延续到现在。文化专项资金建立初期,资金来源非常困难,于是就采用了"零承包"模式,即采用系统内各单位文化经营的退税筹集资金。上海影城就是首个采用"零承包"模式建造的大型文化设施,当时筹集到3600万元。之后上海影城的建成为上海国际电影节跻身全球十大电影节奠定了重要的硬件基础,这3600万元就是通过电影售票的退税逐步完成的。这种筹集资金的方式当时也引起了不少争论,有人说上海影城是建了个"不生蛋的鸡",但之后的票房数据证明上海影城建设项目是成功的。

需要说明的是,文化专项资金不仅在补贴项目、支持硬件设施建设方面成效显著,更为重要的是体现了资金撬动作用。从当时来看,民营企业发展不够充分,而文化发展希望能举全市之力,充分发挥企业的资金支持作用,希望以小部分资金吸引企业、发改委的资金支持,当时被形象地称为"吃拼盘",这种做法比较典型的设施建设项目就是上海大剧院。当时全市的财政支持仅有3000多万元,后来市广电局的资金才被吸引进来。

访:在人民广场这样的市中心黄金地段建大剧院,足见当时市政府对公共文化设施建设的倾力支持。

孙：上海大剧院建设时，市领导专程到选址现场查看。上海大剧院究竟是拆除老建筑后建造，还是结合老建筑建造，当时是有争议的，最后决定全新建造。在上海重大文化设施建设的启动阶段，市委、市政府高度支持文化设施建设，在"八五"计划中就提出了人民广场、花木地区等几大文化圈建设的宏伟蓝图。随后，在具体项目的建设过程中，市委、市政府领导倾注大量心血，亲自过问协调，重大项目的选址、实施方案及建筑外形等许多事项都是由市委常委会研究决定的。例如，市政府将人民广场等多块市中心黄金地段的国有土地用于文化设施建设，同时还给予多个文化项目减免建设中水、电、煤和人防配套费用，给予文化项目在土地批租和置换中减免税费的优惠政策，大大减轻了项目建设单位的投资压力。

访：上海大剧院自开幕以来，迎来了无数世界级表演团体和海内外众多的艺术名家，已成为世界级艺术作品的展示平台、国际性艺术活动的交流平台和公益性艺术教育的推广平台。

孙：我们的国粹京剧和国外最经典的三大男高音都曾在上海大剧院演出过。上海大剧院建成后，对全国文化建设起到了带头作用，上海博物馆、文化广场建设在全国范围内都起到了同样的作用，并与世界接轨，这些都是城市文化发展的载体。

访：我们这一代人中，对第一轮重大文化设施印象比较深刻的还有东方明珠，我们家有张我小时候在外滩拍的照片，当时背景中还没有东方明珠。建设过程中,多位国家领导人先后视察了东方明珠广播电视塔工程,中央领导肯定了东方明珠自筹建设资金的做法"是个创举"。建成后,许多到访上海的国家元首和学术专家都来过东方明珠"打卡"。2001年,著名当代德国思想家哈贝马斯访华时,也特地参观了东方明珠电视塔。

孙: 粗略估计,至少有四五十位国家元首曾到过东方明珠电视塔。古巴领导人卡斯特罗访问上海时,浦东正处于改革开放繁荣发展时期。卡斯特罗登上东方明珠电视塔,看到浦东和浦西的对比后非常感慨,默默地坐了45分钟,甚至把访问的计划都打乱了。

1997年,东方明珠开放的第一个"五一"长假,当时的门票是50元/张,结果游客蜂拥而至,经营方都来不及数钱,最后算下来,一天有100万元的收入,7天下来收入有700万元,说明社会认可度非常高。

访: 东方明珠的选址也是非常成功的。城市规划中的道路、交通和工业代表了城市的"筋"和"骨",而文化是一个城市的"气"和"神","气""神"要与"筋""骨"相互支撑。城市的文化设施是城市形态的重要元素,是影响社区、社会认识、艺术、习俗和行为的重要载体。

孙: 上海公共文化设施发展的第三阶段是完善阶段,时间跨度从2000年到2010年上海世博会举办。2000年,随着上海进入全面建设小康社会,努力率先基本实现现代化的发展新阶段,"十五"至"十一五"期间,上海开启了新一轮重大文化设施建设工程。根据2004年出台的《上海市文化设施总体规划》和《上海文化发展规划纲要(2004—2010

年)》，围绕中国特色社会主义文化建设的根本任务以及到 2010 年形成现代化国际大都市基本框架的目标，上海建设和规划了一批标准性、功能性的重大文化设施。为迎接 2010 年上海世博会，这一轮主要是围绕世博概念的一系列场馆建设。此外，这一轮建设侧重基层的公共文化设施建设，不能光是"高大上"，还必须"接地气"。

访：既要"高大上"，又要"接地气"，当时的文化规划思路是怎么转变的呢？

孙：刚开始是考虑"上海缺少什么设施"，缺什么就造什么。后来，文化规划的思路转向"文化规划和城市布局相结合"。1998 年底，提出了要进一步完善文化设施建设规划，我们感到需要进一步完善的是社区文化活动中心的建设，即所谓的"顶天立地"概念。"顶天立地"就是要明确区分高端艺术表演和为老百姓服务的公共文化服务功能，市场性和公益性要有明确的区分，为老百姓服务属于公共文化服务，不能将其纳入市场范围。另一方面，高端的艺术表演是一个城市文化建设的重要方面，宝冢歌舞团首次来上海大剧院演出，有近 4 000 名日本观众专程从日本来上海观看演出，可见高端艺术表演的影响力。

访：如果没有最好的文化设施，是不足以代表上海的城市形象的。另一方面，"立地"就是老百姓都能享受到的文化设施。

孙：2002 年左右，市委领导明确提出要结合上海的"一轴、两河、多圈、均衡布局的点"考虑文化规划，就是对现有的文化规划进一步完善。"一轴"是已经形成的，以南京路—淮海路为东西轴，后来逐渐延伸至浦东的东方明珠区域，后又发展为东西城市文化中轴，"一轴"上有上海博物馆、上海图书馆。"两河"就是黄浦江（俗称"父亲河"）和苏州河（俗称"母亲河"）。苏州河沿岸集中了一些文化创意产业，而对于黄浦江来说，世博演艺中心与东方明珠相互联结。"多圈"是指城市的副中心，强调与地域经济发展相结合。比较典型的就是徐家汇和五角场，以及后来打造的静安寺、中山公园。实际上，这是结合市场定位采取的城市副中心规划，这样可以调动每个区的积极性。"均衡分布的点"意味着真正为老百姓就近服务的、步行15分钟可到达的公共文化服务设施——文化馆和社区文化活动中心。这些设施虽然不高档，但是老百姓能得实惠。而在推进文化产业发展时，文化规划又增加了一个"金腰带"，即在内环、中环和外环内的很多公共绿地和老厂房区域，进行文化创意产业的发展。

访："多圈"和"均衡分布的点"，意味着重心下移，特别是"均衡分布的点"主要是指基层公共文化设施。2000—2010年，在第三阶段的重大文化设施建设高潮中，上海城市规划展示馆、上海美术馆、上海科技馆、上海市档案馆外滩新馆大楼、上海音乐厅、上海东方艺术中心、东方网综合业务楼、世博演艺中心、中国国家馆、上海中国航海博物馆等建筑都是比较有代表性的。我记得当时上海音乐厅平移工程电视台还进行了直播。

孙：当时上海音乐厅整个朝金陵路方向后退了68米，进入延中绿地中。另外，这一阶段，还有一批重大文化设施在"十一五"期间动工，与已建成的重大文化设施一起勾勒出体现文化大都市气派的文化设施基本格局。比如，上海文化广场按照"文绿结合，以绿为主"的文化剧场建设规划被整体改造、上海市群众艺术馆扩建改造、上海自然博物馆新馆破土动工、上海电影博物馆奠基开工、元代水闸遗址博物馆正式开工等。

访：文化广场的案例也非常经典，它从旧上海时最早的跑狗场，一路曲折发展到现在的形态，非常不容易。

孙：把文化广场这块地保留下来，首先，这是对上海的文化底蕴和各种因素综合思考的结果。很多人都曾经为这块土地的保留和后续开发做出过努力。对于如何利用这块土地，大家都认为这是历史留给我们的重要遗产，必须有文化包含其中。其次，文化广场的开发是上海城市文艺功能形态的完善，其功能定位就是以音乐剧演出为主。再次，文化广场的开发以"文绿结合，以绿为主"为特点。可以说是全世界最深的一个音乐剧剧场，最深处达地下35米。最后，文化广场的建设也是一种建筑上的探索，在全世界是独一无二的。如此大体量的公共文化建筑的建造，实际上也承担了巨大的压力和风险。

从内容建设上来说，文化广场的运营也是团队不断创新开拓的未完成式。最初，文化广场处于亏损状态，通过2年的努力才扭亏为盈。

访：世博演艺中心是2010年上海世博会最重要的永久性场馆之一。后来，梅赛德斯—奔驰在2011年初以十年8 000万美元的成本购得了该场馆的冠名权。这是梅赛德斯—奔驰在德国以外的第一个冠名场馆,被《纽约时报》称为创下中国冠名权交易新高。您能谈谈这个案例吗?

孙: 世博演艺中心建设时,就发现历届世博会中,演艺方面没有得到充分发展,光有展示,缺少演艺,而后者恰恰是展示中最为重要的一个方面。我们在日本爱知世博会考察时,最后几场是中国的演出,演艺取得了极为轰动的效应。虽然世博建设的时间紧张,还有经费问题,但是机不可失,时不再来,抓住机遇极为重要。当时我们做了一个决定,要在世博园区建造一个大型演艺场所,这是一个重要的理念,但是具体到是怎样的大型演艺场所,没有人知道。

当时有媒体说,上海的很多剧场演出都无法排满,剧场收入无法解决自身生存问题,为什么还要建造一个大型剧场。我们也去周边进行调研,就感到虽然上海的演出剧场很多,但是缺少一个流行文化演出的场所,大剧院是搞高雅艺术演出的,大舞台是纯粹的体育馆。因此要争取建造这样一个场馆,做方案的时候一开始想建设小型剧场,后来感到必须是有一定规模的剧场,才可以形成集聚效应,到后来就被定位成"文化大世界"。为此,2008 年我们曾去英国进行考察。英国在跨世纪的时候,建造了 3 个建筑:千年桥、伦敦眼和千年穹,美国的演艺集团和英国合作,共同改造千年穹,目的是建造一个大型流行文化演出场所,并用 O^2 冠名。现场观看流行乐队演出时,效果空前地好。

世博演艺中心建成后,可以看到无论是内部空间,还是周边交通都非常合理,剧场内的观众可以在演出结束后 8~10 分钟完成疏散。当时市委领导表示,一定要为上海人民留一份文化资源。可是当时市财政没有钱，于是千方百计筹措资金建设世博演艺中心，一开始规划造价是12亿元，随着设计方案的变化，设计造价提高到16亿元，最后完工的造价是23.4亿元。世博演艺中心最早被称为"浮游的城市"，简称"飞碟"，建筑风格也引发许多争论。时间进度也同样引起了质疑的声音。一方认为，应先把土地留出来，等世博会结束后再建造。另一方认为要抓紧时间建造。之后，又有人认为应争取在世博会期间把建筑外壳建造完毕，逐渐发展到争取世博会的闭幕式在世博演艺中心举行，到最后争取世博会的开幕式也在世博演艺中心举行。因此，世博演艺中心建设的最终落地经历了四个发展阶段。施工细节和难度就不再详细说了。

现在来看，世博演艺中心最能代表上海的城市定位，而且是独一无二，其他城市无法模仿的。世博演艺中心建造就是国际化的工程管理和运营体制。

访：2010年至今，上海重大文化设施的规划与建设在原有基础上得到全面提升。据统计，"十二五"期间，上海市规划建设和在建的重大文化设施项目共30个，总建筑面积约98万平方米，全市公共文化设施面积约312万平方米。

孙：世博会后，上海重大文化设施建设进入第四阶段，也就是功能和内涵全面提升阶段。这一轮建设中比较有代表性的主要是当代艺术馆、上海交响乐团音乐厅、上海国际舞蹈中心、上海图书馆（东馆）、上海博物馆（东馆）、上海大歌剧院等。在公共文化设施建设过程中，基本上是举全市之力，市委宣传部、市文广局、市新闻出版局等部门都参与建设。

访：从上海早先提出的"建设一流城市",到 1997—1998 年提出建设"国际文化交流中心城市";从世博会前后提出建设"国际文化大都市",到最近提出的建设"科创中心""创意城市",多年来,上海公共文化设施建设的发展阶段与上海陆续提出的文化发展定位是息息相关的。规划上海公共文化设施建设的同时,是如何考虑其承载的内容和发挥的功能的?

孙：重大文化设施建设的每个发展阶段,无论是政策,还是最终的文化设施内容,都存在一定的先后顺序。就像政策法规往往滞后于产业发展,内容建设也往往滞后于设施建设,这是一对突出的矛盾。刚开始的时候,说没有合适的演出场所、没有好的办公场所、没有好的博物馆,设施建设落后于内容建设。可一旦设施建成后,是否真的有好的、与之相匹配的软件内容,又成了另一个问题。换句话说,缺乏硬件设施时,人们会觉得软件建设还可以,而硬件建设加快步伐后,上海的文艺演出、报业、出版,以及广播电视内容建设是否能及时跟上,其中确实存在难以回避的问题。

从内心来讲,当初规划硬件设施建设时,也试图考虑过软件和内容建设问题,但实践是检验真理的唯一标准,还是需要在发展中不断合理完善。从根本上说,文化设施作为建筑,是城市经济发展和规划、设计、现代理念的物理载体,建筑用三五年就可以建造出来。软件和内容建设就比较复杂,好的作品和内容可能很快冒出来,也极有可能需要长时间的酝酿和培育,其中存在许多偶然性。而且,后来者总是要对之前的作品和内容创新优化,推动硬件设施的功能不断完善,提出新的需求。总体上，硬件设施和软件建设是既矛盾，又相辅相成的关系。

访：您从事文化事业和产业管理已经几十年了，有什么经验和心得可以跟我们分享一下吗？

孙：从根本上说，上海的文化发展不是由政府直接推进的，而是在市场的充分发展和产业发展的基础上完成的。我一直有个观念，上海办事情离不开政府，但是可持续发展不能靠政府，靠政府的结果只可能是"扶一个，死一个"，政府只是起到助推的作用。另外，当时上海的市场活力不够。因为过去的齿轮太强大了，无论从经济，还是文化建设上来说，这个齿轮的力量都过于强大，因而很难实现流程再造，很多创新和突破实际上是在夹缝中不断成长并最终实现的。最典型的例子就是互联网。谁也没有想到游戏文化发展如此迅速，当时处于互联网、出版、文化、广播电视都涉及，但是"三不管"地带，但后来就发展壮大了。所以，是市场推着我们往前走。

实际上，上海在历次改革中都是站在潮头，引领全国风气的。梯度转移，转发展、调结构，大众创业、万众创新，创新型的城市，都有上海奋发努力的身影。但是创新本身的真正实效如何，能否起到改革的作用，这是需要认真思考和研究的问题。

访：重大文化设施建设是上海建成国际文化大都市和提升城市文化软实力的重要保障，也是保障市民基本文化需求的重要载体和抓手。"十四五"期间，上海着力推进多个重大文化设施项目，涵盖市级博物馆、图书馆、纪念馆和各类演艺剧场等。其中，中共一大纪念馆、宛平剧院改（扩）建、上海少年儿童图书馆（新馆）、中国近现代新闻出版博物馆、上海图书馆（东馆）等一批项目已相继建成。上海博物馆（东馆）、上海大歌剧院、上海越剧艺术演艺中心、上海文学馆等一批重大在建项目正在按计划施工，将在未来几年投入使用。您对未来上海文化设施建设有什么期待吗？

孙：我们的规划和眼界要有前瞻性，上海几十年的重大文化设施建设实践也表明，很多事情都要有前瞻性。在未来的规划中，我们还要注意打造好地域文化。比如，现在的金山枫泾、青浦金泽都不错。

上海的人群也是海纳百川，层次不同，经济实力和文化需求更是不同。这些都是上海建设重大文化设施过程中必须认真考虑的问题。

上海文化经济政策：
为文化建设注入一湾"活水"

> **访谈对象**：孙一兵（中共上海市委宣传部原事业产业处处长、上海市文化创意产业推进领导小组办公室原副主任）、樊人龙（中共上海市委宣传部原事业产业处副处长、上海市文化创意产业推进领导小组办公室资金办、综合办原主任）
>
> **访谈者**：孙越、谢牧夫
>
> **时间**：2022年11月24日、12月13日
>
> **地点**：上海社会科学院中国马克思主义研究所会议室
>
> **访谈稿整理人**：孙越

访谈者（以下简称"访"）：改革开放以来，上海为适应市场经济需要、推动文化事业产业发展，在文化经济政策方面做了很多探索，而你们正是这一过程的重要亲历者和见证人。请两位先为我们介绍一下当时的背景。

孙一兵（以下简称"孙"）：如果要讲上海的文化经济政策，那么就一定要讲到上海的文化发展战略研讨，两者是分不开的。1986年，我们的研讨成果汇总成《上海文化发展战略汇报提纲》，并得到党中央和国务院的批转，基本上确定了上海文化发展的战略目标，接下来就是实施的过程。实际上，当时参与研讨的一部分专家，比如，当时的市财政局局长、上海社会科学院部门经济研究所的专家，都提出从设计新的文化

经济政策着手，包括利用投资、税收、金融、价格等工具推动文化建设。1986年9月，上海市委宣传部调整了事业管理处的职能，作为文化发展战略的实施单位。樊人龙处长是处室里资格最老的一位，他最有发言权。

樊人龙（以下简称"樊"）： 文化发展战略研讨不仅提出了上海文化发展的蓝图，而且促成了实施文化发展战略任务具体机构的建立，对市委宣传部事业管理处的原有职能进行了调整，明确事业管理处还要有另一块牌子——"上海市文化事业管理处"，行使一部分市政府综合协调职责，推进文化发展战略任务的落实。新组建的事业管理处最初的工作包括文化经济政策研究，我们一方面研究上海的文化经济政策，另一方面大量搜集国外的文化经济政策，专门组织翻译了一些国际大都市的相关政策，试图从中借鉴一部分发展经验。应该说，上海的文化经济政策研究是起步最早的。

访： 两位都提到，改革开放以后，上海创新文化经济政策的初衷是为了落实文化战略研讨确立的发展目标，那么，在落实的过程中，上海又面临哪些亟待解决的问题？

孙： 经过研讨，上海有了明确的文化发展目标，也就是"汇报提纲"里面提到的，"使上海成为一个具有国际影响的文化中心"。要实现这样的目标，我们面临的最大问题就是"钱从哪里来"。原先，国家在文化领域的工作以意识形态管理为主，资金大多数来自"人头费"，机关、事业单位的"吃饭财政"。讲句实话，在这种模式下，上海的文化仅仅就是一种人头"吃饱"的状态，很多时候甚至只能"吃个半饱"，很少有钱考虑发展的问题。像当时上海的公共文化设施建设就非常落后，基本上都是新中国成立前留下的一些建筑，修修补补，新中国成立后建成的重大文化设施只有20世纪70年代的"万人体育馆"（即上海体育馆），不能满足人民群众的文化需求。

樊：当时的上海图书馆是新中国成立后利用跑马场的设施改建的，面积和功能有限，1977年恢复高考后，要在老图书馆抢个阅览位置都不容易。上海市民一直呼吁建一个新的图书馆。1986年规划要求提出来了，但建设经费从哪里来？当时上海的财政很困难，国家也很困难，需要上海多做贡献。上海的财政收入每年有很大一部分上交国家，占到国家收入的1/6左右。我们真的是"巧妇难为无米之炊"，只能先研究政策工具，解决文化发展的资金问题。经过研究，上海在1986年成立了文化发展基金会，想通过基金会募集一些资金。这是文化发展战略研讨以后，最早落地的一项文化经济政策，也是国内最早的地方性文化类基金会。

访：财政困难时期，想要通过基金会募集资金，应该也不是一件容易的事情。

樊：国外的基金会往往是先有很大一笔资金投入，然后通过基金的管理、运作募集资金，比如，国外的家族基金会、公益基金会，都是以一大笔资金作为前导，再通过基金运作获得的收益扶持一些项目的发展。上海文化发展基金会和国外的还不太一样，它主要是希望通过市场来融资。基金会成立的时候，政府也给了一些启动资金，但不多，没有办法单纯通过基金运作产生效益。

面对这种情况，我们又通过发行彩票募集资金。这个想法得到了上级部门的批准。基金会第一次、第二次彩票发行是和一些文化活动联系在一起的，如第一届上海国际电视节、第一届上海国际摄影艺术展览。我们的初衷是做成体育彩票那样，不过比较遗憾，实际的运营效果并不理想，募集的资金不是很多。通过发行彩票募集来的钱，要拿走很大一部分支持文化发展，用于奖励的钱就比较少，对社会"彩民"的吸引力有限。彩票要做成功，还是需要一定的发行"量"。而且，我们还缺少运营方面的人才，不像体育彩票那样有一个专门的机构在运作。后来，彩票就没有继续做下去。应该承认，文化发展基金会自身筹集资金的能力较弱，它更擅长的还是配合搞一些文化活动，在活动期间拉赞助，通过这种方式支持文化建设。但不管怎样，文化发展基金会终究是一种尝试。

访：1988年，上海开始享受"财政包干"的待遇，文化经济政策是不是有了更大的创新空间？

樊：有了"财政包干"，上海每年上缴105亿元的税收，财政盈余可用于自身的发展。直到这时，市政府才有了一些可以调控的资金，一部分给到宣传文化系统。时任市长讲"财政包干"后的文化发展时说，宣传文化系统的企业每年上缴的"这点小钱"，市政府再还给你们，不要你们的。原先这笔钱是由市财政收了，交给国家，现在这笔钱退还给市委宣传部，可以用于文化最需要的地方。从此，市委宣传部除了财政拨款，第一次有了可供文化发展的专项资金。这就是我们俗称的"零承包"。市长说的"这点小钱"是一种调侃的说法，他是看到了市民不断增长的文化需求。

"这点小钱"是哪里来的呢？这就要提到上海文化系统的体制机制。当时有4个市级政府文化管理机构：市文化局、市广播电视局、市电影局、市新闻出版局。市文化局的下属单位，如图书馆、博物馆、剧场、剧团、公益性社会团体等完全靠财政拨款。市广播电视局管辖的上海电视台、上海人民广播电台前期没有广告收入的时候，也是靠财政吃饭，有了广告以后，靠市场募集到一部分资金。市新闻出版局和市电影局管辖单位的体制和机制不太一样，报社、出版社、做铅字的字模厂、上海电影制片厂、美术电影制片厂、科教电影制片厂、电影技术厂等，全部是事业单位企业化管理模式。它们的单位性质是事业单位，运作机制是企业化的，税收制度也和企业一样，要交营业税、所得税。市长讲的"这点小钱"主要是从市新闻出版局和市电影局管辖单位这里来的。

孙：1988年，我们在市新闻出版局和市电影局的企业首先开始实行"零承包"，先征所得税，再返还，然后纳入市里的文化专项资金。这可以算是上海文化经济政策探索阶段的一个代表，解决了文化建设的一部分资金问题。那时，社会上很少有文化企业，它们的税收和我们也没有关系。我们讲的"零承包"主要是系统内部的。我印象很深刻，文化专项利用"零承包"拿到的第一笔资金是1 060万元，补贴了报社很大一块。当时纸张涨价非常厉害，报社广告收入不多，严重亏损。为了扶持报纸发展，"零承包"退返的钱，大概有900万元用来补贴报社购买纸张。1990年后，报社的广告业务发展起来了，扭亏为盈，不再需要补贴，它们的所得税也通过"零承包"纳入文化专项资金。

访：说起广告，我国大陆地区的第一条电视广告正是在上海播出的。广播电视系统有了广告业务的收入后，给它们的是什么政策，也是"零承包"吗？

樊：广播电视系统实行的是"创收包干"政策。由于是事业单位体制，市政府根据电视台、电台当时的收入情况，除每年1 900万元的财政拨款之外，给了2 500万元的创收指标。超过2 500万元的部分可以全部留成。"创收包干"充分调动了广播电视单位的积极性。随着广告业务的飞速发展，他们的收入很快就超过了2 500万元。到了1994年，广播电视系统的创收已经达到4亿元。这些钱，文化专项资金是一分不拿的，就留给它们自己发展。

访：广播电视系统用这几亿元的留成资金为上海的文化建设做了哪些事情？

樊：20世纪80年代末，上海老百姓最大的文化生活是看电视，最便宜的文化消费是看电视，意见最大的还是看电视。原先的电视塔在南京西路，高度不够，才100多米。市区很多高楼建起来后阻挡了电视信号传输。市长到上海郊县开会，老百姓反映电视信号一塌糊涂，重影、马赛克，模糊得不得了。市长当场就给广播电视局负责人打电话，让他赶过来，并要求限期解决问题。所以，当时上海的当务之急是造一个足够高的电视塔，就是后来的东方明珠。广播电视局的留成资金很大一部分用于建造东方明珠。

我记得造东方明珠的预算要十几亿元，广播电视系统几年下来的收入全部投进去还不够，也不可能动用其他单位的税收。前面讲过，广播电视局实行的是"创收包干"，要自给自足。这样一来，我们就考虑让市广播电视局向银行借钱，由于当时国内银行筹集不了这么多钱，于是，很多银行组成银团做担保，去向世界银行借钱。原本已经达成了协议，但后来世界银行撤销了借钱的决定，建东方明珠的钱一下子又不够了。

访：广播电视局的钱不够，世界银行的钱不借，其他单位的钱不能动，但东方明珠一定要造。

樊：碰到这种情况，确实很头疼，怎么办？我们最后还是在政策创新上找到了突破口。20世纪80年代末，汪道涵就提出要开发开放浦东，后来是黄奇帆主持的浦东规划。我作为市委宣传部的代表，也参与了浦东规划的制定。黄奇帆在工作过程中提到过发行股票融资。受他启发，我们开始琢磨电视塔通过发行股票融资这个事。我们找到中国人民银行金融管理处，向他们请教，还找了市广播电视局的几个同事一起讨论，包括后来的首任东方明珠股份有限公司总经理。然后，提出了用发行股票的方式募集一部分资金来推动东方明珠建设的建议。当时市广播电视局的领导让我们搞个方案试试看。就这样，我们在中国人民银行金融管理处的支持下，组建了上海东方明珠股份有限公司，逐步完善手续，一下子把路走通了。1993年，上海东方明珠股份有限公司在上海证券交易所挂牌上市。这是全国第一个文化类的股票，给东方明珠建设筹集了一笔很重要的启动资金，大约有两亿元。

用金融手段推动"东方明珠"的建设，可以说是上海文化经济政策的一个亮点。1994年，东方明珠投入使用，到现在已经几十年了，收入一直非常稳定。上海中心大厦、环球金融中心建成以前，东方明珠是看上海的最高点，单日的游客量曾达到过5万人，很快就收回了建设成本。东方明珠的意义不仅在于文化，它也是浦东建设正式启动的一个标志。没有市广播电视局的"创收包干"政策，和通过股票募集资金的政策，是不可能完成这个任务的。所以，东方明珠是上海利用文化经济政策推动文化发展的一个成功的典型案例。

访：东方明珠主要依靠"创收包干"和股票，那么，"零承包"后得到的文化专项资金又用在了文化建设的哪些方面？

孙：1988—1994年，市财政总共退返所得税5.98亿元，接近6亿元。一部分补贴了报社，帮报社度过了困难时期。报纸是上海老百姓最基本的文化需求之一，是一定要补贴的。1990年，上海的三家报社，解放日报社、文汇报社、新民晚报社全部扭亏为盈，都自筹资金建了报业大楼。其中，文汇大厦是全国第一栋报业大楼。有了可靠的资金来源，我们也开始有底气做一点大事情。当时，上海市委提出，在"八五"期间要建成或者开建十大文化设施，包括上海博物馆（新馆）、上海图书馆（新馆）、上海影城、上海书城、上海大剧院等。这是新中国成立后上海第一次大规模的重大文化设施建设。除了财政的钱，相当一部分是文化专项资金出的。单是上海影城，文化专项资金就拿出了 3 000 多万元。至今，上海影城已经办了 20 多届上海国际电影节，这是中国唯一一个国际 A 类电影节。

樊：文化专项资金的 6 亿元，我们用起来很谨慎。除了补贴报社购买纸张外，我们很少用这笔钱去资助企业或某一项业务的发展，主要还是投资固定资产、造新的设施。"八五""九五"期间，上海依靠十大文化设施建设，城市面貌有了非常大的变化，最急需的文化设施基本落成了。我们又提出，不能只是"造"而不去"改造"，技术更新同样非常重要。因为技术的发展很快，设备的更新改造任务是很重的。文化专项资金应该拿出一部分用来支持企业的生产技术改造。后来的固定资产投资中，有相当一部分用在了设备和技术的更新、改造上。

访："零承包"让上海文化发展有了一笔可靠的资金来源，那么，这一政策实行了多长时间？

孙："零承包"原定是 5 年，1993 年，市委、市政府决定，将期限延长到 1995 年，但实际上只执行到 1994 年底。1995 年，上海为了顺应中央税收体制改革，把宣传文化系统实行的"零承包"政策改成了"列收列支"政策。这两者有什么差别呢？"零承包"是把税收直接退回宣传文化系统，由我们自己统筹安排。改为"列收列支"后，我们每年要先做计划，由市里的主管部门安排文化专项资金的"列支"。我们在使用文化专项资金时,要过"财政关"。这样,资金管理上变得更加严密了。但从实质上来讲,从"零承包"到"列收列支",资金使用方面并未产生多大变化。1995 年到 2000 年,上海宣传文化系统"列收列支"共计 27.92 亿元,包括宣传文化系统单位的营业税、增值税和企业所得税。这个阶段,广播电视系统仍然实行"创收包干"制度。

"列收列支"后,文化专项资金逐渐发展为预算管理,使用上越来越规范。2002 年开始,根据中央相关文件的精神,市委宣传部和市财政局对文化专项资金实行全面预算管理。"收"的问题是估算,"支"的问题是预算。这对我们的要求实际上是提高了。后来,我们为了把预算执行好,还做了后评估工作,就是对花掉的钱再进行评估,让整个程序更完善。上海的后评估工作在全国是走在前面的。

访:两位都提到"零承包"让上海的文化发展有了可靠的资金来源,从另一个角度看,文化在不断发展,需要用钱的地方一定是越来越多,数额也越来越大。

孙:确实是这样。硬件方面需要大量的投入,软件方面也要"撒一撒胡椒面",既要支持搞文化活动,又要给文艺院团、上海社会科学院这些单位一些资助。钱是不够用的。那时候,我们做了一个大动作,就是开征"文化事业建设费",从娱乐单位和广告单位的经营收入中抽 4%,一半支持文化发展,另一半用于教育。所以,最开始不叫"文化事业建设费",而叫"社会事业建设费"。后来,中央认为这个政策很好,借鉴了上海的做法,1997 年 7 月开始,在全国范围内开征"文化事业建设费"。不一样的地方在于，国家是按照广告单位和娱乐场所营业收入的3%来征收的，并且全部用于文化事业建设。2010年，上海调整了政策，和国家一致。娱乐业和广告业发展起来后，上海在很长一段时间每年能征收13亿元左右。

樊："零承包""创收包干"的资金源头还是财政，但"文化事业建设费"就不一样了。20世纪90年代初中期，上海文化事业建设任务非常繁重，文化产业也刚刚起步，"零承包""创收包干"所获资金有限，需要我们进一步研究文化经济政策，为上海文化发展筹措更多资金。之前我们在文化经济政策方面已经积累了一些备选方案，其中一项就是从高消费的文化企业中征收一些费用用于发展公共文化服务，满足普通老百姓的文化需求。说得难听一点，就是"抽肥补瘦"。当时一些高消费的娱乐场所，例如，卡拉OK、舞厅等发展得非常快。还有广告，奢侈品广告、烟酒广告铺天盖地，许多路段都快被广告屏占满了。我们研究后认为这项备选政策的实施已经有了基础和可行性，于是很快就把这项政策落实了。随着广告单位、高消费娱乐场所越来越多，我们这一块的收入也越来越多。开征"文化事业建设费"完全是一种"开源"的做法。

1997年，中央借鉴了上海的经验，开征"文化事业建设费"，费率是3%，比上海要低，不过完全用于文化建设。国家政策下来以后，我们开始研究上海应该怎么实施。如果按照中央的方案实施，我们的费率要降低，并且还要砍掉教育的那一半。当时的市政府秘书长到国务院请示：上海是不是可以在国家允许的情况下，保留原来的开征方式和费率。因为上海的政策是开创性的，先于国家的政策，况且当时教育也需要大量投入。中央最后同意了我们的想法。所以，有一段时间，上海的"文化事业建设费"费率比国家要多1%，还是和教育"一家一半"。随着市场的不断发展，这多出来的1%的资金量也是蛮大的。

访：樊处长，您刚才提到，开征"文化事业建设费"的初衷是要从一些高消费的文化产业中抽出一部分资金来做更基本的公共文化服务，具体做了哪些事情？

樊：宣传文化系统拿到这笔钱，做了大量工作。十大文化设施建成以后，我们认为，光是表面光鲜还不行，不能只关注国际文化大都市的表面形象，还要关注最基层老百姓的文化需求。1996—1998年，我们花了两年时间，跑遍了上海所有的乡镇，了解上海基层的文化设施状况。1998年，全市社区文化建设大会召开。会上，我们呼吁要重视社区的文化设施建设，虽然没有形成共识，但观念已经提了出来。21世纪初，市政府正式确定要在社区层面建设"三个中心"，其中一个就是社区文化活动中心。这个中心的主要功能是面向社区提供公共文化服务，涵盖妇联、总工会、共青团市委、民政局、科委、体委等部门的部分社会服务内容。这样，在社区层面，就不需要上述单位再去建设服务功能单一、分属各行政条线的设施了，实现资源共享，避免了重复建设。

2004年，市委领导带领我们进行了文化发展战略研讨后最大规模的一次调查研究，制定了上海下一步的文化设施建设规划，其中就有社区文化活动中心，并且提出了"15分钟文化圈"的概念。老百姓只需步行

15分钟，就可以到达一所社区文化活动中心，解决一些基本的文化需求。我们还和规划部门合作，把建设社区文化活动中心作为硬性的指标，落实到城市整体规划上。明确上海230多个街道乡镇，包括上海行政管辖的飞地，都要建造社区文化活动中心。如果街道、乡镇区域面积比较大，一个活动中心不能满足"15分钟"的标准，还可以加建第二个。从这个时候开始，上海的"15分钟文化圈"慢慢得到了落实。

访：建造社区文化活动中心，宣传文化系统投入了多少资金？

樊：社区每造一个活动中心，文化专项资金平均下来补贴250万元。全市230多个社区，分期、分批建设，计划在2010年前基本完成这项工程。比如说，某一年计划造50个活动中心，那么，文化专项资金当年就会拿出1.25亿元补贴。搞基建、买设备都可以，建一个给一个。当然，社区文化活动中心是有建设标准的，要验收合格才能拿到补贴。互联网普及之后，为了推动社区公共文化领域的信息化服务和社区居民的信息化培训，我们还动用了部分文化专项资金补贴社区建设"信息苑"。

访：培训其实已经涉及设施的后续运营了，这方面也是文化专项资金支持的吗？

樊：运营方面主要是街道、乡镇在实施。现在街道、乡镇有很多大学生居委会主任、大学生村官，队伍相对年轻化。但在当时，基层干部的年龄普遍偏大，他们去运营社区文化活动中心，实际可调动的资源非常有限。在实施社区文化活动中心建设工程之前，有些社区曾经也有过类似的设施，运营不下去的一个原因就在于可提供的公共文化服务资源有限。所以，汲取历史的教训，市文化专项资金不能只是补贴设施的建设，还要出钱做服务内容的资源整合和配送，否则，社区文化活动中心建成后只能空置。

市里每年从文化专项资金中拿出几千万元，专门做公共文化设施的内容配送。当时搭了几个内容配送平台，即6个冠名"东方"的公共文化服务内容配送单位，包括"东方信息苑""东方讲坛""东方社区学校""东方宣教服务中心""东方社区文艺指导中心""东方农村数字电影"，主体都是国有的。"东方信息苑"提供文化信息服务；"东方讲坛"做讲座资源配送；"东方社区学校"负责社区终身教育；"东方宣教服务中心"提供核心价值观和主流意识形态方面的教育内容，也做校园体育设施开放共享；"东方社区文艺指导中心"组织退居二线或退休的专业演员到社区作文艺指导员；"东方农村数字电影"主要为社区和乡村提供低成本电影放映服务。

到了2008年、2009年左右，老百姓的文化需求不断增长，他们的眼界越来越高，我们用文化专项资金自上而下地做配送，有时候没办法真正匹配老百姓的需求。只有让更多的市场主体参与配送，才是解决老百姓基本文化需求的正道。市场还没有发育起来时，先导入一些公共文化资源，做好前期的"引流"，市场发育起来后，政府往后退一步，让市场来满足这种需要。现在，上海每年都会举办公共文化内容配送采购大会（简称"文采会"）。以讲座资源配送为例，原来主要依靠"东方讲坛"，现在市场上的讲座资源多得不得了，每年的"文采会"都有一个个摊位设在那里，告诉社区他们能够讲什么内容、一场多少钱，社区喜欢哪个就采购哪个。当然，"文采会"是政府搭建的平台，文化专项资金提供了支持。

访： 市场发育起来后，一方面给文化事业提供了更多资金，另一方面也提供了更多资源。那么，对于文化产业的发展来说，上海又提供了什么政策支持呢？

樊： 到了后期，文化专项资金的体量已经比较大了，这时候，广告业的发展不比之前，我们对"文化事业建设费"做了调整，从广告业中退了出来，主要针对高消费的文化娱乐场所开征。这是减少企业经营负担的一项政策。另外，我们还从文化专项资金中拿出钱来补贴一些企业创新。2012年，我们设立了市文化创意产业资金。文化专项资金每年拨出5 000万元，市财政局、经委、发改委也拿出一笔钱，做成一个"拼盘"，总共3亿元，用来资助文化创意产业发展。每年12月发布申报指南，第二年的2—3月企业报送申请，接下来是区、县和市里进行评审，7—8月资金资助到位。

孙： 文化事业需要政府直接牵头做一些事情，我们之前讲过的文化设施，无论是比较重大的，还是基层的都是这样。但在产业方面，当市场发育起来后，政府很难站到第一线，因为产业的发展非常迅速，新的东西不断涌现。最近《阿凡达2》上映了，20多年前，《阿凡达1》上映的时候，我们根本想不到会有这样的电影，人们去看《阿凡达1》都要戴

3D眼镜。现在，3D放映的热度下降了，4K、8K又成了新的追求。面对层出不穷的新技术、新潮流，政府很难直接制造产业发展的浪头，需要把精力放到对产业的孵化和培育上面，尤其是在新兴产业有了萌芽后，政府要足够敏锐，在政策上有前瞻性，做好支持和规范工作。当时的市财政局企业财务处处长跟我讲过这么一个观点：我们的政策要支持文化产业产生一批"小巨人"，带动产业形成规模效应。这是我们从政策上资助产业发展的一个初衷。

访：文化创意产业资金的前瞻性就是看到了文化和创意融合发展的趋势。

孙：融合发展是文化产业发展十分突出的趋势之一，文化和创意、贸易、金融、科技的边界已经很模糊了。比如，新媒体、融媒体，算文化、创意还是科技？它完全是一种新的业态。这就需要政府具有前瞻性，及时洞察这种趋势，在政策上给予支持和引导。报社现在正面临新媒体转型的问题，20世纪80年代末期，我们从文化专项资金中拿出钱来补贴报社购买纸张，让报社渡过了难关，它们借着广告的"东风"扭亏为盈，现在，报纸广告衰落了，我们又拿出钱来补贴它们做新媒体。

樊：应该说，上海较早洞察到了这种融合发展的趋势。2017年，我们就提出文化要和信息产业、贸易、金融融合等，开始思考怎样加快发展新的文化业态，并搭建了很多平台。2006年，我们和张江一起搞了上海东方惠金文化产业投资有限公司，专门解决中小文化科技企业的融资问题。2007年，市政府从文化专项资金里拿出5 000万元，加上浦东新区的5 000万元，在外高桥保税区设立了上海国际文化服务贸易平台，帮助文化产业"走出去"。2009年，为了支持版权产业发展，我们又设立了上海文化产权交易所。这些都是支持产业发展的文化经济政策。这些平台的搭建目前还都处于"摸着石头过河"的阶段，大家对这些新的领域不熟悉，仍在不断地探索。最近中央就叫停了艺术品的份额制交易。

访：所以，政府不仅是给补贴、搭平台，扶持产业的发展，同时也在做规范产业发展的工作。

孙：有一点我们是很明确的，就是文化产业既有产业的一般属性，具有经济价值，同时又有意识形态属性。它的发展，一方面要讲求经济效益，只有讲求经济效益才能让产业发展壮大，这是它的产业属性所决定的；另一方面必须重视社会效益，这是政府义不容辞的责任。政府不仅要支持文化产业发展，还要引导和规范产业发展，让文化产品真正匹配老百姓的需要。市场不是万能的，而且探索的过程难免会有失误，关键在于及时纠错，既做好扶持又做好规范，实现经济效益和社会效益的统一。

樊：文化产业的发展不能只是就生产论生产，同时也要考虑对老百姓文化需求的满足和基本文化素养的提高，比如，阅读的需求。上海有一些比较"高大上"的读书会，像思南读书会，邀请的都是国外的著名作者，甚至包括诺贝尔奖的获得者，还有樊登读书会①讲的很多是财经内容。这些读书会虽然很有名，但离普通老百姓很远。还有，学校的数字教育起步了，学生的功课不像以前那么多，需要针对学生的课外阅读扎扎实实做点事情。我们上学的时候，读的外国文学名著很多，特别是18、19世纪的浪漫主义文学，像狄更斯的小说，基本读了个遍。现在的学生读的外国文学名著很少，不要说外国的，就连我们的文学名著，很多学生都没有读过。上海译文出版社申请文创资金时，我们就跟社长讲，好好梳理一下适合小学生、中学生读的世界名著，尤其是高中以前的阅读书目，为他们以后的发展打下基础。出版社把这些列出来，我们可以推给社区，慢慢形成一种基本的公共文化服务内容配置和社会共识，没读过这些书就好像欠缺了一些素养，就像我们那个年代结婚，家具一定要有48个"脚"，还要标配自行车、收音机。上海译文出版社后来做了系统梳理，文创资金也给了他们一些支持。

访：如果对上海文化经济政策的发展进行梳理，两位认为，1978—2010年这个阶段，文化经济政策对上海的文化建设起到了怎样的作用？

樊：我认为，文化经济政策在这个比较特殊的历史时期发挥了非常重要的作用。在上海文化建设百废待兴的阶段，文化经济政策让政府有能力直接站到第一线。改革开放初期，上海的文化设施非常落后，市场也没有发育起来。政府利用文化经济政策募集资金，推动上海文化建设

---

① 现名"帆书"。访谈者注。

起步，成功建设了十大文化设施。市场发育起来后，政府后退一步，利用文化经济政策引导市场的发展，支持企业做大做强，推动整个文化事业、产业的发展。

孙：新中国成立后很长一段时间，财政都有一个特点：文化"来得最晚，去得最早"。什么意思呢？拨款的时候，文化总是排在最后面，削减经费的时候，文化又总是第一个。有了"零承包""创收包干""文化事业建设费"政策，上海的文化建设逐渐走出了资金困境。我们依靠文化专项资金，在"八五"期间规划了十大文化设施。其中有一些还是"吃拼盘"的，需要和市里的建设财力分摊。到 2010 年世博会，建设世博演艺中心的 23 亿元，全部都是文化专项资金出的。世博演艺中心现在叫"梅赛德斯—奔驰文化中心"（简称"梅奔"），已经成为上海的地标性建筑，在长三角地区都是不可替代的。另外，"梅奔"这么大的场馆，运营起来需要一笔很大的费用，完全依靠文化专项资金是很大的负担，而且不一定能把事情做好。这时候，市场已经比较成熟了。"梅奔"建成后，市政府后退一步，把"梅奔"的运营交给市场，由一个专门的公司负责，取得了很好的效果。讲到文化经济政策的作用，这就是一个很好的例子。

访：刚才两位主要讲了文化经济政策的发展和成就，那么，作为重要的亲历者和实践者，在这个过程中有没有一些遗憾？

孙：遗憾总归是有的。我们利用文化经济政策推动事业和产业的发展，关键点就是要协调好政府和市场的关系，其实这也是改革开放的一条主线。现在，中央为什么强调要"充分发挥市场在资源配置中的决定性作用，更好发挥政府作用"？因为市场有很强大的内在力量。市场不成熟的时候，政府先做一些工作，市场的力量爆发后，政府要后退一步，把一些工作交给市场，否则很多事情都做不好。当然，市场的发展有一个过程，政府要权衡好转换角色的时机。有位领导同志有一句话讲得很好，"是新娘子的时候就要出去"。比方说，社区文化活动中心的运营，开始是由政府主导资源配送，后面慢慢引入市场机制。这是比较理想的情况，实际上，有些时候，如果政府一开始做得比较好，往往就不愿意把工作交给市场，等到落伍变成"老太婆"的时候，再想要放手，市场已经没有兴趣了，错过了"出嫁"的时机。这是比较遗憾的地方。

樊："是新娘子的时候就要出去"这句话很贴切。社区文化活动中心到市场采购服务，就是让政府和市场结合，利用市场机制服务公共文化。我还有一个感受，"新娘子"的标准变化是非常快的。我们在社区文化活动中心建造"信息苑"的初衷是解决信息鸿沟，解决一部分人没有电脑上网的问题。那个时候，老百姓对电脑感兴趣，市场也有兴趣。2010年左右，智能手机开始普及，"信息苑"还是老功能，要不要考虑转型？全上海近300个"信息苑"，怎么改变运营方式？这些都是时代发展提出的新问题。所以，文化经济政策一定要随着老百姓需求的变化、政府和市场文化功能的变化，不断调整。

访：最后，想请两位展望一下未来，特别是针对刚才谈到的遗憾，以及新冠疫情导致的问题，上海的文化经济政策可以做怎样的应变？

孙：我们现在都退休了，讲得不一定到位，只能谈一谈自己的想法。刚才我讲的遗憾，很大程度上是因为当时的观念滞后，缺少真正的产业意识。我们一方面一定要把主流的、正能量的东西拿在手里，不能犹豫；另一方面也要把其他工作交给市场，给市场一些释放自己活力的空间。政府帮助企业，只给钱是远远不够的。我们用文化专项资金"撒一撒胡椒面"，给每个受疫情冲击的电影企业、影院一些补贴，这能帮助它们渡过难关吗？政府最需要做的还是倾听基层的声音，听听这些企业希望解决的问题，然后通过政策营造一种宽松的空间，让企业有信心、有条件渡过难关。这一点很重要，也是政策比资金更有含金量的原因。另外，还要根据实际情况及时调整政策，不能一个模板套在所有东西上。

樊：市场是有创造力的，总能不断找到新的生长点。举一个例子，市委宣传部有一位辞职"下海"的同事，前几年组建了一家公司，专门做国外话剧、芭蕾舞、音乐会现场录像的版权利用，叫"数字戏剧影像放映"。他从伦敦西区、纽约百老汇，还有许多著名的交响乐团手里购买了版权，把演出现场用高清的、多机位的方式拍摄下来，完全的原汁原味。这些影像拿到国内来播放，在社区，特别是在有一定消费能力的年轻人中间，相当受欢迎。一张票卖 100 块钱，还基本上场场爆满。这个东西就完全是市场自己发展出来的一种新业态，满足了很多年轻人想要了解世界经典戏剧、音乐和演艺的需求。后来，他碰到了业态管理政策问题，很难经营下去。碰到这种新的文化业态，我们应该怎样看待它？产业的发展一日千里，技术的发展瞬息万变，管理政策也一定要不断创新。

除了对产业创新的引导，我们还要利用政策把资源更多投入公益性、公共性的文化事业中去,在传承非物质文化遗产、鼓励文艺创作、推动全民阅读、提高公民文化自信等方面发挥更大作用。总的来说,文化经济政策永远需要根据老百姓文化需求的变化、整个产业的变化而不断创新。从20世纪80年代末开始,上海的文化经济政策不断发展、常创常新,整个过程不能算完美,但这种创新的精神一定要不断延续下去。

文化产业的起步与发展：
从不自觉到自觉

> **访谈对象**：孙一兵（中共上海市委宣传部原事业产业处处长、上海市文化创意产业推进领导小组办公室原副主任）、樊人龙（中共上海市委宣传部原事业产业处副处长、上海市文化创意产业推进领导小组办公室资金办、综合办原主任）
> **访谈者**：孙越、谢牧夫
> **时间**：2022年12月13日、2023年3月2日
> **地点**：上海社会科学院中国马克思主义研究所会议室
> **访谈稿整理人**：孙越

访谈者（以下简称"访"）：改革开放以来，文化产业的快速发展是我国文化建设的一大亮点。在两位的印象中，上海的文化产业是如何起步的？

孙一兵（以下简称"孙"）：改革开放以前，我们实际上没有"文化产业"这个概念，国家基本按照意识形态去认定和管理文化。在这种情况下，上海的文化建设主要依靠财政拨款。虽然市级宣传文化系统也有一些自收自支的单位，像市新闻出版局下面的印刷厂就是企业，但它们只是很小的一部分，并不很受重视。这一点从它们所在的地理位置就可以看出来，市级宣传文化系统单位基本上都在上海最好的地段，像报社、出版社、电台、电视台、社科院、社联、文联等，无一例外，只有一些

印刷厂在杨浦区。

改革开放以后,老百姓的文化需求开始复苏,推动了文化市场的发展,我们逐渐意识到,文化不仅有事业属性,还有产业属性。上海的文化市场在全国范围属于发展比较快的,创造了很多"第一",比如,1979年,制作、播出了大陆地区第一条国内企业电视广告和第一条外商广告;1980年,开办了大陆第一家音乐酒吧;1984年,出现了第一家营业性卡拉OK,后面还有第一家音乐茶座、第一家营业性舞厅等。我们看到这些需求后,开始有意识地推动文化产业发展。

樊人龙(以下简称"樊"):"拨乱反正"以后,社会上出现了很多文化现象。我们感到,这里面确实有一些市场属性的东西。文化不仅是事业,还是产业。当然这种意识上的转变,不是因为我们特别有前瞻性,而是自下而上,通过不断回应社会需求、不断认识这些文化现象才完成的。特别是在文化发展战略研讨的过程中,很多专家、学者提出,要尊重人民群众文化消费的愿望和冲动,创新经济政策,发展文化市场。

访:如果说上海文化产业发展的原动力主要是自下而上的文化消费需求,那么,为了回应这些需求,上海当时都做了哪些工作?

孙:最主要的工作是推动事业单位集团化转型。1998—2001年,上海先后组建了5个文化传媒集团,都是实行企业化管理的事业单位。还有文化企业上市,上海东方明珠股份有限公司是全国第一家文化类上市公司,开创了国内向社会发行文化股票的先河。尽管这种转型还没有触及事业体制，但已经抓住了面向市场产业发展的先发效应。1995年开始，市委宣传部与市政府研究室合作，出版了《上海文化产业发展研究》。从政府层面、自上而下地研究文化产业，上海是走在全国前列的。

历史经验告诉我们，文化建设在单纯计划经济体制下是走不出来的，但也不能完全依靠市场。文化产业的发展离不开政府的强力支持。上海文化事业单位要转为企业，一定会遇到两大问题：一是钱从哪里来，二是人往哪里去。怎么解决这些问题？还得靠政府做宏观平衡。比如，人员的分流、安置问题，没有政府的大力支持，没有"新人新办法、老人老办法"的政策，事业单位不可能卸掉历史包袱，轻装上阵。不过，在上海文化产业的起步阶段，政府的态度和政策还是比较谨慎的。

樊：完全将文化产业从文化事业中分离出来，需要一个过程，不能一蹴而就。不是说专家学者提出想法、人民群众有了需求，大家的观念就能一下子转变过来，文化市场就能发育起来。举个例子，当时有些国有院团演员不在本单位做事，跑到外面赚钱，也就是文化"走穴"。这种现象有两面性，好的一面是满足了文化消费需求，通过市场调节需求；坏的一面是导致国有院团管理混乱，影响了院团自身的发展，甚至还有一些涉及违法、违规问题。因为这些原因，在起步阶段，大家对待文化产业的态度是有反复的。经过很多人的努力，大家的认识不断提高，慢慢达成共识，政府才正式提出"文化产业"这个概念，确立了文化产业在整个文化建设中的地位。

访：我们是什么时候正式提出"文化产业"概念的？

孙：从国家层面来讲是在 2000 年。党的十五届五中全会审议通过《中共中央关于制定国民经济和社会发展第十个五年计划的建议》，并提出"完善文化产业政策，加强文化市场建设和管理，推动有关文化产业发展"。这是中央正式文件里第一次出现"文化产业"，表明国家开始有意识地运用政策工具推动文化产业发展。后来，党的十六大又把文化产业和文化事业做了区分。这方面，上海比国家走得快一些。我们在 1995 年就把"大力发展文化产业，加快文化产业的建设"写进了《上海市宣传文化事业建设"九五"计划和 2010 年长远规划》。"九五"计划还将广播电视业、新闻出版业、电影音像业作为投资的重点和优先发展的支柱产业。上海的文化建设规划，樊处长比我更了解情况。

樊：上海明确提出"文化产业"准确说是在"九五"计划时期，但其实"八五"计划里已经有了一点产业的概念，主要是从技术更新改造的角度去讲的。"八五"计划的提法是"抓好文化产业的技术改造，在工艺技术方面上一个台阶，保持上海文化产品生产效益、工艺质量在全国的领先地位，并努力达到世界先进水平"。"九五"计划里，我们第一次专门写了"大力发展文化产业"。"十五"计划进一步设定了文化产业的地区生产总值目标。"十五"后期，我们关注到数字化发展趋势，所以，"十五"计划里还有关于数字化改造的内容。可以说，上海的文化建设规划体现了顺应历史发展潮流的关于文化产业的思考。

访：樊处长刚才提到，上海在制订文化建设"八五"计划时，对于发展文化产业已经有了一些布局，主要是针对技术的更新改造。这是基于怎样的考虑?

樊：我是工业系统出来的，原来在仪表局下属单位工作，做半导体器件。"文化大革命"以前，我们国家的半导体工业水平基本上和世界保持同步。复旦大学原校长谢希德就是顶尖的半导体专家。"文化大革命"虽然耽误了一段时间，但之后国家重新大力发展这些技术，通过攻坚，又慢慢达到了世界先进水平。不过，改革开放以后，一大批半导体元器件企业突然"瘫掉"了，什么原因呢？国外的东西比我们先进、便宜，自己生产还不如向外国采买。

从工业系统进入宣传文化系统后，我发现我们的文化装备，包括投影机、电影放映机、印刷机等全部依靠进口。如果这个问题不解决，我们将永远受制于人，文化产业很难真正发展起来。我们部门在市委宣传部除了负责编写规划，也分管固定资产投资，和发改委一起主导资金的安排。于是我强烈建议，固定资产投资不仅要用于文化基础设施建设，还要拿出一块资金改造生产工艺，提高生产技术。这是"八五"计划里写到技术改造的一个重要原因。后来，中宣部起草十六届六中全会文件，这是一个专注文化发展的文件，让我参加起草工作。由于工作原因实在走不开，我推荐了另一个年轻同事，在他去北京之前，再三关照他，一定要把文化装备和文化技术的问题写进去。后来，中央文件中出现了关于文化技术装备的专门论述。

这些年来，上海一直在努力推动文化装备的更新改造。2013年，我去美国参加NAB展览。这个展览的全称是"美国广播电影电视设备展览会"，是文化装备的一个盛会，每年4月在拉斯维加斯举行，几乎全球所有的高端厂商都会利用这个平台进行交流和交易。我发现有很多中国企业参加，但他们的目的是买东西，而不是卖东西，中国厂商在展会里是没有位置的，最多也就是在角落里。我就跟一起去的同事讲，一定要把这个展览引入国内，然后我们找到主办方，建议他们在中国也办一个展览，告诉他们东亚这些年在文化装备技术上发展得很快、市场需求很大，展览可以安排在下半年，在时间上和美国的展览错开。他们最终被说动了，2015年1月和我们正式签约。NAB展览就这么到了中国。

访：最近几年，我们国家的芯片行业正面临这个问题，大家都意识到技术自主对于产业发展的重大意义。在您看来，是不是可以说，上海在"八五"计划的时候已经对发展文化产业形成了某种自觉？

樊：要说那时候已经有了自觉，可能还谈不上。我理解的"自觉"，前提是要把握住文化产业的发展规律，从宏观层面上推动它。"八五"计划期间，只能说有一些自觉，还没有到宏观层面，没有达到非常明晰的认识境界，跟我们现在的做法还有区别。我印象中是在"九五"计划以后，我们才开始有意识地做一些通盘考虑，用一种大格局、大视野、新思路看待文化产业，从原来的不自觉发展到自觉，从简单地满足老百姓的需求发展到主动提出一些宏观思路。

2007年，我们在"十一五"规划里提出，要"建立结构合理、特色鲜明的文化产业体系"。建立"体系"，就不再是零敲碎打了，而是要形成一个完整的、符合规律的产业集群。文化产业刚起步的时候，可以说是顺流而上，做了一些符合时代要求、老百姓需求的工作，但文化产业的发展日新月异，如果没有大格局，今天抓这个事情，明天抓那个事情，总是零碎地、被动地回应社会，文化产业是发展不好的。

访：对于发展文化产业形成自觉之后，上海又是如何从大格局推动文化产业发展的，能否请两位详细谈谈？

樊：刚才讲到，上海在文化建设"十一五"规划里提出要建立"体系"。为了实现这个目标，我们费了很多心思，陆续搭建了好几个产业服务平台：外高桥的文化贸易平台是和文化部联建的；"东方惠金"是专门为中小文化企业提供投融资服务的，原计划做成私募，但因为发展阶段的原因，最后做了公募；文化产权交易所是为了促进版权交易和发展。回过头看，这些平台都是为了让文化产业的基本市场元素活跃起来、流动起来、交易起来，都是为了建立"体系"，在大格局下做的一些尝试。

尽管在发展过程中，由于缺乏经验和人才等原因，这些平台的实际运行效果可能不如预期，但它们是符合文化产业发展规律的，可以逐渐完善，最终总会派上用场。现在有一些声音认为这些平台都是累赘，没有什么用。产权交易所停在那里，版权中心也没有多少贸易，房租又这么贵，人员工资还要继续发，是不是干脆关掉算了？我认为，在这个问题上不能这么看，不能就事论事。如果只是从满足当下社会需求的角度来看，这些文化产业服务平台或许没起到多大作用，但如果从文化产业的发展趋势和规律来看，这些平台必须有，不能关掉，它们随着历史的发展，一定会焕发出生命力，这就是我讲的大格局的意思。把发展文化产业的一些基本问题想明白后，要坚定不移、坚韧不拔，无论遇到什么困难，都要坚持下去，这叫"咬定青山不放松"。

孙： 在市委、市政府的领导下，我们这几十年还是做了一点尝试。就像樊处长讲的，这些平台是符合文化产业发展规律的，不能因噎废食。文化和金融融合、文化和贸易融合、文化和科技融合，已经是文化产业发展的一种非常突出的趋势，谁都改变不了。关键是要有前瞻性，及时看到这种趋势，想明白一些问题，然后在宏观上做出安排。还有文化和创意的融合。创意一定是产业的高端，比如农业，袁隆平的水稻不就是农业的创新和创造吗？！但要看到，创意发展成产业，是需要孵化、需要空间、需要自上而下的支持的。上海较早意识到了这一点，在"十一五"规划里就已经提出要积极发展文化创意产业，之后又设立了一批文化创意产业园区。

访： 上海的文化创意产业近些年发展得很快，增加值占到全市生产总值的13%左右，田子坊、M50这样的园区，已经成为上海知名的旅游景点。

樊： 到了文化创意产业阶段，上海市委、市政府已经充分意识到产业门类中这种你中有我、我中有你的融合发展趋势，决定成立文化创意产业推进领导小组及办公室，主动拥抱创意、迎合高新技术，推动成立了一批文创园区，拓展了文化创意产业的发展空间。上海"文创办"就直接设在园区里面。

2012年后，上海的文创产业一下子发展起来了，生产总值增速超过全市生产总值的发展均数。像田子坊、M50这样的园区，不仅大大拓展了文化产业和文化市场的物理空间，让更多的文化市场主体能够得到政府的扶持和培育，而且还回应了上海在城市改造过程中怎么保留历史遗存的问题。

孙：其实，单纯讲产值的话，田子坊作为文化创意产业园区并不划算，如果用来造房子，效益可能还会好点。不过，在有条件的时候，在经济允许的情况下，给文化人留一块可以"玩"的地方，也是一种大格局的体现。有一次，我在泰康路散步时遇到一个小姑娘，问我田子坊在哪里，她是从外地来的，一定要去田子坊逛逛，她觉得里面有艺术氛围，有那个调调。田子坊虽然很"破"，却是一个很具有吸引力的地方，不能只从经济角度看它。M50也是一样。园区成立前，有一次我去那里调研，结果看到有警车，以为出了什么事情，一问才知道原来是德国巴伐利亚州州长在参观，他们对草根艺术家很感兴趣。我们把这个地方打造成艺术品文创园区后，同样产生了很好的效应。

访：田子坊和M50都把园区建设和历史建筑保护结合在一起，这也是上海文化创意产业的一个特色。

樊：泰康路的田子坊，原先已经卖掉了，准备用来做商业房地产开发，后来有人提出，是不是能够把这里整建制保留下来。提议得到了当时市领导的支持。上海原先很多小工厂都在居民区里，田子坊就是这种情况，小工厂和居民区犬牙交错。在推进田子坊园区建设的过程中，要先把这些工厂从居民区里逐渐迁移出去，厂房不拆，保留部分工业遗存的历史痕迹，然后导入陈逸飞、尔东强等知名的艺术家，把田子坊的文化创意氛围带动起来。老厂房边上的居民自然也乐于把自己的房子出租给文化创意工作者。田子坊是典型的石库门建筑，居住条件较差，作为住宅出租很便宜，月租金最多五六千元，如果做商业用途，租金可能会到一两万元，在其他地方可以租个很不错的房子，甚至还有差价赚。随着田子坊居民的迁出和文化创意单位的迁入，田子坊就生动鲜活起来，慢慢形成了一种文化创意集市的生态。

孙：M50原先是春明毛纺厂的厂房，最初同样是打算拆掉的，不过有专家提出，要保留城市的工业遗存。我们顺水推舟，正好利用土地性质、产权关系、建筑结构"三个不变"政策把厂房包了下来。这个过程也遇到一些问题：那里是工业用地，属于第二产业，如果搞商业开发就成了第三产业，要补地价，而且要补很多。怎么办？这就需要新的政策。上海把文化创意产业算作第二产业和第三产业之间，也就是2.5产业，通过二产向三产的过渡，顺利解决了土地使用的问题，让这些老厂房发挥了作用。由于政府的支持，M50现在聚集了很多艺术家，形成了一种集聚效应。我认为，上海的文化创意产业能发展到今天，田子坊和M50是一个引子，是现象级的文创产业事件。

访：这个阶段，政府的角色其实已经发生转变，原先是身先士卒，站到文化产业的一线，后面更注重对民营企业的培育和扶持。这应该也是一种从不自觉到自觉的体现。

孙：市场的嗅觉比政府敏锐，不能什么事情都由政府大包大揽。文化创意产业园区的投资、服务、运营由谁来做？最后还是要交给市场。"德必"就是这个情况，它旗下有几十个园区，有的已经做到了意大利，实现了规模化管理。规模化管理的好处就是资源能够实现统一调配，服务能够形成统一标准，很多想法都有条件施展。比如，园区引进企业，可以不要房租只要股份。这样，好的企业自然就扶持起来了，园区自身也会得到更长远的发展。这就是市场比政府聪明的地方。对于政府来说，主要是做好事前和事后两方面：事前，要创造良好的环境，做好引导；事后，要加强管理，做好规范。我一直有一个观点，上海要想办法创造好的环境，让企业感到舒服，然后，好的企业、好的业态自然会涌现出来。

樊：在市场还比较稚嫩的阶段，政府主动导入一些资源，等市场发育起来后，政府后退一步，做好引导和规范工作。在产业形态、市场形态慢慢形成后，政府主动转型，实际上也是一种觉醒。这并不是说政府的工作因此就变得容易了。我们之前一直设想文化创意产业园区要有物业管理，要有金融、工商注册、税收等服务功能，我们希望园区能够通过招商引资，引进一些比较优质的企业，形成特色、形成产业高地，但要想真正做到这些，不容易，会碰到很多困难。园区设定的进入门槛太高，房屋可能就会空置，而且好的企业，全国各地都在抢。这里面有很多因素是不以主观意志为转移的。

访：所以说，从不自觉到自觉，不是一步到位的，而是始终在路上。

樊：时代始终在发展，产业始终在变化，我们不能止步不前。现在的担子不是轻了，是更重了，有很多新问题摆在我们面前。比如，怎样才能把优质的文化企业引入社区，让它们承担公共文化服务的配送。这样，既能给企业带来盈利和收入，也能满足社区老百姓的需求。我跟市委宣传部的年轻同志建议过，现在有这么多优质的市场主体，要主动跟他们沟通协调。像樊登读书会（帆书），它在全国大概有超过6000万名付费会员，发展得很好，但它属于一种精英式读书，主要面向大学程度和大学程度以上的读者，没有适合社区的内容。相关部门是不是能够主动和樊登读书会（帆书）合作，搞一个社区版的樊登读书，让社区老百姓有机会参与读书活动。这需要根据社区的实际情况，重新选择一些书目、推荐一些作者，收费可能也要降低一点。这些问题都需要通盘考虑、认真研究，需要我们主动往前迈一步。

孙：讲到时代和产业的发展变化，还有一个突出的表现就是新业态的不断涌现。我还是讲，市场比政府聪明、敏锐。政府想要扶持的东西往往扶不起来，但是真正有生命力的东西，在夹缝里也能生长，盛大文学就是这样。网络文学是在上海起家的，它作为一种新业态，没有政府的扶持，发展起来后，却引领了一个时代潮流，带动了一批网络作家，甚至成立了网络作家协会。我曾经跟作协的同志讲过，网络作家协会迟早要成立的，这是趋势，与其拒绝他们，不如主动让他们变成作协下面的一个组织。如果总是用旧的眼光看待新的事物，结果只能是从自觉退步到不自觉。

访：在新兴业态方面，上海和北京、深圳相比还有一定的差距，特别是上海一直没有像腾讯、阿里，或者字节跳动这样的独角兽企业。有人说，上海新兴业态的发展，往往是"墙内开花墙外香"，两位怎么看待这个问题？

孙：我打个比方，这就像拉车不可能一个人拉到底。盛大文学确实早已经卖给了腾讯，但不能因此就说盛大文学已经死了，因为它引领了一种新的业态，推动了网络文学的发展，形成了网络作家这个群体。盛大文学拉车拉不动的时候，不代表车上的东西应该被淘汰，恰恰相反，网络文学还有很强大的生命力，拉车的任务自然就被更有实力的企业接了过来，继续把这种业态发展下去。

企业本身的生生死死很正常，这是文化产业发展的规律。管理部门关键是要看准文化产业发展的趋势，主动站到国家层面想问题。文化产业的发展也好，新兴业态的发展也好，就像两万五千里长征，是一段一段走过来的。在这个过程中，上海只要参与过就可以了。但不管怎样，网络文学从盛大文学起家，还是让上海有了一个属于自己的文化品牌。

樊：在文化产业这个领域，上海有很多人嗅觉特别灵敏，能够抓住市场的热点和痛点做一些事情，除了网络文学，上海的网络视频产业曾经也领先全国，一度占到全国 70% 以上的份额，涌现出土豆网、PPTV等一系列网络视频平台，只不过最后全部淹没在资本的洪流之中。现在，我们常用的一些平台都是其他地方的，平时看视频、听音乐常用的爱奇艺、抖音、QQ音乐、网易云都和上海没什么关系。上海唯二能在网络视频上有所作为的,一个是哔哩哔哩,一个是小红书。这两个都是上海本地的品牌,也各有特点。像哔哩哔哩,上海的文创资金还给过他们支持。总体上讲,上海在这方面确实不如北京和广东。文化产业的竞争,到最后还是技术和资本的较量。上海本地的资本,特别是拥有新技术的资本,比起一些城市还有差距,这就导致上海一些好的创意最后往往被收购掉了。

这也不能叫"墙内开花墙外香"。文化产业的地域性今后会越来越模糊。有两个依据:第一,资本是流动的,人才是流动的,所以企业也是可以流动的。哪里有资本,哪里有人才,哪里创业成本低,企业就会往哪里集聚。腾讯也是这样。深圳如果不提供好的政策,它完全可以到别的地方去发展。第二,新媒体、高科技发展起来以后,地域的概念已经基本上被打破了,空间的差别、地域的差别,几乎可以忽略不计。上海的企业难道就一定要永远扎根上海吗?面对这种情况,任何个人、任何地方想要做大一家企业、做强一种业态,想要做到全国、全世界知名,需要天时地利人和,包含很多偶然因素。其实,从国家层面来看,这些企业和业态无论在北京、广东,还是上海,本质上没有多大区别。对于上海来说,我们要做的就是坚持创新,坚持给文化产业添砖加瓦,只要这座大楼立起来,就有我们上海的功劳,不必在乎我们是在哪一个时间段做了什么样的贡献,也不必在乎是谁做了贡献,毕竟最终都是依靠人民的力量。

访:党的二十大对全面建设社会主义现代化国家提了一些新观点、新论断,最后,我们想请两位从文化产业发展的角度做些展望。

孙：我记得，改革开放以后，金正日到上海参观考察时说：上海真好，除了黄浦江没变，什么都变了。这是对上海改革开放成果的一种肯定。这些成绩的背后，我们"摸着石头过河"，从不自觉慢慢发展到自觉。这个过程没有终点。时代在不断发展，总会出现新现象、提出新问题，需要我们不断创新、不断形成新的自觉。新冠疫情对文化产业形成了不小的冲击，但我始终相信，上海是一个充满活力的城市，从来不缺聪明的头脑，只要树立起信心，给产业一些空间，一定会释放无限的光芒。

樊：我还是想说，对待文化产业的发展一定要有大格局，特别是在上海这样的大都市，不能只是被动地回应社会需求，要根据国家的宏观发展战略谋划文化产业发展。党的二十大报告中的一些提法，比如"人类文明新形态"。什么是人类文明新形态？在人类文明新形态这个大前提下、在实现中华民族伟大复兴这个大前提下，文化产业的新思路是什么？我们怎样通过发展文化产业回应党的二十大的这些提法？人类文明新形态肯定不是一个简单的物质形态，还包括意识形态、文化。我们必须主动站到这样的高度上思考怎样推动文化产业进一步发展，使它符合国家的发展战略、符合上海这座城市的地位和使命。这是我的一点思考。

上海文化发展的法律法规建设：
循序渐进、逐步完善

> **访谈对象**：樊人龙（中共上海市委宣传部原事业产业处副处长，上海市文化创意产业推进领导小组办公室资金办、综合办原主任）
> **访谈者**：谢牧夫
> **时间**：2022年12月8日
> **地点**：上海社会科学院中国马克思主义研究所会议室
> **访谈稿整理人**：谢牧夫

访谈者（以下简称"访"）：上海作为一个国际性大都市，中西文化交流的中心，改革开放40多年，在文化市场的立法、执法上一定发生了很多艰难或者有趣的事情。我们想先了解一下文化立法、执法的背景是什么，或者说20世纪80年代，上海的文化市场最初是怎样的？

樊人龙（以下简称"樊"）：改革开放以前，上海基本没有文化法规，当时也没有文化市场和文化产业，文化管理基本就是意识形态管理。政府管理自由裁量权很大。随着改革开放的深入，政府依法行政的要求逐渐清晰。1986年，上海文化发展战略研讨中已经有对文化立法的呼吁。只是当时的需求没这么迫切，因为文化市场还没有形成。

改革开放以后，跳舞这种娱乐形式出现了，但是不存在营业性，只是单位内部组织的联谊活动。20世纪80年代末，文化市场逐渐形成，出现了营业性质娱乐场所。有了歌厅和舞厅。市民娱乐需求增长得很快，市场也发展得很快，随之而来的就是政府如何管理的问题。市文化局提出，要作一些制度性的安排。依托政府文化管理发一些通知、行政命令，或者行政管理办法，就是一些制度，当时还不叫法规，立法层次还没那么高。

随着市场的发展，我们发现要管理好市场，光靠行政管理不够了，还要有更规范的操作，最起码要有一个政府层面上的规章，作为执法的依据。不能无序管理，过去我们是一管就死、一放就乱。所以要有法可依，推动文化市场有序、繁荣、健康发展，这是我们文化市场立法的指导思想。

当时，文化市场刚兴起不久，很多领域的市场尚未形成，矛盾还没有凸显出来。所以，没有自觉、全面地考虑过上海文化市场的立法体系和立法框架。受发展的制约，最早启动的是针对文化娱乐市场的法规建设。我们完全是白手起家，摸着石头过河，探索着创新。构建文化市场有法可依、依法行政的局面，我们经历了从被动到主动、从不自觉到自觉，循序渐进、逐步完善的发展过程。

立法有几个层次，国家层面上有两种，一种是全国人大的立法，是最高的；另一种是国家政府部门、国务院颁发的规章。地方上也有几个层面，第一个是地方立法，各部门会根据地方立法制定实施细则。第二个是政府行政规章，市政府发布的就是政府规章。再下面就是各部门、各局制定的制度。

由于缺乏经验，市文化局、市政府法制办联手市委宣传部，先搞了一个关于文化娱乐市场管理的政府规章。立法的层次不高，但这是上海第一个真正意义上的文化法规。

我们建立第一个文化娱乐市场法规的时候，市文化局对应的管理机构叫社会文化管理处，还不叫市场处。这个法规建立以后，随着法制建设重要性、必要性的逐渐显现，在政府文化行政管理序列里就有了一个法制机构，根据每个部门的具体情况，有些是和政策研究室放在一起的，也有一些是单独的。

访：也就是说，从新生的但是欣欣向荣、蓬勃发展的文化市场，到初步制定的法规，再到制定法规和管理的机构，以及制定法规的思路，在当时都是新生事物，是史无前例的，是摸着石头过河探索出来的。您能否介绍一下立法的具体过程和它内部的机制呢？

樊：从文化娱乐市场立法以后，文化市场的法规逐渐走上了一条比较健康、严谨的发展道路。市委宣传部也认识到文化事业的宏观管理确实需要法规予以规范，包括行政审批部门、行政管理部门、行政执法部门，要减少自由裁量权，依法治理，同时各企业也要按照这个法规严格自律管理自己，按照繁荣、有序、规范的准则进行自我约束。

当时，市委宣传部和各文化管理部门形成了一种行动机制，就是市委宣传部建立全市层面上、宏观层面上的文化执法协调机制。这个协调机制包括两个方面：一个是立法，确保文化市场的发展有法可依；另一个是执法，有法必依、执法必严，确保文化市场健康有序、繁荣发展。

立法经过了两个阶段。

第一个阶段是在中央和国家没有文化法规的情况下，上海的文化管理要创设一些法规。上海的社会经济发展、文化市场的产生、文化产业的发展，以及各种各样文化现象的产生都要先于全国其他地方。所以，当时上海的法规建设都是开创性的探索，全国没有先例。我们根据意识形态管理的要求，以及文化产业繁荣有序发展的需求，及时创设了一些法律法规。

在创设的过程中，因为管理层级的差异，我们从政府规章开始，逐渐把它的管理层级提高，上升到地方性的立法，变成地方性法规。所以，娱乐市场管理的立法，也是先从规章开始的。先是由政府发起一个规定，比如，市文化局关于舞厅经营的管理规定等；然后由市政府、市委宣传部和法制办一起制定，经政府批准，政府性规章出台；最后再提升为人大地方性法规。这个严格程度是不一样的：市文化局的规范，文化局自己讨论一下，局长签了字就发了。政府性规章不一样，要通过市政府法制办反复协调，市政府批准才能颁布。地方性法规要经过市人大不断修改、征求各方面意见，最后经人大常委会通过才能颁布。对地方来说，它的立法层级最高。

当时建立了一个协调机制，市委宣传部会同法制办、上海市人大科教文卫委员会，以及政府的各文化管理部门，根据市场和产业发展、文化管理的需求，制定立法规划，包括五年计划、每年的地方立法计划等。然后根据计划、研究，起草法律条文。

市委宣传部因为是意识形态管理的牵头部门，法规起草基本成熟后，在报到市政府之前，会先在市委宣传部部长办公会议上讨论，然后市委宣传部批复给市文化局，再由市文化局和市新闻出版局正式向市政府报告。

第二个阶段，当全国文化市场发展到一定程度后，国家根据全国的情况、相关省市的地方性文化法规和政府规章的立法执法情况，陆续颁布了一些全国人大所立的法律及国务院的行政规章。这些法规陆续颁布后，我们就开始了地方性法规修改工作。地方性法规和规章必须和中央保持一致。中央是根据全国的状况考虑立法的，上海是从地方管理的角度立法的，这就会存在一定的差异性。一旦国家的法律形成，地方就要服从中央，地方性法规要服从全国人大的法律。所以，地方性法规必须有一个修改的程序，与国家的法律相衔接。

访：对于文化立法，当时我们的认识和实践是如何一步步深入的呢？其中具体涉及哪些因素？

樊：我觉得上海文化立法有几个特点：第一，上海的文化立法因市场而起。第二，在中央还没有法规的情况下，上海创设一些地方性法规，包括人大颁布的地方性法规，政府颁布的地方性规章，以及行政机关的行政性文件。第三，减少政府各部门的自由裁量权，认识到依法行政的重要性，这方面工作主要是市委宣传部宏观统筹的。第四，通过立法程序，把上海颁布的政府规章提升到地方性法规的层次。再根据中央颁布的法规加以修改或废止，以符合中央的要求。第五，原来各地文化市场没有专门的执法队伍，都是行政管理队伍去执法，上海的娱乐市场就是由市文化局社会文化管理处审批和执法的，后来政府认识到两者要分开，为此还做了四五年的准备。

访：您已经谈到执法了。除了文化立法，文化执法在当时也是一个全新的概念和现象吧？文化执法的过程是什么样的？文化稽查总队又是怎么建立起来的？

樊：把文化市场审批和文化市场执法切割清楚是必要的。如果既是市场准入的审批者，又是市场的执法者，管理上就有瑕疵，切割以后对文化市场管理可以起到相互制约、相互监督的作用。当时把各行政管理部门的执法权收上来，成立上海文化执法总队，花了整整五年时间，工作不容易做。从1995年开始动议，做工作、砍机构、砍管理费，到把这些权力收到市里，政府做了很多工作。

还有一个问题，当时的一个市场主体要面对多个政府部门的管理，疲于应付。例如，歌厅等娱乐场所，日常是由市文化局管理，但歌曲的版权，由市新闻出版局管，有的歌厅还放电影，这又归广播电影电视剧管理部门管。"婆婆"很多。今天我去管一下，明天你去看一下，天天要接待，导致经营单位疲于应付检查，苦不堪言。因此，我们一方面希望有法可依、执法必严，另一方面，希望减轻市场主体不必要的行政检查和行政管理压力，减少张三今天来，李四明天来的情况，推动产业健康、有序、规范发展。1999年12月30日，市文化稽查总队挂牌。挂牌的时候考虑到综合执法，所以把体育、旅游领域的相关执法都放进去了。如保龄球、台球经营场所等体育执法对象，其营业范围本来就与娱乐有交叉。

我们花了很大精力统一思想、协调各部门，才建立了综合执法的文化稽查总队，同时在法律上也要确保综合执法合法。原来规定各政府行政管理部门是执法主体，现在执法权全部转移到市文化稽查总队，还要制定相应的法律法规，让各政府管理部门委托市文化稽查总队执法，这是一个很严谨、规范的过程，每个法律关系都要细细推敲。当时上海社会科学院副院长邵敏华担任市文化稽查总队总队长。总队的人员也是从各文化管理部门正式调过来的。市委、市政府很重视文化稽查总队的组建，将其行政级别定为副局级，处级干部可以高配，处长都是正处级的。

后来，文化稽查总队又成了市文广局的一个下属部门，归市文广局管。虽然和初衷不太一样，但始终坚持综合执法。

刚开始制定的法规以市场管理为主，有了一定的立法实践后，我们开始重视通过公共文化领域的立法保障公民的文化权益。当时文化市场的发展对公共文化服务形成了一定的冲击。公共文化场所也受到很大的影响。在一段时间内，文化管理部门把大部分精力放在文化市场和文化产业上，对公共文化服务关心较少，当然这也受公共文化活动经费的制约。但是，文化市场越发展，老百姓的公共文化服务需求越要有所保障。保障市民的公共文化权益，不仅要保护原有的公共文化设施和公共文化服务不受侵蚀，还要保障公共文化设施建设和公共文化服务水平随着社会经济的发展和人民生活水平的提高，同步发展和提高。因此诞生了《上海公共文化管理办法》《公共图书馆管理办法》《公共博物馆管理办法》三部重要的政府性规章。尽管后来国家也颁布了图书馆管理条例等公共文化相关法规，但上海的公共文化立法在全国是最早的。

我们在公共文化设施建设方面也走过很多弯路。原本上海公共文化设施就少，公共服务很单薄，后来受市场经济冲击，很多公共文化场所开始"卖羊毛衫"，搞经营。还有些地方文化部门想通过搞房地产解决公共文化服务经费问题，将原来公共文化馆拆掉造大楼，把多出的面积卖掉，或者搞多种开发、经营。出发点是好的，但现实很悲惨，文化人不懂经营，贷款欠了很多，到最后公共文化服务用地没有了，房子也没有了，这样的例子不少。实践证明，所谓"以文补文，以文养文"是走不通的，还会造成公共文化服务受到侵蚀。我们制定公共文化服务法规时总结经验教训，做到拆、建公共文化设施有法可依，不是想拆就拆，想异化就异化的。

访：上海在许多方面都是开时代风气之先，走在全国的前面。先行者难免要走一些弯路，给后人积累一些经验教训。

樊：制定这几部法规时，政府也没条件安排较多的文化经费，我们也不是马上要建很多公共文化设施，当时最大的愿望就是先保住它，然后才是让它发展。20世纪90年代中后期，在当时的历史背景下，我们还是依靠法规对公共文化设施，包括文物等进行了有序的保护。

后来行政管理部门都设有政策法规处，所以我们开展工作也比较有序，并且和市人大、法制办的沟通也比较顺畅，在立法上做了很多工作。

访：对于这段历史，您是否有一些理论的反思和总结呢？管理文化市场有哪些重要的经验呢？

樊：回顾这些年，在文化法规建设方面有几点体会。

第一，随着市场管理的发展，依法行政、有序管理、科学管理的思想不断深入人心。应减少自由裁量权，规避市场和管理在发展过程中的一些问题。

第二，我们对文化立法的认识从不自觉到自觉。刚开始我们只看到需求，根据需求制定一两项法规，后来我们的认识不断提高，也在不断总结实践经验，所以从宏观层面上，我们有了一个总体的考虑。立法有了规划，不仅是文化市场的立法，还有公共文化的立法，整个体系相对完备，在全国走在了前面，对其他省市，包括中央的立法都起到了比较大的借鉴作用。当时文化部对上海的文化管理评价是："规范、有序、繁荣"。他们认为上海的文化市场管理得非常好。

第三，从创设性的地方性行政规范，到主动提高法律层级成为地方立法，再根据中央法规及全国的发展状况，规范和修改上海的立法，使上海和中央的法规相衔接。

第四，综合执法。文化法规不断完善后，执法就成了保障文化市场健康发展的重要环节，综合执法不仅提高了执法的效率，也克服了执法过程中可能产生的弊病。

第五，推动文化市场的发展。根据全国及上海的统一部署，实施行政审批清理，减少不必要的审批事项，在自贸区等特定区域实施负面清单管理，同时修改法规适应形势发展。但是在清理的过程中要处理好简政放权与文化导向把控的关系，确保文化安全。十多年前，美国"花花公子"公司要来上海投资开公司，境外的媒体都报道"花花公子"进中国了。大家都知道"花花公子"是什么性质的公司，这显然和我们的文化导向不符，于是在行政审批时限制了他们的市场准入。

访：文化市场管理的导向确实不能疏忽大意。

樊：文化市场是特殊的市场，意识形态导向非常重要，文化市场中的外资准入审批是必要的。WTO 关于文化贸易的市场准入都设置有例外条款。尽管有市场准入的行政审批，但我们在保障意识形态安全的前提下，对外资合法合规进入文化市场还是积极鼓励支持的。比如，外资投资建电影院，虽然没有先例，但是我们研究后还是积极推动。外资带来了电影放映小厅化、多厅化和数字化的转型，使上海电影院的经营形态和技术领先全国，对今后上海电影市场的发展，包括电影院线的组建、电影产业集团的上市，都起到了非常好的推动作用。

另外，我们推动了美国索尼唱片公司和上海音像出版公司的合作。索尼唱片公司的前身哥伦比亚唱片公司，已有百年历史，是全球最大的音乐公司之一，拥有非常多的古典音乐及流行音乐版权。

访：您为什么这么看重一个唱片公司？它对当时中国的文化发展、文化市场有什么重要的影响？后来这个项目的合作情况如何呢？

樊：当时有几点考虑。第一，这个外资公司拥有大量的音乐版权，演出版本权威，录音也一流。音乐是全人类的共同财产，通过合作、合资引进版权，既可以丰富中国人的音乐生活，特别是满足国内音乐爱好者的需求，又可以通过版权贸易，让中国的音乐作品走出去。

第二，索尼唱片公司在培育音乐人、挖掘音乐素材、发现音乐作品方面有独特的能力，这是国内唱片公司所欠缺的，毕竟他们已经有几十年的积累。希望通过合作，运用他们相对先进的经验和技术培育中国的音乐制作能力，推动国内音乐市场的发展。

第三，音乐载体的技术在不断迭代。同样的 CD，不同的录制技术表现力完全不一样，载量也不一样。后来发明了蓝光技术。蓝光碟的清晰度要比一般的 VCD、DVD 高很多。国际上已生产蓝光音视频载体，但中国没有这样的设备和技术。另外，索尼音乐公司有大量蓝光碟的加工业务，面向全世界，我们希望合作公司成立后，部分生产线能够放在上海。

基于上述考虑，我们积极推动这项中外合作项目的达成，最后在政府的支持下，成立了上海新索音乐公司，这是中国第一个音像市场的中外合作公司。

在审批环节，我们秉持依法行政，但立法总是滞后的，法规规范的对象也不可能包罗万象，立法总是在总结市场发展的规律上形成的，它不可能先于市场。特别是科学技术的进步和产业的融合催生了大量新的文化载体、产品形式和市场门类，都是我们原有法规没有涉及的。因此，我们在文化市场管理上要处理好依法行政与推动创新的关系，不能因为老的法规没有规定，就简单、粗暴、没有担当地把它们拒之市场门外，我们要不断学习、总结、积累，用十二分的热情去迎接、拥抱这些文化市场的新生事物，区分什么可以做、什么不可以做，什么时候可以试点做、什么时候可以大力推动。尽管没有现成的法规，但文化立法的基本思想和原则是明确的，要做好把关工作。

访：市场总是有新的问题出现，关键是及时调整，需要不断有人发现问题，做出决策。

樊：市场发展是一个不断完善的过程，没有法规的时候要先建立法规，建立法规过程当中，可能自觉或不自觉地把一些行政审批用法律的形式固定下来。但是随着市场的发展，政府行政审批需要不时清理、精简，这是市场经济的要求。所以，我们在浦东开发开放的过程中，对外高桥自由贸易区的行政审批，实行负面清单管理，把不需要的行政审批清理掉，也放开了一部分自贸区的文化市场准入。

2002年，上海开始了一项前所未有的工作，就是行政审批清理。这项工作力度很大，要对全市所有行政审批事项逐项甄别、清理。清理掉没有必要的、违背社会主义市场经济规律的、阻碍市场发展的行政审批事项。2002年，我有幸参加了行政审批清理工作，负责社会口23个行政管理局的行政审批清理工作。先把涉审事项全部梳理一遍，区分有必要保留、必须砍掉，和可暂时保留的项目。

访：原先很多行政审批事项都是特定历史时期的产物，要不断清理，才能与时俱进，适应社会经济的发展。

樊：文化系统也有行政审批清理的任务。根据文化市场的发展，不时地清理旧的、不合时宜的、落后于科学管理的行政审批事项。这也是文化法规建设的一项重要工作。行政审批清理不仅涉及政府的行政程序，还涉及法律程序，要走法律程序予以确定，包括对相应法规的修订。

2002年是第一次对行政审批进行大规模的清理，后来上海市政府每年都有例行的行政审批清理工作，包括自贸区负面清单管理也是审批清理的形式之一。

总结一下，文化市场管理最初没有具体的法律法规可依照，是依据市场需求逐步建立法规。在体会到依法管理、依法行政的重要性和必要性后，市委宣传部牵头，通过综合协调，把原来单个的法规构建成一个法规体系，并在依法行政的过程中不断提高科学管理水平，推动综合执法和行政审批清理工作，根据国家法律，不断调整、修订上海的地方性法规，使其与国家法规保持一致。回过头看，地方自己去立法，去创新、创制一些文化法规，实属不得已而为之。在国家文化法规体系完善后，除了国家法规的上海地方实施办法以外，其他的地方性法规都是要退出历史舞台的。

另一方面，法规建设总是相对滞后的，旧法规跟不上新情况。文化市场需要科学的管理，法律只是管理的一部分。行政管理怎么管是门大学问，这里边有个度，既要减少自由裁量权、依法行政，同时又要发挥行政管理部门的主观能动性，与时俱进，遵循国家文化立法基本思想和基本原则，要有创新的觉悟、适应新事物的觉悟、努力去做一些尝试的觉悟，不能因循守旧。"破""立""废""建"，始终伴随着文化法规建设的全过程，文化法规也是在不断的螺旋式上升中得到完善的。

访：您给我们讲了不同时期、不同阶段上海文化市场的特点，遇到的问题，立法和执法的基本情况，以及一些深入的理论思考和总结。这个历史回顾非常全面、很有启发，值得我们反思。

公共文化服务体系建设：
"人人参与文化建设，人人共享文化成果"

> **访谈对象**：孙一兵（中共上海市委宣传部原事业产业处处长、上海市文化创意产业推进领导小组办公室原副主任）、陈振民（上海市文明办原副主任、巡视员）
> **访谈者**：马丽雅、陈兰馨
> **时间**：2022年9月6日、9月7日
> **地点**：上海社会科学院中国马克思主义研究所会议室
> **访谈稿整理人**：马丽雅

访谈者（以下简称"访"）：孙处长、陈主任，你们好，2000年以来，经过"十五"到"十三五"时期的集中努力，上海市公共文化服务体系已经基本成型，率先基本建成现代公共文化服务体系。作为上海公共文化服务体系建设的重要亲历者，你们能介绍一下它的发展历程吗？

孙一兵：（以下简称"孙"）上海公共文化服务体系的发展历程可以分为三个阶段。第一个阶段是奠定基础。20世纪90年代，上海克服种种困难，形成了新中国成立以来，特别是改革开放以来第一轮重大文化设施建设的高潮。通过"八五""九五"期间的规划和建设，先后建成东方明珠、上海大剧院、上海博物馆（新馆）、上海图书馆（新馆）等一批标志性公共文化设施，成为上海作为国际现代化大都市的新地标，形成市级重点公共文化设施的基本框架，为上海建设公共文化服务体系打下

扎实基础。

访：可以说，在上海公共文化服务体系的奠基阶段，上海市委、市政府主要以公共文化设施为切入点，开展了上海的公共文化服务体系建设。1998年，上海召开了"上海市社区文化工作会议"，这是第一次社区文化工作会议吗？

孙：是的，20世纪末，市委、市政府多次提出要把上海文化设施建设的重点逐步转移到社区公共文化设施建设上来。这也进入了上海公共文化服务体系发展的第二个阶段，就是全面推进阶段。

访：当时为什么会选择把上海文化设施建设的重点下移，逐步转移到社区公共文化设施建设上来呢？

陈振民（以下简称"陈"）：20世纪90年代后，在"一年一个样，三年大变样"要求的推动下，围绕建设国际化大都市的目标，上海先后建成了一批标志性的市、区两级的公共文化体育设施，还有各区新建、改建的一批文体场馆等。但是，随着城市管理重心下移到社区，社区的公共文化设施总体来说还是严重滞后于社区的发展，难以满足居民日益增长的文化需求和街镇、社区开展群众性文化活动和精神文明建设的需求。

1996年，上海市委开展了精神文明建设大调研，以及社区文化工作大调研。市委领导提出精神文明创建要从创建文明小区扩大到创建文明社区。在推进社区精神文明创建的日常工作中，一方面，群众文化阵地建设；群众性文化活动开展；群众文化队伍建设，包括各种团队和志愿者逐步成为社区精神文明建设的重要载体、重要力量，精神文化生活丰富也被纳入文明社区创建的标准之中。另一方面，我们也发现当时的社区文化设施，如街道文化站、小区的活动室，存在数量不足、设备简陋、功能单一等问题，难以起到精神文明建设阵地作用，难以满足市民精神文化生活的需求。1998年上海首次召开了社区文化工作会议。

访： 也是在这个会议上确定了"十五"期间社区文化设施建设的总目标，即初步建成与上海国际一流大都市相匹配、与上海经济社会发展相协调、与上海市民文化需求相适应，结构合理、布局优化、设施先进、多层次的社区文化设施网络。关于当时社区文化设施建设的思路和原则，能给我们讲一下吗？

陈： 关于社区文化设施建设的思路和原则，一是针对资金匮乏的问题，要转变"等、靠、要"的观念，形成社会参与、多渠道投资建设社区文化设施的良好运行机制。二是针对计划经济体制下，文化设施布局以条为主、管理上条块分割的模式，改变现有文化资源重复配置、资源短缺与浪费等问题，充分利用社区可开发的文化设施资源，形成资源共享机制。三是针对社区文化设施设备简陋、功能单一、盲目追求"小而全"等问题，从发挥综合性功能出发，制定建设标准，使社区文化设施具有知识性、教育性和娱乐性等多种功能，成为社区居民学习、娱乐、锻炼、休闲的良好场所。四是针对社区文化设施运行中"管办不分"的现象，要求社区文化设施建设依靠政府和社会力量，管理要社会化。还推广了浦东罗山市民会馆的经验。

当时的精神文明建设，特别是社区精神文明建设的思路就是重在基层、基础和基本的建设，呼应居民"安居乐业"[①]的愿望。所以，开展精神文明建设就要从为群众办好事、办实事出发，让群众受益、参与、满意，实现自己对美好生活的追求和愿望。社区文化活动中心建设就是在这样一个节点上汇集到基层社区的基础设施建设上。社区文化活动中心建设不是说要满足高标准的要求，而是先满足最基本的需求。

访：《上海市志·中国共产党分志·宣传卷（1978—2010）》中提到，2004年起，按照统一的配置标准建设社区文化活动中心，被列入2004年、2005年上海市政府实施项目。

陈：2000年起，社区文化活动中心建设进入试点推进阶段。当时的想法是选取一些有条件、亟须改造、自身有积极性、老百姓集中居住的地区先开展试点工作。

孙：可以说，2000年到2010年，上海主要以社区公共文化设施建设为切入点，公共文化服务体系建设快速发展。"十五"期间，按照统一的配置标准建设社区文化活动中心，2004年20个、2005年30个的

[①] "安"即安全、安定、安心；"居"即生活质量的提高、居住环境的改善、加强居委会和物业公司的建设；"乐"即居民的精神文化生活要丰富、快乐；"业"就是做好再就业工作。——陈振民注

建设任务被列入"上海市政府实事项目";"十一五"期间建设指标达到150个。在全市各街道、镇基本建成社区文化活动中心设施网络。

访：第一批我们选了四个街道（镇），即普陀区的曹杨新村街道、杨浦区的四平路街道、闵行区的虹桥镇、浦东新区的花木镇。选这几个街道（镇）的依据是什么？启动经费是多少？

陈：当时给了曹杨新村街道100万元，后来又加了100万元。之所以选择曹杨新村街道，是因为曹杨新村是上海在20世纪50年代新建的第一个工人新村，很多劳模、普通的工人家庭都在那里。原有的文化站早已停用，所以当时确定了项目设置要多功能，贴近街道的精神文明建设需求和群众性文化活动开展的需求。

访：这算是"第一个孩子"了，当时您是全程参与的吗？

陈：是的，因为是试点，我与市文明办的同事不知道跑了多少次曹杨新村街道，帮助他们制定规划，从图纸设计、功能划分、装修和制定活动制度，可谓全过程参与。当时，普陀区相关领导也经常一起去加强指导。曹杨街道党工委书记是全身心扑进去，一直干到"中心"落成，喉咙都哑了。我至今还记得，曹杨社区文化活动中心进门的一面墙上挂了很多乐器，都是音乐学院报废的乐器，被他们免费要过来挂在墙上做装饰，凸显了文化特征。"中心"启用仪式上，我特别激动，感慨万分，真有"十月怀胎，一朝分娩"的感觉。

访： 在后续社区文化设施的新建、改建和扩建过程中，有遇到什么印象比较深的难题吗？

陈： 杨浦区五角场街道是一个在快速发展的特大型社区，也是此后重点推进的。它的问题是没有现成可供利用的房屋资源。当时人口出生率已经下降了，很多托儿所、幼儿园等教育系统的房子都闲置了。有的被用作仓库或出租。能不能改变它的归属或租赁给街道？区教育部门持不同意见。我们与杨浦区领导反复联系、沟通，最后在区委书记的大力支持下，将一个闲置的幼儿园改建成社区文化活动中心。在后续社区文化设施的新建、改建和扩建过程中，我们得到了各区县领导，街镇领导的普遍支持。他们以极大的热情和高度的责任感，全身心地为社区居民建设这块文化活动宝地。

社区文化活动中心的建设工作始终得到市委、市文明委领导的支持，明确提出将这项工作作为围绕中心、服务大局，既推动公共文化设施建设，又推动精神文明建设的一个很好的抓手。

访： 其实在试点阶段，社区文化活动中心建设工作也是在摸着石头过河，文明办既要和各委办局协调，又要对接区县，还要参与"中心"建设的选点、项目设置、管理主体建设等工作，也遇到了很多问题。

陈： 正是这样，通过试点的探索实践，社区文化活动中心的建设思路和实施方案逐渐明晰，也逐步明确了我们的思路和原则。

访：2004年9月，上海首次召开文化工作会议，明确提出要加强公益性文化设施，进一步加大面向基层、面向群众的公益性文化设施的建设力度，使其成为文化设施建设的重中之重，成为改革发展成果惠及百姓的重要方面。

陈：2004年，新一轮社区文化活动中心建设工程在上海启动，社区文化活动中心建设进入全面推进阶段。市委领导明确提出，2005—2007年底，全市规划改建、扩建、兴建100个标准化社区。在市委宣传部领导下，由市文明办负责会同全市各区、县，按照因地制宜、分类指导与资助、分类推进、逐个启用的原则，落实这项工作。

孙：在加快推进基层社区文化活动中心设施建设的同时，为保障与硬件条件相适应的公共文化内容供给，由市委宣传部牵头，建设以面向社区文化活动中心为主的东方系列公共文化内容配送体系。2004年起，每年"文化专项"安排约6 000万元配送工作经费。除了要求图书馆、文化馆等市、区级公共文化设施将工作重心下移，发挥好服务基层、服务群众的作用外，先后组建了6家机构，采用"资源整合、百姓点菜、政府买单、区县联动、按需配送"的方式，为社区和农村提供各类展品、节目、讲座、教育培训、数字电影，以及互联网信息服务和各艺术门类的文艺指导员等服务，提高了基层公共文化设施的服务能力。

配送服务机构有文化企业、文化事业单位、文化类社会团体；配送资源有讲座、宣传文化产品、教育培训课程、绿色网吧、数字电影、艺术指导员、文艺演出等；配送方式坚持提供服务项目的信息菜单，根据基层点单需求组织配送。针对互联网服务业的特点，设在各社区文化活动中心的东方信息苑，由上海东方网股份有限公司实行连锁式管理运营；针对社区居民双休日使用社区内学校、体育场所的需求，由东方宣教中心组建"阳光星期六"项目公司，专门从事校园体育设施开放服务。

访：据2009年的统计数据，全市人均公共图书馆文献量近3.67册（件），比2005年提高了10.8%，图书流通量近2 980万人次，图书外借量约2 903万册次，与2005年相比分别提高了53%和67.5%；农村电影放映56 625场次，受众近526万人次；各类送文化下乡活动近万场，受众约396万人次；社区文化中心（站）年服务量近5 000万人次，公众平均满意度达到85%。可以说，多年运行下来，东方系列公共文化内容配送体系已经成为上海建设现代公共文化服务体系的有机组成部分。

孙：是的，公共文化资源供给与服务满足了当时市民群众的基本文化需求。市级公共文化内容配送坚持以满足群众文化需求为原则，着力提高公共文化服务内容配送的针对性，同时建立完善的市、区（县）、街（镇）三级公共文化内容配送体系，加强各部门文化资源的横向整合，重点向远郊、新建城镇和大型居住区倾斜，提升内容服务的匹配度。

访：在公共文化内容供给主体的选择上，上海有哪些具体做法？

孙：在对内容供给主体的选择上，上海积极实行"举手"机制。通过面向社会广发征集令、举办公共文化内容配送采购大会等方式，激发文化企事业单位、文化机构和组织的参与热情。各类社会主体的参与丰富了公共文化内容资源。比如，市文联积极组织"百名艺术家进小区"，近距离为市民提供文化服务；上海国际艺术节特邀多个国外艺术团体走进社区、企业、学校，让普通市民欣赏外国艺术家的精彩表演；上海证大喜马拉雅网络科技有限公司的音频分享站为市民打造基于移动互联网的音频分享；上海惠鸣文化传播有限公司主办的"上海世界音乐季"将世界民族、民间音乐和音乐人带到上海，在古镇、文化广场、公园、商业楼宇前为广大市民献上公益性的世界音乐盛宴；上海东方广播有限公司推出"星期广播阅读会"，集名家、作家、学者于一堂。

访：2005年，市政府正式明确在全市各街镇、社区建设"三中心"，即社区文化活动中心、社区卫生服务中心、社区事务受理服务中心，形成有序、有效的社会管理新格局；按照上海市"十一五"规划纲要建设"三中心"的要求，加快社区文化活动中心的建设进度，完成建设150个社区文化活动中心的目标。当时，各区（县）的社区文化活动中心的资金支持是如何考虑的呢？

陈：当时，设施建设的资金来源以所在区（县）、街（镇）政府投入为主，市文化专项资金对每个"中心"补贴250万元。市发改委支持崇明、金山、南汇、奉贤四个远郊区、县的社区文化活动中心设施建设，每个"中心"再补贴250万元，也就是说，远郊的每个"中心"建设资金补贴达到500万元。至2010年，全市建成203家规范化、标准化的社区文化活动中心，超额完成"十一五"规划的指标，基本实现全市的全覆盖。与此同时，以社区文化活动中心为基点，带动整个社区（街、镇）和小区两级文化设施建设，辐射服务街（镇）的所有小区和村。建立相配套的居村文化活动室，共 5 245 个。这样就建成了市—区（县）—街（镇）—小区（村）四级公共文化服务网络，覆盖全市城乡。

访： 我们街道的社区文化活动中心就是新建的，里面有健身房、儿童图书馆、阅览室等，功能很全。

陈： 我们当时明确了一些基础的功能设置标准，比如，图书馆、阅览室、健身房、团队活动室、教室、展览陈列室、茶室、乐队排练房、手工艺室、舞蹈房、模特练功房等。团队活动室有合唱、声乐、器乐等，还有对残疾人、少年儿童开放的项目，多功能厅可以放电影、录像等。社区文化活动中心责任主体归属直接到街道。面积从实际出发，在需要与可能之间权衡。在一些不太具备条件的街道，我们要求达到 1 500 平方米，后来提高到 2 500 平方米；在大规模建设阶段，2 500 平方米是最低标准，后来又扩大到 3 500 平方米以上。

访： 社区文化活动中心的建设，总的来说取得了非常好的社会效益。能谈谈它对上海发展的影响吗？

陈： 2010 年之前，社区文化活动中心的建设，一是实现了对整个城市文化功能的整合和复苏，发挥了基层文化资源的集聚效应，包括社区学校、社区文化信息苑、小区的文化活动室等，是体现城市文化功能的重要场所，是上海公共文化服务体系的重要组成部分和有力支撑。

20世纪90年代末，我曾经到英国、挪威等国家的发达城市考察，它们也有一些很好的社区、文化设施，集中了养老服务、文化娱乐、社区教育等功能，但无论从功能多样性，还是设施先进性、活动面积、居民参与度、分布面和覆盖程度看，都是远远不能比拟上海的。与国内城市相比，无论是在项目启动时间之早、覆盖面之广、设施内容之多样和先进、群众参与度之高，还是在精神文明建设中所发挥的作用之大等方面，上海的"中心"建设都是走在前面的。

二是从服务人民群众的需求看，它实现了群众在家门口参与文化活动的愿景，为上海提出"15分钟文化圈"奠定了坚实的基础。满足了群众休闲与文化娱乐的基本需求和个性化的兴趣爱好，成了广大市民在群众性精神文明建设和文化活动中获得感和幸福感的重要来源。

三是社区文化活动中心成了群众文化骨干力量的孵化基地。社区学校培养的学员，可以成为社区文化活动中心的骨干。参与"中心"活动的居民有进一步深化学习的需求，可以再进入社区学校学习，实现良性循环。我们从实际出发，注重社区指导员队伍的建设，提高社区文化活动中心及各类团队的水平。市委、市政府相关领导同志很支持，要我们会同文化部门把大量市里、区里文艺院团退休的知名演员、老师利用起来，请他们担任社区文化指导员，定点、定时在"中心"辅导学员。还包括上海音乐学院、中学的音乐和体育老师，都可以以志愿者的身份参与"中心"的教学活动。时至今日，许多知名的沪剧演员、越剧演员、京剧演员、舞蹈演员、合唱指挥、民乐演奏家、钢琴家等，都分别在不同社区担任指导员。许多居民都是他们的粉丝，他们也得到了大家的尊重，能发挥余热，继续实现自身价值。

四是极大增强了精神文明建设的影响力、社会动员力。2003年，我国成功发射第一艘载人飞船后，由首飞航天员杨利伟和备飞总工王永志率领的报告团抵达上海。市委要求市文明办组织欢迎仪式。我们调集长宁、徐汇、闵行社区文化活动中心的活动团队，组成群众欢迎队伍。从虹桥机场停机坪起，经迎宾三路向外延伸，1.2万多名群众夹道欢迎，一路载歌载舞，气氛热烈，蔚为壮观。2010年上海世博会时，我们开展了1500万人次文明市民教育，最主要的场所和途径就是社区文化活动中心和社区学校，培训了很多市民，有效动员了市民参与迎办世博活动，增强了市民的荣誉感、责任感，展示了上海市民的素质和城市的文明程度。

访：2006年，中央和市委都将公共文化服务体系建设列为重要工作。这项工作没有现成的模式可以套用，更不能简单沿用原事业单位的传统做法。因此，建设公共文化服务体系的过程实际上也是改革创新的过程。

孙：是的，上海从2006年3月着手制定《上海市公共文化服务体系建设实施纲要》，体现了多方面的探索创新。

为加强对上海公共文化服务体系建设的组织领导，确定了由上海市文化体制改革工作领导小组领导全市公共文化服务体系建设工作。同时由市委宣传部牵头，协同市文明办、市发改委等相关单位，成立了上海市社区公共文化服务工作领导小组，负责统筹、协调、推进全市公共文化服务体系建设的各项工作，推动各方面公共文化资源的整合，有效落实国家重大公共文化服务工程。比如，在"农家书屋"工程建设中，市委宣传部与市农委、市新闻出版局、市文广局，以农村综合文化活动室为平台，汇集"农家书屋"和"农民科技书屋"，结合上海公共图书馆的流转体系，不仅解决了前期投入问题，也借助图书馆的图书流转机制，较好地实现了农村图书资源的周转、更新，形成了长效运行机制。

访：根据国家的相关要求，上海因地制宜、结合实际，全力推进广播电视"村村通"工程、文化信息资源共享工程、基层文化阵地建设工程、农村电影放映工程和"农家书屋"工程五大国家重大公共文化服务工程的建设。2011年1月公布的《上海市国民经济和社会发展第十二个五年规划纲要》要求提升上海公共文化服务水平、加强公共文化基础设施建设、丰富公共文化服务内容、广泛开展各类群众性文化活动、推进文化遗产保护传承和开发利用等主要任务。2015年1月，《国家基本公共文化服务指导标准（2015—2020年）》提出，"到2020年，基本建成覆盖城乡、便捷高效、保基本、促公平的现代公共文化服务体系"的战略目标。当时上海是如何进一步推进公共文化服务体系建设的呢？

孙：2011—2015年，上海公共文化服务体系建设进入第三阶段，也就是全面深化阶段。2012年7月，我国将"公共文化体育"作为国家基本公共服务体系建设的一部分。国家公布相关文件后，2015年8月，上海提出贯彻国家《关于加快构建现代公共文化服务体系的意见》的实施意见，并附《上海市基本公共文化服务实施标准（2015—2020年）》，聚焦上海率先建成现代公共文化服务体系的目标要求。比如，我们在完善公共文化设施网络方面，坚持政府主导，协调好公共文化设施存量与增量的关系，对存量加强管理，提高利用率，做增量，新建一批重大文化设施，继续推进社区文化活动中心建设工作。

访：这里面的"存量"与"增量"在公共文化设施建设方面，具体有哪些代表性场馆呢？

孙：在重大公共文化设施建设方面，代表性的有上海世博场馆的后续利用，将中国馆改建为中华艺术宫、城市未来馆改建为上海当代艺术博物馆、通用汽车馆改建为上海儿童艺术剧场，在世博园区浦西区建设上海世博会博物馆。此外，还建设了上海国际舞蹈中心、元代水闸遗址博物馆、崧泽遗址博物馆，完成了朵云轩艺术中心、上海京剧院、上海交响乐团音乐厅、刘海粟美术馆的新址建设。在基层公共文化设施建设方面，浦东、虹口、静安、宝山、闵行、嘉定、崇明等区（县）新建了一批图书馆、文化馆、美术馆等公共文化设施，新馆在接待能力和服务功能上都有了全面提升。按照全市新市镇建设及大型居住社区等建设规划，推进社区文化活动中心配套建设，完成海丰、川东、上海农场、黄山茶林场、练江牧场5个域外农场大型社区的社区文化活动中心建设。截至2015年底，全市共建设标准化社区文化活动中心226个。

访：在我的印象中，当时上海的书店也很多，不仅有上海书城这类大型书城，还有很多特色书店、校园书店。

孙：是的，当时上海基本完成了出版物发行网点空间布局。在现有大型书城、中型书城、综合书店的基础上，在全市东、西、南、北、中形成以标志性书城、中型书城、综合书店、特色书店（专业书店）、小区书店为主体，楼宇书屋、社区书屋、校园书店、数字体验书店、网络书店、农家书屋、书报亭、超市书店、宾馆销售点、便利店销售专柜等相配套的纵横交融的出版物发行网络新格局。同时，依托上海市少儿图书馆等针对外来务工者子女学校积极推进延伸服务点建设；依托全市工会系统，积极推进"职工书屋"建设。

访：您刚刚提到了在新的阶段，我们对公共文化设施网络的完善，那么，在完善公共文化内容配送体系方面，我们有什么具体的作为呢？

孙：2014 年，上海努力打造公共文化内容资源配送升级版，着力在需求对接、平台建设、配送流程、制度建设、绩效评估等方面进行积极探索，实施流程再造，建立了需求对接机制、市—区联动机制、购买服务机制和"举手"机制等几大工作机制；先后制定了上海公共文化资源申报指南、评审要求、服务标准、配送专项资金使用管理办法等一系列制度，进一步明确了市、区（县）、街（镇）三级公共文化配送的日常监管职责。2014 年，全市 17 个区（县）都建立了二级配送机构，区政府给予资金保障，与市级形成差异化配送。各街（镇）的三级配送逐步展开。市、区（县）、街（镇）三级公共文化内容配送网络基本建成，形成了公共文化资源大配送、大循环的格局。

访：这是在配送组织主体、配送实施主体、资源供应主体、社区承接主体间建立起360度全方位评价、反馈机制。

孙：除了配送体系的完善，我们还注重加强公共文化服务制度建设，包括建立、完善公共文化机构法人治理结构。推动上海图书馆、上海博物馆、中华艺术宫、上海当代艺术博物馆等文化机构建立理事会制度，完善以理事会及其领导下的管理层为主要架构的事业单位法人治理结构，转变机制，增加活力。2014年，上海图书馆确定了理事会的组织结构、产生方式、职责和运作方式等，拟定了理事会章程。2014年10月，馆所理事会正式成立。

访：当时上海还非常重视公共文化政策法规的建设。2011年就出台了两份指导性文件：11月2日，印发了《关于加强东方社区信息苑建设管理的若干规定》；11月8日，印发了《关于加强本市社区文化活动中心建设和管理的指导意见》。《上海市社区公共文化服务规定》于2013年4月1日起施行，这是国内首部面向社区的公共文化服务地方性法规。此外，还有《上海市非物质文化遗产保护条例》《上海市出版物发行网点建设扶持资金管理办法》等。

孙：相关法律的出台或修订为公共文化服务体系建设提供了法制保障。除了法规建设，上海也探索建立了由文化行政管理部门、社会第三方、广大市民和媒体等共同参与的公共文化服务的多维监管机制。全面实施公共文化设施登记工作，范围包括全市社区文化活动中心、文化馆、图书馆、美术馆、博物馆等，建立起完整的基础数据库。委托市民巡访团每半年开展一次以市民满意度为主要内容的公共文化设施暗访，邀请媒体对市民巡访团暗访的评分结果进行广泛报道。全面完成社区文化活动中心中央信息管理平台项目建设工作，信息化监管手段得到完善。委托第三方机构建立"一月一点一查"的全市社区文化活动中心日常巡查机制。

陈：公共文化服务体系建设过程中，通过建立、制定标准，实现社区文化活动中心等设施建设的规范化、标准化，管理的规范化，以及监管的标准化。

访：两位帮我们梳理了上海公共文化服务体系建设的发展阶段，以及取得的丰硕成果、主要经验，在这一过程中，也创造了丰富多彩的都市文化活动。你们能谈谈这方面的成果吗？

孙：好的，上海以"人人参与文化建设，人人共享文化成果"为宗旨，推动群众性文化活动蓬勃发展。2006年开始，上海探索把已运行数年的"上海之春"国际音乐节和"中国上海国际艺术节"作为群众性文化活动的两大平台。拓展重大文化节庆活动的内涵，使政府出资举办的重大文化节庆活动，不仅是专业人士的相聚，而且能更多地吸引广大群众参与分享。依托"上海之春"国际音乐节和"中国上海国际艺术节"两大文化交流平台和"天天演""周周演"广场文化活动，集中展示社区文化、校园文化、企业文化、家庭文化、机关文化、军营文化、农村文化建设中涌现的好作品、好节目，并通过公共文化服务内容配送系统，将优秀的群众性文化活动成果送到基层,积极组织群众文化成果交流。

陈: 中国上海国际艺术节的主题是"中外艺术家的盛会,人民大众的节日"。"中外艺术家的盛会"主要通过大剧院、东方艺术中心等专业剧场的演出体现,"人民大众的节日"主要通过大型群文活动体现,让艺术节走进大众,让老百姓能够感受到艺术节跳动的脉搏,欣赏到艺术节的精彩演出。

访: 当时是如何通过大型群文活动体现"人民大众的节日"的呢?

陈: 不是每个老百姓都能买得起剧场的票,要让大家能够欣赏到艺术节的演出,参与到艺术节的文化活动中,从而爱这个城市,产生归属感和自豪感,以广场文化为代表的群文活动是主要的表现途径。2001年,首届"天天演"活动在南京路步行街世纪广场拉开序幕,至2010年连续举办了10届。艺术节群文活动部还在豫园广场开设了戏剧"天天演",在黄浦、静安、徐汇、闸北和南汇等5个区全面开展"周周演"活动,吸引了成千上万的市民前来观看,用他们的话就是"天天在过节"。当时很多中外艺术团体参加南京路"天天演"都很高兴,表演了自己的精彩片段,还热情地和现场观众互动,通过电视台、电台录制和媒体报道产生了放大效应,让市民感受到了艺术节的氛围。

访: 上海书展、宝山国际民间艺术节、豫园新春民俗灯会、社区少儿京剧活动等都是群众性文化活动脍炙人口的品牌。上海还颁布过《营造上海城市文化氛围三年行动计划》，大力营造城市文化氛围。

孙：这个"行动计划"重点实施文化进地铁、进广场、进绿地、进商圈、进机场、进街区、进校园、进外来人口集聚区等工程，使文化真正体现于公共空间和日常生活。利用城市地铁、户外大屏、公园、文化创意园区、广场绿地、居住集聚区等开放的公共空间资源，实施文化氛围空间营造策略。

访：上海地铁曾举办过多个红色文化展，人民广场站换乘大厅的音乐角还举办过"不忘初心牢记使命·庆祝中华人民共和国成立70周年'红色文化进国企'启动仪式"等重要活动。

孙：上海地铁的音乐角、"上海地铁文化列车"都很好地营造了地铁文化氛围。还在东方明珠广场、陆家嘴绿地等城市景观处举办四季交响音乐会；设立街头艺人表演区；在大型商场举办传统精品艺术作品与当代艺术作品展等。浦东陆家嘴金融贸易中心区聚集了近3 000家金融机构，白领总人数近20万，但文化设施和文化服务相对缺乏。2014年，市、区联动，实施《小陆家嘴地区文化氛围营造工作三年行动计划》。以"渐进式""嵌入式"的方式，积极开展符合区域内青年白领群体需求的文化品牌活动。

访：近年来，一系列文化品牌活动的开展也切实将优质的文化送到了陆家嘴青年白领的身边，比如，陆家嘴金融城文化节、陆家嘴的楼宇课堂也很受白领群体欢迎。

孙：是的。此外，上海从 2013 年起举办的市民文化节，也是全面展示上海群众文化建设成果和市民文化风采的窗口。市民文化节贯穿全年、覆盖全市，分春、夏、秋、冬四季推进，按季节打造亮点，搭建包括音乐、舞蹈、戏剧、美术、书法、创意、摄影、收藏、创作和家庭音乐等项目在内的十大赛事平台，参赛队伍涵盖社区居民、校园师生、企业员工、军营官兵等不同群体，并组织开展"区县周""社区日"。市民文化节以"百个社区大展示、万支团队大竞技、千万市民齐参与"为目标，365 天不落幕，营造出文化无处不在、无时不有的城市文化氛围。市民文化节每年举办一次，通过"零门槛"的设计让广大市民能根据自己的爱好选择参加，"多平台"的搭建让群众自发参与到活动中，真正成为文化的主角。2015 年 9 月，上海还成立了"上海市民文化协会"。

访：上海市民文化节也成了广大市民共享公共文化建设成果的展台，市民比拼才艺、展示风采的舞台，挖掘、培育群众文化新力量的平台。可以说，上海市民文化协会是上海十余年来对公共文化服务社会化发展探索实践的硕果，也是为进一步贯彻落实党的十八届三中全会精神、加快构建现代公共文化服务体系推出的又一项创新举措。那么，在拓展公共文化服务覆盖面上，上海有什么探索吗？

孙：上海实行公益性演出和低票价机制，使更多市民有机会走进艺术殿堂，近距离观赏高雅艺术和优秀民间艺术；加大各级各类公共文化设施向农民工开放的力度,开展农民工假日免费电影放映活动,开展"上海市万名农民工网络直通车",在国际艺术节期间举办上海农民工欢乐节;加大对特殊人群享受公共文化服务的保障力度,全市各级各类公共文化设施基本做到无障碍进出,大部分图书馆设有少儿图书阅览区、盲人阅读区,开展人性化服务;从匹配为老服务功能、拓宽免费开放服务、提升老年人文化资源供给、加强满足老年人需求的主题创作等方面提升为老公共文化服务品质;通过建设24小时自助图书馆、开放各文化场所的周末和晚间服务、开发适合职龄人群参与的项目等措施,引导职龄人群参与群众性文化活动,丰富和引领职龄人群的文化休闲生活。

访：多年来上海积极参与文化部和中央文明办共同组织开展的"春雨工程"——全国文化志愿者边疆行活动。能谈谈上海在促进文化交流方面的成果吗?

孙：在上海市对口支援与合作交流工作中,上海文化部门自2011年起,对口新疆喀什文化部门,在叶城、莎车、泽普和巴楚四县开展文化、文物和广播影视等对口援建。目前,上海的文化对口援建已扩展到新疆克拉玛依、西藏日喀则、青海果洛和云南的文山、红河、普洱、迪庆四州市及西双版纳、保山等地,同时与三峡库区重庆万州、湖北宜昌夷陵、贵州遵义和四川都江堰进行文化援建与合作交流。国际上,上海市依托友好城市关系,积极拓展对外文化交流。2014年,上海文化部门与德国柏林中国文化中心开展年度合作,以"海派文化"为重点,在柏林开展了民乐、舞蹈、话剧、电影、图书、艺术培训、文学讲座、美术展览等形式多样的文化活动。上海鼓励各区（县）、院校和民营团体参与，做到了"月月有活动，季季有亮点"，上海戏剧学院舞蹈学院、上海喜马拉雅美术馆等单位成为交流活动的主角。2015年9月，文化部与上海市政府合作共建的布鲁塞尔中国文化中心揭牌，成为首个采取部、省（市）合作共建模式的海外中国文化中心。上海还以中华文化为纽带，与港澳台地区开展形式多样的文化交流活动。如支持上海市文联组织上海文化艺术团赴台湾地区举办"欢乐庆元宵"巡演和"中华文化校园行"活动；推动上海国际艺术节与台北艺术节签署合作备忘录，赴台举办"海派文化艺术节"；支持上海戏剧学院附属戏曲学校赴澳门为高中生举办"国粹鉴赏"演出和示范讲解活动等。

访：上海的都市文化生活内容丰富，市民的生活也多姿多彩，人文的温度与关怀使得这个钢筋水泥林立的都市"森林"显得温情满满。多年来，上海坚持探索、创新现代公共文化服务体系建设，实现科学管理运营。

孙：上海公共文化服务体系建设的科学化管理运营和顶层设计是分不开的。首先，明确上海市文化体制改革工作领导小组对全市公共文化服务体系建设的领导职责；上海市社区公共文化服务工作领导小组负责统筹协调。其次，公共文化设施建设经费和运行经费由各级政府分级负担，政府通过各种平台资助公共文化项目，以政府采购的方式开展公共文化内容资源配送。全市公共文化设施分为四级：市级重点文化设施、区（县）级功能性文化设施、街道（乡、镇）级综合性社区文化活动中心、村居委综合文化活动室及延伸点。最后,政府负责推进公共文化服务法规体系建设,委托第三方开展公共文化服务绩效及群众满意度测评,指导基层公共文化设施建设,培训基层社区文化工作者,引导社会力量参与公共文化服务体系建设,搭建公共文化服务信息系统。

此外,在功能定位和管理体制方面,全市社区文化活动中心功能定位立足于综合性,成为各项职能、各个条线的共用共享平台。市、区(县)级教育、体育、普法、科普、妇联、工会、青少年教育、老年人服务等相关服务机构,都在社区文化活动中心设置服务窗口,配置相关资源,深入开展面向社区的文化教育、体育健身、普法宣传、科学普及、青少年教育、健康咨询、老年人服务、妇女儿童权益保护等工作,实现共建、共享和共赢。

街道办事处、乡(镇)人民政府是社区文化活动中心的管理主体,负责"中心"建设和管理运行,街道、乡(镇)党组织负责加强对"中心"建设和管理运行的领导。区(县)文广局等与社区文化活动中心是行业管理关系,负责指导、服务和监督"中心"的运行。区(县)文化馆与社区文化活动中心是业务关系,负责为"中心"提供业务指导。市群艺馆按照公共文化服务平台的理念转型发展。为确保社区文化活动中心的公益属性和顺利运行,"中心"提供的公共文化服务项目,应包括政府规定的免费项目和不高于成本价的公益性收费项目。公益性收费的标准由物价部门核准后执行。"中心"可根据实际情况,运行少量的经营性项目,用于补充事业发展所需经费。

访: 这些文化服务项目都是向社区居民公布的吗?

孙：是的。

访：作为实现科学管理运营的一部分，上海在探索公共文化设施管理运行社会化、专业化方面也卓有成效，能谈谈由政府引入的社会专业机构是如何对社区文化活动中心实行委托管理的吗？

孙：社区文化活动中心推行社会化、专业化管理运行模式是指在产权不动、公共财政投入不减、公益性服务原则不变的前提下，由政府引入社会专业机构对社区文化活动中心实行委托管理。委托方式主要有两类：一是由政府组建非营利组织进行管理；二是将社区文化活动中心的部分活动或服务项目委托给具有专业资质的社会机构进行管理。以打浦桥社区为例，街道办事处以政府购买服务的方式，委托民营专业机构管理运行社区文化活动中心，并建立专业管理团队与居民间的规范的互动机制，初步形成了社会专业机构管理运行、政府保障基本运行经费、社区居民参与并监督的基层公共文化服务管理模式，在政府、市场、社区群众三方建立起良好的沟通与合作关系，形成社区公共文化服务社会化、专业化委托管理的新模式。

访：2006年6月，由上海市职业能力考试院文化人才认证中心研究、制定并开始试行的《上海市公共文化服务从业人员岗位标准及管理办法》，是否也是科学管理运营的一部分？

孙：是的。这是上海探索形成的公共文化工作者专业培训和岗位资质认证制度，包括上海市公共文化服务机构岗位描述、岗位要求和岗位管理办法。全市各社区文化活动中心、公共图书馆、博物馆、东方社区信息苑、东方社区学校有关岗位任职的新进工作人员，均须通过上海市公共文化服务专业技术水平认证（管理类）考试（每年举行一次）。从2013年起，上海以政府购买服务的方式，委托上海视觉艺术学院对全市体制内、外的各级、各类公共文化从业人员进行系统培训，力求实现全市公共文化从业人员的全覆盖。最初依托文化部平台，后来培训对象从上海扩展到云南、新疆和贵州遵义等对口支援兄弟省市。

访： 上海创建的第三方公共文化服务绩效评估制度也是公共文化服务体系发展中的亮点。

孙： 2007年，上海社会科学院文学研究所部分研究人员接受政府关于公共文化评估研究的任务，研究设计了"上海社区文化活动中心绩效评估指标体系"、市民满意度调查问卷、社区文化活动中心观测表，并制定了评估方案。上海社会科学院五位研究人员发起筹建的"上海东方公共文化评估中心"，是全国首家注册为民办非企业的公共文化评估机构。2007年10月，上海市政府文化管理部门正式委托上海东方公共文化评估研究中心，陆续对政府出资举办的重大文化节庆活动、对社区文化活动中心运行绩效及群众满意度进行评估，并持续至今。每年根据政府指导公共文化服务机构健康发展的需要，对评估指标进行补充、修改、完善，持续发挥第三方绩效评估对公共文化机构的引导、督促作用。

访：数字技术的蓬勃发展和广泛应用，带动各领域的技术突破，并不断向各行业扩散。国家在"十二五""十三五""十四五"期间陆续出台了《"十二五"时期文化改革发展规划纲要》《关于进一步加强公共数字文化建设的指导意见》《"十三五"时期公共数字文化建设规划》《"十四五"公共文化服务体系建设规划》《关于推进实施国家文化数字化战略的意见》等一系列政策，大力推进公共数字文化建设。您能谈谈当时上海推进公共文化服务数字化的过程吗？

孙：上海坚持用信息数字技术为建设现代公共文化服务体系提供技术支撑。完成全市有线电视用户的NGB网络改造，全面普及高清电视和百兆宽带入户，为"三网融合"及建设"智慧城市"奠定坚实的网络基础。截至2015年11月，上海完成了624万户有线电视用户NGB网络改造，基本覆盖中心城区和郊区部分城镇化地区。

全面展开公共文化机构数字化建设，根据国家对数字图书馆的技术支撑环境要求，上海于2012年全面完成包括网络与安全建设、自动化系统扩充、存储扩充、RFID接入等市、区两级数字图书馆硬件升级配置。数字图书馆拓展了传统图书馆的内涵和外延，提升了多样化的用户体验。在数字图书馆建设实践的基础上，加快数字博物馆、美术馆和音乐馆的建设。开展对现有博物馆资源的数字化精选、整合。加快推进市群艺馆等重点公共文化机构数字化建设进程。

在构建数字化惠民文化服务体系方面，上海结合全国文化信息资源共享工程、国家数字图书馆建设工程、县级数字图书馆推广计划三大文化惠民项目，积极建设数字化惠民文化服务体系。在推进文化共享工程建设时，结合城市信息化建设，依托东方社区信息苑已建成的互联网文化信息服务网络，建设文化共享工程基层服务点，实现了全市文化共享工程区（县）中心、街道（乡、镇）、村级基层服务点建设的全覆盖。

上海文化共享工程还和上海中心图书馆建设以及中心图书馆主题馆建设相结合，通过互联网有效连接市、区、街道（乡、镇）公共图书馆及中心图书馆主题馆开通了网上联合知识导航站等网上服务和数据库查询服务，还将文献信息、数字资源、视频点播、展览讲座、网络服务等各种读者服务融为一体，逐步形成各具特色的主题资源库群，实现传统与创新并存的文化信息共享服务。

访：2021年发布的《上海红色文化地图（2021版）》社会反响就很好。该地图封面是中国共产党一大会址——石库门建筑，采用"纸质版+电子版"的形式，供读者通过移动客户端浏览更多精彩内容。

孙：为提高公共文化服务信息的市民知晓率，让市民实时、多维度地获取全市的公共文化服务信息，上海整合全市公共文化服务信息制作文化地图。在纸质版地图的基础上，同步制作网络版文化地图和手机应用程序，引导市民走进文化场所。充分利用东方社区信息苑专网、社区数字家园网、《人民日报》电子报栏、社区文化活动中心中央信息管理平台信息发布窗口、东方宣教中心手机短信平台、社区电子宣传栏等渠道发布公共文化服务信息。各公共文化服务部门、文化场馆纷纷开设官方微博、微信，发布文化信息，推广文化活动。

2012年，上海社区文化活动中心中央管理信息系统正式上线，实现了对全市社区文化活动中心的全覆盖。此套信息管理系统是全国首个基层公共文化服务设施管理系统，主要包括日常业务管理系统、互联网平台、活动人群信息管理系统三大板块，通过活动中心信息员的服务信息录入、活动人群刷卡统计等方式实现各级主管单位对活动中心数据的实时采集、动态分析及决策管理。2013年，社区文化活动中心中央信息管理系统通过文化部科技司验收，系统拥有50多万实名制会员数据库，成为上海全市公共文化设施统计数据的主要来源之一。

访：谈到文化科技，2014年启动的"文化上海云"，作为上海公共文化服务数字化的重大项目，也是浓墨重彩的一笔。

孙："文化上海云"综合运用云计算、云存储等技术，整合公共文化资源信息，将市、区（县）、街镇三个层级的公共文化服务信息纳入总的门户平台，为广大市民提供一站式公共文化信息服务。市民通过电脑、手机、移动终端和电视接入，只需在门户上点击相应服务模块，就能快捷享受文化服务，满足"我要知道、我要参与、我要互动、我要评论"的参与需求。嘉定、闵行和闸北（今静安）区率先开展试点建设工作。2014年，文化嘉定云、文趣闵行和闸北智文化服务平台陆续建成上线。2015年，浦东、静安、徐汇、长宁、金山、松江、崇明、宝山和普陀等区（县）的文化云子平台也陆续建成运行。2016年，全市所有区（县）均完成文化云子平台建设。

此外，上海还推进数字阅读工程。上海政府文化管理部门利用新闻出版专项基金，支持开发手机阅读、云中图书馆等新型阅读领域，加强数字阅读内容建设，推动阅读与原创的良性互动。同时资助区（县）、各类读书组织、社会团体开展线上、线下全媒体立体阅读项目。借助上海书展官方微博、微信，以嘉宾访谈、好书推荐等形式开展数字环境下的全民阅读活动。上海图书馆适应阅读方式转变，于2012年推出移动服务平台及手机应用程序，实施上海市民数字阅读推广计划，营造电子阅读的书香氛围。

为配合上海创建无线城市，上海市政府加快无线局域网热点覆盖全市重要公共场所的建设。市、区级公共图书馆、博物馆、美术馆、文化馆、社区文化活动中心逐步被纳入覆盖范围，可为百姓提供一定时段的免费无线上网服务。

访：一个城市的竞争活力和实力不仅在于硬件还在于软件。今天，上海已经率先基本建成了现代公共文化服务体系，并发布了《上海关于推进公共文化服务高质量发展的意见》。上海公共文化服务体系发展至今，您作为它逐步成长起来的重要见证者，能否谈一下对未来发展的期待呢？

陈：我主要谈谈社区文化活动中心。我觉得它未来的发展，一是在定性、定位方面，要坚持公益性、公共性、群文性、综合性。要坚持从满足社区居民的精神文化需求出发，在原有的基础上，不断提升它的功能、完善它的设施、发挥它的作用。在发展方向上，千万不要向专业的文化机构看齐靠拢。随着时间的推移，"中心"设施会陈旧，要新建、改建一些项目设施，丰富活动内容，坚持与时俱进，适时再改造、再投入，坚持区（县）投入为主。

二是在管理方面，要加强监管，落实责任制，坚决防止和严肃处理挪用面积、削弱功能现象的发生。这是以前出现过的。有的文化馆到后来就搞经营性项目了，冲击主业，如工人文化宫卖羊毛衫、羽绒服，开招待所等，这就是"断奶"的后果。有关部门，比如文旅局在这方面要进行有效管理，及时发现问题、解决问题，时刻提防出现这种情况。要加强监管，其中第一责任人是街（镇），要加强对第一责任人的管理责任要求。要不断提升管理效率，丰富活动内容，扩大社区文化活动中心的辐射面，让更多群众能就近享受"中心"提供的文化服务。在街（镇）履行第一责任人职责的前提下，尝试多渠道的管理方式。比如，组成管理委员会，由街（镇）、街道党工委办事处的有关部门与"中心"的工作人员直接进行管理；与志愿服务相结合，与团队管理相结合进行管理；委托社会文化组织、社会服务机构管理；社工管理，社工享有事业编制，还可以探索社工管理、志愿者参与的管理模式。

三是进一步加强社区文化活动中心管理和活动的标准化、规范化、制度化。用制度化推进的办法，把以往行之有效的经验、做法变成日常的指导要求。有关部门还要加强对社区文化活动中心，包括社区学校的公共文化产品配送，进一步加强社区文化活动中心间的联系交流、资源共享、互通有无等。

图书在版编目（CIP）数据

气象峥嵘：上海文化改革发展访谈录 / 上海社会科学院中国马克思主义研究所著 .— 上海：上海社会科学院出版社，2024
 ISBN 978-7-5520-4299-3

Ⅰ.①气… Ⅱ.①上… Ⅲ.①地方文化—文化事业—体制改革—研究—上海 Ⅳ.①G127.51

中国国家版本馆CIP数据核字（2024）第009329号

气象峥嵘——上海文化改革发展访谈录

著　　者：上海社会科学院中国马克思主义研究所
责任编辑：周　萌
封面设计：黄婧昉
出版发行：上海社会科学院出版社
　　　　　上海顺昌路622号　邮编200025
　　　　　电话总机021-63315947　销售热线021-53063735
　　　　　http://cbs.sass.org.cn　E-mail: sassp@sassp.cn
排　　版：南京展望文化发展有限公司
印　　刷：上海新文印刷厂有限公司
开　　本：710毫米×1010毫米　1/16
印　　张：20
字　　数：236千
版　　次：2024年3月第1版　2024年3月第1次印刷

ISBN 978-7-5520-4299-3/G·1291　　　　　定价：88.00元

版权所有　翻印必究